Horst Siebert

Konstruktivistisch
lehren und lernen

Grundlagen der Weiterbildung

Herausgegeben von
RA Jörg E. Feuchthofen
Prof. Dr. Michael Jagenlauf MA
Prof. Dr. Arnim Kaiser

Die Reihe Grundlagen der Weiterbildung bietet Raum für
- Theorien, die das berufliche Handeln anregen und vertiefen.
- praktische Grundlagen und Tools.
- Ausarbeitungen, die konkurrierende Theorien, Praxen, Modelle und Ansätze gedanklich und empirisch weiterführen.

Wichtiger Hinweis des Verlages: Der Verlag hat sich bemüht, die Copyright-Inhaber aller verwendeten Zitate, Texte, Bilder, Abbildungen und Illustrationen zu ermitteln. Leider gelang dies nicht in allen Fällen. Sollten wir jemanden übergangen haben, so bitten wir die Copyright-Inhaber, sich mit uns in Verbindung zu setzen.

Inhalt und Form des vorliegenden Bandes liegen in der Verantwortung der Autoren.

Bibliografische Information der Deutschen Bibliothek
Die Deutsche Bibliothek verzeichnet diese Publikation in der Deutschen Nationalbibliografie; detaillierte bibliografische Daten sind im Internet über http://dnb.ddb.de abrufbar.

Printed in Germany

ISBN 978-3-940 562-04-3

Verlag:	ZIEL – Zentrum für interdisziplinäres erfahrungsorientiertes Lernen GmbH
	Zeuggasse 7–9, 86150 Augsburg, www.ziel-verlag.de
	1. Auflage 2008
Grafik und Layoutgestaltung:	Petra Hammerschmidt, **alex media GbR**
	Zeuggasse 7–9, 86150 Augsburg
Druck und buchbinderische Verarbeitung:	Kessler Druck + Medien
	Michael-Schäffer-Straße 1
	86399 Bobingen

© Alle Rechte vorbehalten. Kein Teil dieses Buches darf in irgendeiner Form (Druck, Fotokopie oder einem anderen Verfahren) ohne schriftliche Genehmigung des Verlags reproduziert oder unter Verwendung elektronischer Systeme verarbeitet, vervielfältigt oder verbreitet werden.

Inhaltsverzeichnis

Exkursverzeichnis	5
Einleitung	7
1. Konstruktivismus und postmoderner Zeitgeist	11
2. Schlüsselbegriffe	17
2.1 Schlüsselbegriff Beobachtung	17
2.2 Schlüsselbegriff Selbstorganisation	24
2.3 Schlüsselbegriff Systemik	28
2.4 Schlüsselbegriff Viabilität	33
2.5 Schlüsselbegriff Strukturelle Koppelung	36
3. Strömungen systemisch-konstruktivistischen Denkens	39
3.1 Klassiker des Konstruktivismus (H. Maturana, F. Varela)	39
3.2 Der radikale Konstruktivismus (E. v. Glasersfeld)	43
3.3 Der Konstruktivismus aus Sicht der Neurowissenschaften (G. Roth)	45
3.4 Kognition und Emotion (L. Ciompi u.a.)	48
3.5 Die verkörperte Konstruktion der Wirklichkeit (A. Damasio)	50
3.6 Der soziokulturelle Konstruktivismus (K. Gergen)	53
3.7 Systemtheorie und Konstruktivismus (N. Luhmann)	56
3.8 Konstruktivistische Therapie (P. Watzlawick)	59
3.9 Philosophischer Konstruktivismus (S. Schmidt)	61

4. Die Vielfalt der Wirklichkeiten — 65
4.1 Gehirn und Wirklichkeit — 65
4.2 Die Wirklichkeit der Sinnesorgane — 74
4.3 Erfahrung und Wirklichkeit — 78
4.4 Die Wirklichkeiten der Bilder — 87
4.5 Sprache und Wirklichkeit — 93
4.6 Empirie und Wirklichkeit — 102
4.7 Die Wirklichkeit der Politik — 113

5. Handlungsfelder — 117
5.1 Handlungsfeld Lehre — 117
5.2 Handlungsfeld Lernen — 125
5.3 Handlungsfeld Didaktik — 131
5.4 Handlungsfeld Methodik — 140
5.5 Handlungsfeld Gruppendynamik — 149
5.6 Handlungsfeld Beratung — 155
5.7 Handlungsfeld Supervision — 161
5.8 Handlungsfeld Wissensmanagement — 166
5.9 Handlungsfeld Interkulturalität — 173
5.10 Handlungsfeld Motivation — 179
5.11 Handlungsfeld Biografie — 188

6. Entwurf einer konstruktivistischen Bildungsidee — 193

Literaturverzeichnis — 201

Der Autor — 208

Exkursverzeichnis

Bertolt Brechts Verfremdungseffekt	18
Protagoras: Der Mensch ist das Maß aller Dinge	21
H. Siebert: Der Kobra-Effekt	29
William James' Pragmatismus	34
Jean Piagets genetische Erkenntnistheorie	63
Das Manifest der Neurowissenschaftler	67
G. W. Leibniz: Mikromimik	75
John Naisbitt: high-tech-high-touch-Erfahrung	80
Immanuel Kants Kopernikanische Wende	83
R. Safranski interpretiert F. Nietzsche	89
Arno Bammé: Wissenschaftstheorie und Konstruktivismus	104
Träges Wissen und kognitives Rauschen	127
Wittgensteins Sprachspiele	129
John Dewey: Erfahrungslernen	135
Paulo Freire: generative Themen	137
Luigi Pirandello: Sechs Personen suchen einen Autor	155
Heinrich von Kleist: Verfertigung der Gedanken	166
Marvin Harris: Der indische Rinderkult	174
Mary Belenky: Das andere Denken	196
Montaigne: Meister der Selbstbeobachtung	199

Einleitung

> *"Nicht die Dinge beunruhigen uns, sondern die Meinungen, die wir von den Dingen haben." (Epiktet)*

Zeitgeschichtlicher Hintergrund dieser Veröffentlichung ist das „lebenslange Lernen". Auch wenn dieser Begriff nicht neu ist, so verweist er doch auf ein aktuelles pädagogisches und gesellschaftspolitisches Konzept. Lebenslanges Lernen meint nicht eine unbegrenzte Verlängerung des schulischen Lernens, sondern die Optimierung von Lernprozessen in allen Lebensphasen. Lernen wird so zu einer lebensbegleitenden Aktivität.

Während die traditionellen Begriffe Erwachsenen- und Weiterbildung den institutionalisierten vierten Bildungssektor bezeichnen, betont „lebenslanges Lernen" die biografische Perspektive. Zwar verlieren seminaristische Bildungsangebote nicht an Bedeutung, aber das außerinstitutionelle, selbstgesteuerte, auch das informelle Lernen wird aufgewertet.

In der erwachsenenpädagogischen Diskussion zeichnet sich deshalb seit einigen Jahren ein Paradigmenwechsel von Konzepten der Wissensvermittlung zu Konzepten der Aneignung von Wissen und Kompetenzen ab (vgl. Kade/Nittel/Seitter 2007, S. 84 ff.).

Lernen ist eine selbstständige, biografie- und erfahrungsbasierte Tätigkeit, die durch Lehre unterstützt, aber nicht gesteuert werden kann. Erwachsene sind so gesehen lernfähig, aber im Normalfall unbelehrbar.

Diese „Aneignungsperspektive" wird durch die konstruktivistische Erkenntnistheorie bestätigt. Der Konstruktivismus betont auf der Grundlage neurowissenschaftlicher Forschungen die Selbsttätigkeit des Erkennens und die Selbststeuerung des Lernens. Lernen wird als autopoietische, operational geschlossene und emergente Aktivität beschrieben.

Dieser Konstruktivismus wird seit Mitte der 1990er Jahre auch in der deutschsprachigen Pädagogik und Erwachsenenbildung engagiert und kontrovers diskutiert (vgl. Siebert 1994, Arnold/Siebert 1995, Reich 1996, Arnold u.a. 1999). Auch die meisten Kritiker des Konstruktivismus bestätigen, dass dieses Paradigma die lerntheoretische und didaktische Debatte belebt und perturbiert hat.

Einleitung

Die konstruktivistische Pädagogik ist anschlussfähig an die Reformpädagogik, an den Pragmatismus John Deweys, an die Kognitionspsychologie Jean Piagets. Auch in der Erwachsenenbildung haben subjekt- und teilnehmerorientierte Didaktiken eine lange Tradition, so z.b. die „neue Richtung" der Weimarer Volksbildung, das erfahrungsbezogene exemplarische Lernen, der Deutungsmusteransatz, biografische Methoden, Formen des selbstgesteuerten Lernens.

Doch der Konstruktivismus ist mehr als „alter Wein in neuen Schläuchen". Zu den Leerstellen der andragogischen Theorielandschaft gehören a) empirisch fundierte erkenntnistheoretische Grundlagen, b) eine nicht-idealistische „Realanthropologie" (H. Tietgens) und c) eine wissenschaftliche und praxisrelevante Theorie des Lernens im Erwachsenenalter. Dass Lernen hier als Defizit genannt wird, mag angesichts der Fülle der Veröffentlichungen überraschen. Doch die meisten Untersuchungen (meine eigenen eingeschlossen) sagen mehr über Motive und Weiterbildung Erwachsener aus als über den Lernprozess selber. Die Beschreibungen des Lernens sind eher normativer, appellativer Art: Lernen soll kommunikativ, ganzheitlich, kritisch, reflexiv, kreativ, emanzipatorisch usw. sein. Das alles ist zwar gut und schön, wie unser Gehirn aber tatsächlich lernt, ist bisher ein Geheimnis geblieben. Wenn die Gehirntätigkeit überhaupt erwähnt wurde, dann allenfalls am Rande hinsichtlich der Gedächtniskapazität und der beiden „Hemisphären" des Gehirns. Die kognitionspsychologische Forschungsliteratur ist zwar umfangreicher (vgl. Löwe 1970, Weinert/Mandl 1997), aber hier verwirrt eher die Unübersichtlichkeit der experimentellen Detailergebnisse.

Der Konstruktivismus bietet einen Lernbegriff an, der neuro- und kognitionswissenschaftlich „abgesichert", aus Sicht der Alltagserfahrung plausibel und praktisch folgenreich ist. Außerdem ist er mit einem humanistischen Bildungsbegriff „verträglich".

Der Konstruktivismus besteht aus unterschiedlichen Theorieansätzen (vgl. Kap. 3), die interne Diskussion ist in den vergangenen zwei Jahrzehnten differenzierter und selbstreflexiver geworden. Die Übertreibungen und Zuspitzungen des „radikalen Konstruktivismus" (z.B. H. v. Foerster: „Wahrheit ist die Erfindung eines Lügners") sind selten geworden, Schlüsselbegriffe wie „Autopoiese" und „Selbstreferenz" werden differenzierter zur Kenntnis genommen, der ursprünglich dominierende individualistische Blick wird durch eine sozialkonstruktivistische Perspektive ergänzt.

Auch die Rolle der PädagogInnen ist (wieder) aufgewertet worden: Lernen und Lehren werden zwar – systemtheoretisch betrachtet – entkoppelt, aber die Resonanz zwischen Lehrenden und Lernenden wird auch von der Gehirnforschung als wichtige Voraussetzung für Lernprozesse betont. Lehrende vermitteln zwar kein Wissen nach dem Sender-Empfänger-Modell, aber sie „verkörpern" neues Wissen.

Einleitung

Theoretische Reflexion und praktisches Handeln sind eng verzahnt. Der Konstruktivismus ist jedoch nicht primär eine neue pädagogische Praxis sondern vor allem eine Selbstbeobachtungstheorie. Lehrende – und nach Möglichkeit auch Lernende – beobachten ihre eigenen Wirklichkeitskonstruktionen. Durch diese reflexive Perspektive werden sie auch für die Selbst- und Weltbilder anderer sensibilisiert. Diese „Kompetenz : Konstruktivität" verändert dann auch das lehrende und lernende Handeln. Wer zu schnell nach methodischen Konsequenzen des Konstruktivismus fragt, greift zu kurz.

Der Konstruktivismus basiert auf anthropologischen Annahmen. Im Mittelpunkt steht die Frage, wie der Mensch seine Welt konstruiert. So nennt Paul Watzlawick diese Disziplin eine „Wirklichkeitswissenschaft". Die These lautet: Die Wirklichkeiten des Menschen verändern sich ständig – durch biografische Ereignisse, Berufswechsel und Arbeitslosigkeit, Krankheit und Tod von Angehörigen ... Die Muster der Wirklichkeitskonstruktion bleiben dagegen im Lauf des Lebens relativ stabil.

Der Konstruktivismus ist empirisch verankert, philosophisch begründet und global verbreitet. Außerdem hat die konstruktivistische Sicht viele Wissenschaftsdisziplinen (nicht nur die Geistes-, Sozial- und Kulturwissenschaften, sondern auch die Naturwissenschaften) und Praxisfelder (z.B. Therapie, Sozialarbeit, Organisationsentwicklung) belebt und irritiert. Dennoch beansprucht der Konstruktivismus nicht, alle pädagogischen, ethischen und gesellschaftstheoretischen Fragen zu beantworten. Konstruktivistisches Denken leistet einen – wie ich meine – wertvollen Beitrag zu einer reflexiven Pädagogik. Dazu gehört, dass sich die Pädagogik ihrer eigenen Grenzen und Paradoxien bewusst ist. So kann z.B. ein Übermaß an (gutgemeinter) Belehrung und Erziehung kontraproduktiv sein. Wünschenswert ist nicht nur eine Evaluation der Lernfortschritte, sondern auch eine selbstkritische „Pädagogikfolgenabschätzung". Systemisch-konstruktivistisch betrachtet ist Pädagogik notwendig, aber „wirkungsunsicher" (Arnold 2007a, S. 13 ff.).

Zur reflexiven Selbstbeobachtung der Pädagogik gehört auch, „ob eine Problemlage überhaupt durch Lernen und Lehren zu lösen ist und damit sinnvoll zu einem Bildungsgegenstand werden kann." (Schlutz 2007, S. 23).

Rolf Arnold spricht – mit Verweis auf F. Varela – von einer „selbsteinschließenden Reflexion", die auch die Autoren konstruktivistischer Texte einbezieht. (Arnold 2007b, S. 75).

Der Konstruktivismus ist eine Beobachtungsperspektive – neben anderen möglichen. Es handelt sich hierbei um eine Erkenntnistheorie. H. Maturana spricht von einem „Erkenntnisspiel" (Maturana 1998, S. 48). Dieses Spiel wird von Beobachtern gespielt. Denkbar sind auch andere Erkenntnisspiele, z.b. „Spielen wir Marxismus?", „Spielen wird Psychoanalyse?", „Spielen wir globalen Kapitalismus?". Wer behautet, sein Erkenntnisspiel sei das einzig richtige, mit dem ist es schwer, sich zu verständigen.

Der Aufbau dieses Buches ist eher zirkulär als gradlinig. Wesentliche Schlüsselbegriffe werden immer wieder in verschiedenen Kontexten thematisiert. Das Buch wendet sich an pädagogisch Tätige, die einen Überblick über die systemisch-konstruktivistische Diskussion, aber nicht unbedingt eine detaillierte Kommentierung theoretischer Kontroversen erwarten. Ich habe mich um eine verständliche Sprache bemüht, ohne allerdings auf eine theoretische Begrifflichkeit zu verzichten.

Möglicherweise stört es Sie, dass ich häufig „Gänsefüßchen" verwende. Der Grund dafür ist: unsere Sprache ist metaphorisch, damit aber auch kontingent und mehrdeutig. Fast alles, was geschrieben wird, kann missverstanden werden. Jeder Satz deutet nur annäherungsweise an, was man „eigentlich" sagen will.

Auch für dieses Buch gilt Maturanas Feststellung: „Nicht dieser Text legt fest, was Sie lesen, sondern Ihre Struktur, Ihre jeweilige Befindlichkeit. Dabei obliegt es jedoch allein mir, keinen Unsinn zu verzapfen, denn ich bin selbst verantwortlich für das, was ich schreibe." (Maturana, 1996, S. 36).

Es waren für mich besondere Erlebnisse, berühmte Konstruktivisten persönlich kennen gelernt zu haben: Paul Watzlawick, Ernst von Glasersfeld, Siegfried Schmidt, Gerhard Roth, Niklas Luhmann, Luc Ciompi.... Wenn ich Texte von ihnen lese, „läuft" mein persönlicher Eindruck von ihnen stets „mit". Sie haben nicht Konstruktivismus „gelehrt", sie haben ihn verkörpert. Ihnen, aber auch vielen pädagogischen Kollegen – Rolf Arnold, Kersten Reich, Reinhard Voß, Rolf Werning – bin ich für konstruktivistische Ideen zu Dank verpflichtet.

1. Konstruktivismus und postmoderner Zeitgeist

Die Moderne ist in einer Krise, aber keineswegs „am Ende". Im Gegenteil: Die Verwissenschaftlichung, Technisierung, Verrechtlichung, Bürokratisierung, Globalisierung nehmen weiter zu. Doch sind die Schattenseiten der Modernisierung offensichtlich. Der Fortschritt der Moderne hat seinen Preis. Die Allianz zwischen ökonomischem Wachstum, Demokratisierung und moralischer Vernunft bricht zunehmend auseinander.

Auch das Projekt des lebenslangen Lernens erweist sich als ambivalent: Lernen wird nicht nur als Befreiung („Emanzipation"), sondern auch als Zwang, Verpflichtung, Abhängigkeit erlebt. Neues Wissen trägt nicht nur zur Orientierung, sondern auch zur Verunsicherung bei. Lernen und Bildung scheinen entkoppelt zu werden, gelernt wird nicht unbedingt, was vernünftig ist und dem „Gemeinwohl" dient, sondern gelernt wird vor allem die Durchsetzung der eigenen Interessen und die Selbstdarstellung. Der Vernunft-, Bildungs- und Aufklärungsoptimismus der Moderne zerbröckelt.

Nun gehört Selbstkritik zum Selbstverständnis einer aufgeklärten, reflexiven Moderne. Die Dialektik der Moderne ist Bestandteil der Moderne. So tragen die Philosophen der Postmoderne – zumindest teilweise – Eulen nach Athen. Allerdings ist die postmoderne Kritik an der Moderne prinzipieller als deren Selbstkritik und die Postmoderne zieht andere programmatische Konsequenzen aus der Analyse. Die unterschiedlichen Beobachtungsstandpunkte seien in Schlagworten gegenüber gestellt

Moderne	*Postmoderne*
wissenschaftliche Objektivität	*Beobachterrelativität*
Wahrheit	*Pluralität*
Ordnung	*Chaos*
Regulierung	*Deregulierung*
Eindeutigkeit	*Mehrdeutigkeit*
rationale Vernunft	*unterschiedliche Rationalitäten*
Universalität	*multikulturelle Vielfalt*
Machbarkeitsoptimismus	*Eigendynamik*
lineare Kausalität	*Vernetzungen*
Fortschritt	*Ambivalenzen*
stabile Sozialstruktur	*wechselnde Milieus*
biografische Identität	*„Bastelbiografien"*

J. F. Lyotard, einer der französischen Väter des Postmodernismus, registriert – in Anlehnung an F. Nietzsche – drei „Dekadenzen", das heißt Verfallserscheinungen der Moderne:

- „Dekadenz der Wahrheit = Dekadenz einer gewissen Logik, einer gewissen Rationalität;
- Dekadenz der Einheit = Dekadenz eines einheitlichen Raumes, eines soziokulturellen Raumes, der mit einem zentralistischen Diskurs ausgestattet ist;
- Dekadenz der Finalität = Dekadenz einer eschatologischen, auf ein Ziel und einen Zweck gerichteten Zeitlichkeit." (Lyotard 1977, S. 30 f.)

Lyotard plädiert für eine Verabschiedung von den großen „Metaerzählungen". Metaerzählungen sind die anspruchsvollen Ideologien, Utopien, Philosophien mit universalistischen Welterklärungen und Glücksversprechungen. Diese Metaerzählungen sind nicht nur gescheitert – wobei Lyotard nicht nur an den östlichen Sozialismus, sondern auch an den westlichen Kapitalismus denkt –, sondern beinhalten immer auch totalitäre Tendenzen der Unterdrückung Andersdenkender. Insofern interpretiert Lyotard dieses Scheitern als Chance für Befreiung und Vielfalt, für eine offene Gesellschaft.

Die Programmatik der Postmoderne lautet Pluralität. Wolfgang WELSCH, der prominenteste postmoderne Philosoph in Deutschland, proklamiert „Pluralität als ethischen und politischen Wert" (Welsch 1988), das heißt die Anerkennung unterschiedlicher Kulturen, Wertsysteme, Minderheiten, Rationalitäten. In seinem Hauptwerk plädiert er für eine „transversale Vernunft", das heißt für eine Vielfalt der Zugänge zur Wirklichkeit, für ein Denken in Übergängen (Welsch 1996).

Auch wenn man (noch) nicht von einer elaborierten postmodernen Pädagogik sprechen kann, so sind einige lern- und bildungstheoretische Implikationen doch offensichtlich. Vor allem eine normative Pädagogik ist aus postmoderner Sicht nicht mehr zu rechtfertigen. Die normative Pädagogik beansprucht, allgemein verbindlich entscheiden zu können, was die Schüler/Teilnehmer zu denken, zu tun, zu lassen haben. Eine solche normative Werteerziehung ist allenfalls auf einem hohen Abstraktionsniveau zu begründen, zum Beispiel als Erziehung zur Toleranz, zur Wahrung der Menschenwürde, zur „wechselseitigen Anerkennung". Doch konkret sind weltanschaulich gebundene Erziehungsnormen eher indoktrinationsverdächtig. Ein Pädagoge kann nur für sich, nicht aber für andere entscheiden, ob eine christliche oder buddhistische Haltung, eine CDU- oder SPD-Politik, militanter Tierschutz oder Gentechnik, ein radikaler Pazifismus oder ein militärisches Eingreifen bei Menschenrechtsverletzungen „richtig" sind.

Emanzipatorische Bildungsarbeit im postmodernen Sinn nimmt die Selbstverantwortung und Mündigkeit der Individuen ernst. Lernen heißt somit: Reflexion und Klärung von Wertprioritäten, Wahrnehmung von Differenzen, Erweiterung von Möglichkeiten moralischen Urteilens.

Die Erkenntnistheorie der Moderne ist überzeugt von der Möglichkeit objektiver Gewissheiten. Die Postmoderne ist erkenntnisskeptisch; sie betont die Unvermeidbarkeit des Irrtums, der Ungewissheit, des Nichtwissens. Wissenschaftliches Wissen wird relativiert, ist vorläufig, perspektivisch, beobachterrelativ. Demgegenüber wird der „gesunde Menschenverstand" des Laien (besser: Common sense), der sich seiner Grenzen bewusst ist, aufgewertet.

Die Pädagogik der Moderne hat das begrifflich-theoretische, wissenschaftliche Denken und ein entsprechendes Lernen bevorzugt. Nun ist unstrittig, dass komplexe ökonomische, politische, soziale Zusammenhänge sich am ehesten einer theoretischen Erkenntnis erschließen. Dies bestreiten die Theoretiker der Postmoderne nicht, sie kritisieren jedoch die Verabsolutierung des (natur-)wissenschaftlichen Denkens und die Vernachlässigung anderer Wirklichkeitszugänge. Neben dem wissenschaftlichen Wissen gibt es vielfältige kulturelle, biografische, alltagspraktische Erfahrungen und Problemlösungen, und es ist ständig neu zu entscheiden, welcher „Blick" und welcher Denkstil jeweils angemessen sind. So ist in zwischenmenschlichen Beziehungen ein erfahrungsgesättigtes „Fingerspitzengefühl" oft wichtiger als die Kenntnis sozialpsychologischer Theorien.

Die Postmoderne wertet den ästhetischen Zugang zur Welt auf. Ästhetisch meint – im ursprünglichen Sinne des Wortes – die sinnliche, anschauliche Wahrnehmung von Welt. Unsere Weltanschauung besteht aus Weltbildern und Menschenbildern. Diese Weltbilder sind keine „naturgetreuen" Abbilder der Realität, sondern Bilder entstehen in unseren Köpfen.

Der ästhetische Blick ist keineswegs irrational, sondern er integriert Anschauung, Kognition und Emotionalität. So war die politische (Erwachsenen-) Bildung bisher überwiegend begrifflich, argumentativ, theorieorientiert. Ästhetische Zugänge zur Welt des Politischen werden erst in jüngster Zeit didaktisch erschlossen. Vielen von uns fallen zum Zweiten Weltkrieg, zu Auschwitz, Vietnam, zur Berliner Mauer, zum Kosovo-Krieg zuallererst Bilder und erst später politische und ökonomische Erklärungen ein.

Ästhetisierung des Lernens meint nicht Verharmlosung „harter" Themen durch musisch-kulturelle Methoden, sondern Erweiterung der Perspektiven und Rationalitäten. Auch unsere Bilder des Politischen sind kognitive Konstrukte. In vielen Bereichen (Multikulturalität, Ökologie, Lebensqualität etc.) gilt: Wenn wir die Wirklichkeit verändern wollen, müssen wir unsere Bilder revidieren.

Die Pädagogik der Moderne betont die Begründung, Formulierung und Kontrolle von Lernzielen. Die postmoderne Pädagogik setzt andere Akzente: Sie betont den Einfluss der Lernkontexte auf die Lernqualität. Dazu gehören sozialökologische Faktoren wie die Zusammensetzung der Lehr-Lerngruppe, die Ausstattung der Lernräume, der Anregungsgehalt der Lernorte, die milieuspezifische Lernkultur, die kommunikative Atmosphäre.

Konstruktivismus und postmoderner Zeitgeist

Die Bildungsansprüche und Lernmotive vieler Zielgruppen haben sich „postmodern" gewandelt. Einerseits wachsen die milieuspezifischen Unterschiede der Erwartungen und Umgangsformen. Gleichzeitig wächst die Neigung, ein Seminar nicht nur als „Bildungsmaßnahme", sondern als ein „Erlebnis" wahrzunehmen. Untersuchungen zur Milieustruktur von politischen Seminaren der Friedrich-Ebert-Stiftung zeigen: „Bildungsveranstaltungen werden – den Gewöhnungen der Konsumgesellschaft folgend – gleichsam als ›Gesamterlebnis‹ wahrgenommen und beurteilt. Bedürfnisse nach persönlicher Kommunikation und Unterhaltung wie auch ästhetisch-stilistische Ansprüche an das Interieur spielen dabei offensichtlich keine geringere Rolle als rein lernzielorientierte Erwartungen." (Ueltzhöffer/Kandel 1993, S. 84). Diese Erlebnisorientierung der Teilnahme ist – in der Regel – durchaus mit „ernsthaften" Bildungsinteressen gekoppelt, so dass didaktische Fantasie angebracht erscheint und weniger eine pädagogische Abwehr.

Der Kern postmoderner Pädagogik ist das Plädoyer für Pluralität: „Wesentliches Kennzeichen der Postmoderne ist ein Ernstnehmen der Pluralität von unterschiedlichen Denk-, Lebens-, Lern- und Wertformen und deren gleichzeitigem Auftreten in der Gesellschaft, in Unternehmen, in Schulen, Institutionen etc." (Kösel 1993, S. 25) „Für uns Didaktiker bedeutet dies eine radikale Abkehr von dogmatischen Wissenshaltungen und Verharren auf nur einer Sicht. Es verbietet das Zulassen von nur einer Methode, wir verzichten auf das Monopol der Leistungsbeurteilung." (Kösel 1993, S. 27).

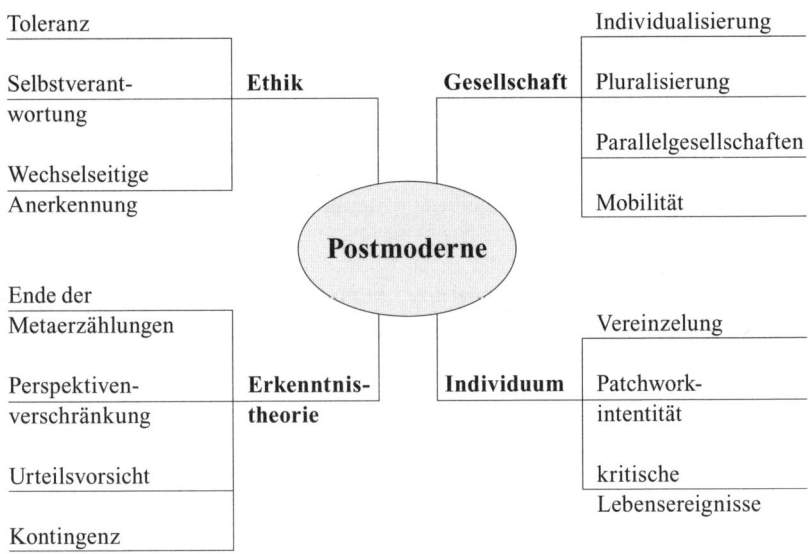

Abb. 1: *Postmoderne*

Die Rolle der Pädagog/innen ändert sich in postmodernen Lernkulturen. Die Lehrenden sind nicht primär Wissensvermittler, sondern sie gestalten Lernräume und Lernsituationen; sie sind aufmerksame Beobachter von Lernprozessen und stehen als Lernberater zur Verfügung.
„Ermöglichung" des Lernens unterscheidet sich von „Steuerung"... Nicht zufällig spielt die Chaostheorie im postmodernen Denken eine wichtige Rolle. Die Botschaft der Chaostheorie lautet vereinfacht: Je komplexer die Systeme, desto weniger können sie von außen gesteuert werden, desto mehr Eigendynamik muss zugelassen werden; Ordnung entsteht nicht durch „Verordnungen", sondern durch Selbstregulierung. Pädagogik kann somit – nicht nur, aber auch – als Beobachtung und Unterstützung der Eigendynamik von Lerngruppen verstanden werden.

Charakteristisch für die Postmoderne ist eine Entgrenzung des Pädagogischen: Lebenslanges Lernen findet ständig und an vielen Orten statt, und keineswegs nur oder auch nur primär in den Lernorten der Bildungseinrichtungen.

Ein weiteres Merkmal postmoderner Gesellschaften ist die Pluralisierung sozialer Milieus. Die aktuelle erwachsenenpädagogische Milieuforschung stützt sich auf sozialkonstruktivistische Theorieelemente (vgl. Barz/Tippelt 2004). Milieus werden nicht nur nach der sozialen Lage, sondern auch nach Lebens- und Freizeitstilen, nach Wertvorstellungen und Bildungsinteressen, nach Alltagsästhetik und „Outfit" klassifiziert. Postmodern ist nicht nur die Vielfalt der Milieus, sondern auch die Veränderung der „Lebensmuster". So scheinen immer mehr Menschen im Lauf des Lebens „ihr" Milieu zu wechseln, oft sogar mehrmals. Viele Menschen gehören mehreren Milieus gleichzeitig an. Diese Milieufluktuationen sind häufig mit informellen, aber nachhaltigen Lern- und Umlernprozessen verbunden. So ist das Lernniveau in multikulturellen, pluriformen Gesellschaften zweifellos höher als in eher statischen Gesellschaften.
Milieus unterscheiden sich durch ihre Wirklichkeitskonstruktionen und die damit verbundenen Leitdifferenzen. Milieus grenzen sich voneinander ab durch ihre Unterscheidungen, also durch das, was sie für wichtig, wünschenswert, lebensdienlich, geschmackvoll halten.
Gleichzeitig sind Milieus aber beobachtungsabhängige Konstrukte der Sozialwissenschaftler. So ist es zu erklären, dass mehrere Forschergruppen unterschiedliche Milieutypologien „erfinden".

Ein Schlüsselbegriff unserer Zeit ist Individualisierung. Individualisierung meint die Chance zur Realisierung vielfältiger Möglichkeiten, aber auch die Gefahr der Vereinzelung und der Verlust traditioneller Bindungen. Gesellschaftlich standardisierte Normalbiografien mit verbindlichen Statuspassagen werden zur Seltenheit. „Patchworkidentitäten" werden zur Regel.

Individualisierung ist zur vorherrschenden Vergesellschaftsform geworden. Unsere Gesellschaft ist individualisiert. Der Einzelne ist nicht nur „seines Glückes Schmied", sondern auch sein eigener Krisenmanager. Auch gesellschaftliche Krisen werden individualisiert. Das Individuum muss permanent riskante, weitreichende Entscheidungen treffen. Ungewissheit und Nichtwissen sind zu charakteristischen Merkmalen unserer Epoche geworden.
Das Bildungssystem ist auf diese *Individualisierung* strukturell nicht vorbereitet. Dem Jahrgangsklassenkonzept liegt die Annahme der Homogenität zugrunde: alle Schüler einer Klasse sollen möglichst im Gleichschritt dasselbe Klassenziel erreichen. Dass das in multikulturellen Klassen, aber nicht nur dort, illusionär ist, wissen wir alle. Dennoch gilt strukturell das Prinzip des „mehr desselben".

Der Konstruktivismus ist (zunächst) eine *Individualisierungstheorie*. Aufgrund der Selbstreferenz und der operationalen Geschlossenheit des Gehirns konstruiert jeder seine eigene, unverwechselbare Wirklichkeit. Zwar ist Kommunikation – als Koordinierung von Handlungen – lebenswichtig, aber wir bleiben füreinander kontingent und „undurchschaubar."
Eine der wichtigsten neurobiologisch fundierten Thesen des Konstruktivismus lautet deshalb: Bedeutungen sind individuell und nicht interpersonal übertragbar: „Es gibt bei uns Menschen also ... keine ‚genetisch garantierte' Bedeutung von Wörtern und Sätzen, sondern jedes Gehirn muss die sprachliche ebenso wie die nichtsprachliche Bedeutung von Kommunikationssignalen individuell konstruieren. So viele Gehirne, so viele Bedeutungswelten!" (Roth 2001, S. 364). Zwar gibt es Deutungs- und Verständigungsgemeinschaften, aber auch hier sind die Differenzerfahrungen der einzelnen oft größer als die konsensuellen Bereiche. „Wenn zwei dasselbe erleben, ist es überhaupt nicht dasselbe." (ebda. S. 365). Und: „Missverstehen ist das Normale, Verstehen die Ausnahme." (ebda. S. 367).

Fazit
Der Konstruktivismus ist eine Erkenntnistheorie, die Postmoderne eine Sozialtheorie. Doch beide Theorien basieren auf ähnlichen Voraussetzungen. Zu den Gemeinsamkeiten gehört die Skepsis gegenüber universalistischen Steuerungs- und Machbarkeitsillusionen, die Relativierung eines dualisierenden und linearen Denkens, die Wertschätzung von Vielfalt und Pluralität, die Anerkennung von Minderheiten, die Problematisierung herkömmlicher Fortschritts- und Wachstumskonzepte.
Die postmoderne Sicht ist weder vormodern noch antimodern, sondern eine Weiterentwicklung der Moderne.

2. Schlüsselbegriffe

2.1 Schlüsselbegriff Beobachtung

Unsere Welt ist beobachtungsabhängig und „beobachterrelativ". Keine Situation wird von zwei Menschen völlig identisch beobachtet. Die Komik der „Szenen einer Ehe", wie sie Loriot gezeichnet hat, basiert auf solchen Beobachtungsdiskrepanzen. Loriot selber beobachtet, wie Ehepaare beobachten; er ist selber „Beobachter II. Ordnung".
Der Konstruktivismus als Erkenntnistheorie ist eine Beobachtungstheorie. Beobachtung ist – so Rolf Arnold (2007a, S. 62) – eine Leitkategorie konstruktivistischen Denkens. Beobachten ist Erkennen und Erkennen ist Handeln. Wirklichkeit ist nicht das Objekt, das wir beobachten, sondern beobachtend erzeugen wir eine Wirklichkeit eigener Art. Wirklichkeit ist nicht die Voraussetzung, sondern das Ergebnis unserer Beobachtung. Beobachten ist kein Abbilden, sondern ein konstruktives Erleben von Welt.
Dies gilt auch für die visuelle und akustische Wahrnehmung, also unsere sensorische Beobachtung. Wir sehen nicht eine Farbe, sondern unser visuelles System *erzeugt* eine Farbwahrnehmung: „Wir sehen nicht den ´Raum` der Welt, sondern wir erleben *unser* visuelles Feld; wir sehen nicht die ´Farben` der Welt, sondern wir erleben *unseren* chromatischen Raum." (Maturana / Varela 1987, S. 28).
Farbe ist keine Eigenschaft der Gegenstände, sondern von den Gegenständen geht Licht mit unterschiedlicher Wellenlänge aus. Diesen Wellenlängen des Lichts entsprechen unsere Farbwahrnehmungen. Die Konstruktivität unser visuellen Wahrnehmungen lässt sich durch *optische Täuschungen* demonstrieren.

Doch schon der Begriff „optische Täuschung" ist missverständlich. Er suggeriert, dass es richtige und falsche Wahrnehmungen gibt. Deshalb ist der Begriff „optische Illusion" passender.
Unsere Wahrnehmung ist selektiv. Wir wählen aus der Fülle möglicher Wahrnehmungsinhalte diejenigen aus, die für uns hier und jetzt relevant und interessant sind. Wer Hunger hat, nimmt Nahrungsmittel anders wahr als wer gesättigt ist. Wer einen Parkplatz sucht, dessen Aufmerksamkeit ist anders programmiert als die eines Spaziergängers mit Hund. Die selektive Wahrnehmung ist also intentional, d.h. zielgerichtet und handlungsrelevant. Auf diese Intentionalität unserer Beobachtung verweisen Maturana und Varela mit der Kopplung von Erkennen und Handeln: „Diese Zirkularität, diese Verkettung von Handlung und Erfahrung (...) sagt uns, dass jeder Akt des Erkennens eine Welt hervorbringt (...) Jedes Tun ist Erkennen und jedes Erkennen ist Tun." (Maturana / Varela 1987, S. 31).

Die politische Brisanz dieser These ist offensichtlich: Beobachten ist Handeln. Nichtbeobachten ist Unterlassungshandeln. Wer „weg sieht", wenn Ausländer bedroht oder Kinder misshandelt werden, handelt unverantwortlich. Auch die Wahrnehmung von Recht und Unrecht, Nachhaltigkeit und Umweltzerstörung, Benachteiligung und Anerkennung kann gelernt werden. Beobachtung ist also keine wertneutrale Kategorie: Beobachtung ist der Schlüssel zur Konstruktion von Wirklichkeit.

Unsere Welt ist das Ergebnis subjektiver Wahrnehmungen. Selektive Wahrnehmungen haben *blinde* Flecke zur Folge. Wird ein blinder Fleck „bereinigt", entstehen neue blinde Flecken an anderer Stelle. Sich dieser Mechanismen bewusst zu werden, erfordert Reflektion und Selbstbeobachtung.

Eine solche reflexive Haltung schließt die Vergewisserung unserer Werte, Interessen, Intentionen und Wünsche ein. Denn unsere Beobachtungen basieren auf unserem „Referenzsystem", auf unseren Vorstellungen von dem, was uns wichtig, wertvoll, wünschenswert ist. Den engen Zusammenhang von Erkenntnis und Interesse hat bereits Jürgen Habermas überzeugend dargestellt. Auch einem „interesselosen Wohlgefallen" liegen Wertvorstellungen zugrunde.

> *Exkurs:*
> *Bertolt Brechts Verfremdungseffekt*
> *Auch für Bertolt Brecht ist die Welt beobachtungsabhängig. Das Theater soll die Wirklichkeit nicht darstellen, wie sie ist, sondern wie sie möglich ist. Brecht beschreibt die Welt als dialektisch und das heißt für ihn: als veränderbar: „Der Herr ist nur so ein Herr, wie ihn der Knecht es sein lässt." (Brecht 1960, S. 34). Man denke an „Herrn Puntila und seinen Knecht Matti".*
> *Auch Adolf Hitler konnte nur deshalb Macht auf die Mehrheit der Bevölkerung ausüben, weil diese ihn als mächtig akzeptierte, ja sogar wollte.*
> *Brecht versteht sein Theater als „gestisch": es soll Widersprüche „zeigen":*
> *„Das Theater des wissenschaftlichen Zeitalters vermag die Dialektik zum Genuss zu machen. Die Überraschung der logisch fortschreitenden oder springenden Entwicklung, der Unstabilität aller Zustände, der Witz der Widersprüchlichkeiten usw., das sind Vergnügungen an der Lebendigkeit der Menschen" (ebda., S. 52).*
> *Um die Welt als veränderbar zu zeigen, muss das scheinbar Selbstverständliche infrage gestellt, perturbiert werden.*
> *Dazu dient das Stilmittel des Verfremdungseffekts. Das Vertraute wird verfremdet, indem die Perspektive gewechselt wird. Vor allem in seinen Lehrstücken nimmt Brecht solche Perspektivenwechsel vor. Der Zuschauer soll sich nicht mit den Figuren identifizieren, er soll eine kritische Beobachtungshaltung einnehmen.*

> „*Eine verfremdende Abbildung ist eine solche, die den Gegenstand zwar erkennen, ihn aber doch zugleich fremd erscheinen lässt*" *(ebda., S. 25)*. „*Die neuen Verfremdungen sollten nur den gesellschaftlich beeinflussbaren Vorgängen den Stempel des Vertrauten wegnehmen, der sie heute vor dem Eingriff bewahrt.*" *(ebda., S. 26)*. *B. Brecht ist sicherlich kein Konstruktivist. Aber er weiß, dass die Welt nur verändert werden kann, wenn die Beobachtungsperspektiven verändert werden.* „*Die Beobachtung ist ein Hauptteil der Schauspielkunst.*" *(ebda., S. 31)*.

An dieser Stelle ist es hilfreich, das Konzept „Unterscheidung" einzuführen. Beobachten heißt unterscheiden. Unterscheiden heißt: einen Unterschied machen. Wir unterscheiden meist mit Hilfe binärer Codes: gut – schlecht, schön – hässlich, richtig – falsch, aber auch schwarz – weiß. Solche Codierungen verleiten zu einem dualistischen Denken, d.h. zu einem Denken in Gegensätzen, oft durch pauschale Verallgemeinerungen. Diese Denkmuster begünstigen autoritäre, dogmatische Wirklichkeitskonstruktionen. Vor allem für totalitäre Systeme sind solche stigmatisierenden und intoleranten Dualisierungen typisch.

Unterscheidungen sind lebensnotwendig. Aber in einer differenzierten Welt sind differenzierte Beobachtungen erforderlich. Entweder-Oder-Muster sind meist wenig konstruktiv.

Heinz von Foersters Imperativ „Handle so, dass weitere Möglichkeiten entstehen" (v. Foerster 1993, S. 78) hat eine erkenntnistheoretische und eine ethische Dimension. Erkenntnistheoretisch: bemühe dich um weitere und differenziertere Unterscheidungen. Daraus folgt ethisch: wer mehr differenzierte Unterscheidungen (und das heißt: Beobachtungen) lebt, verfügt über mehr Handlungsvarianten und Konfliktlösungsstrategien.

Es gibt allerdings eine Unterscheidung, die im Konstruktivismus nicht verwendet wird, nämlich den Code wahr – unwahr. Es ist gleichsam das „Alleinstellungsmerkmal" des Konstruktivismus, auf die Kategorie Wahrheit zu verzichten und stattdessen den Code viabel / nicht viabel zu bevorzugen. (vgl. Schmidt 1994, S. 109). Konstrukte sind nicht „wahr", sie „stimmen nicht mit der ontologischen Welt überein, sie müssen nur in das Gesamtkonzept von Erfahrung ′passen′, sie müssen ‚viabel' sein." (Fischer 1992, S. 22).

Man mag einwenden, dass die „Leitdifferenz Wahrheit" doch zumindest für die (natur-)wissenschaftliche Forschung gültig ist. Doch auch diesen Wahrheitsanspruch stellt E. v. Glasersfeld in Frage: „Die meisten der prominenten Revolutionäre der Physik im Zeichen der Relativitätstheorie und der Quantenmechanik (…) bekräftigen, dass sie zuerst eine Theorie konstruiert und danach die passenden Beobachtungen gemacht haben." (v. Glasersfeld 1992, S. 90).

Schlüsselbegriffe

Beobachtungen werden hier und jetzt gemacht, sie finden in der Gegenwart statt. Aber was und wie wir beobachten, ist biografisch vorprogrammiert. Unsere Beobachtungsschemata sind lebensgeschichtlich verankert und in Erfahrungen eingebettet. Wir beobachten, was wir wissen. Wer eine Ausstellung über moderne Kunst besucht und kein Wissen über moderne Kunst besitzt, wird wenig wahrnehmen. Wissen schafft Aufmerksamkeit, Unterscheidungen, auch Motivation. Wissen und Beobachtung ergänzen sich wechselseitig; es gibt kein Wissen ohne Beobachtungen, und es gibt keine Beobachtungen ohne Wissen.

Beobachtungen müssen anschlussfähig sein, sie müssen gleichsam in unsere Denk- und Wahrnehmungsmuster passen. Aber unser Beobachtungssystem muss auch offen sein für Perturbationen, für Irritationen. Eine Orientierung in einer sich wandelnden Welt erfordert Beobachtungskontinuität. In der „Perturbierbarkeit" liegt – pädagogisch betrachtet – die Chance für Kompetenzerweiterung, für Identitätsentwicklung. Wer sich nicht mehr perturbieren lässt, ist lernresistent. In pädagogischen Kontexten erfolgt die Beobachtungssensibilisierung durch *Differenzerfahrungen,* d.h. durch die Erfahrung, dass andere anders und anderes beobachten, und durch *Perspektivenwechsel,* d.h. durch eine reflektierte Veränderung des Beobachtungsstandpunkts. Ein solcher Wechsel kann – z.b. durch Rollenspiele – geübt werden. Beobachterrelativität und Perspektivität unserer Wirklichkeitskonstruktion sind untrennbar verknüpft. Schlichte Aussagesätze mit dem Hilfsverb „sein" erweisen sich so als fragwürdig. Ich sage: „Das Wetter ist schön", weil es nicht regnet und die Sonne scheint. Für den Landwirt, der seit Wochen auf Regen wartet, ist das Wetter keineswegs „schön". Streng genommen können wir allenfalls behaupten: „Ich empfinde das Wetter momentan als angenehm."

Es gibt keine außersubjektive, objektive Instanz, die uns über die absolute Wahrheit der Realität aufklären könnte. Auch wenn wir glauben, etwas über Gott zu wissen, so sind wir es, die diese Aussage machen. Ein weiterer erkenntnistheoretischer Aspekt dieser Beobachtungstheorie: Beobachter und Beobachtungsgegenstand sind nicht getrennt, sondern bilden eine Einheit. Wir erleben die Welt, indem wir sie beobachten. Das Wetter ist nicht objektiv, sondern nur für uns als Beobachter schön. Auch Wissenschaftler konstruieren ihren Gegenstand, indem sie ihn beobachten.

Bebachtungen sind subjektiv und individuell. Aber Beobachtungen sind sozial „gerahmt". Was wir beobachten, hängt von unserer Sozialisation, unserem Milieu, unseren Lebensverhältnissen ab.

Heinz von Foerster macht darauf aufmerksam, dass Beobachtungen eine kommunikative Dimension haben. Er ergänzt Maturanas „Theorem" „Alles Gesagte wird *von* einem Beobachter gesagt" durch „Heinz von Foersters Folgesatz Nr. 1" „Alles Gesagte wird zu einem Beobachter gesagt." (v. Foerster 1993, S. 84 f.). Das heißt, Beobachtung ist ein sozialer Vorgang: wir beobachten Wirklichkeit gemeinsam mit anderen, wir vergleichen unsere Beobachtungen mit anderen, wir kontrastieren die Beobachtungen anderer, wir erwarten Zustimmung, auch Unterstützung ...

Schlüsselbegriff Beobachtung

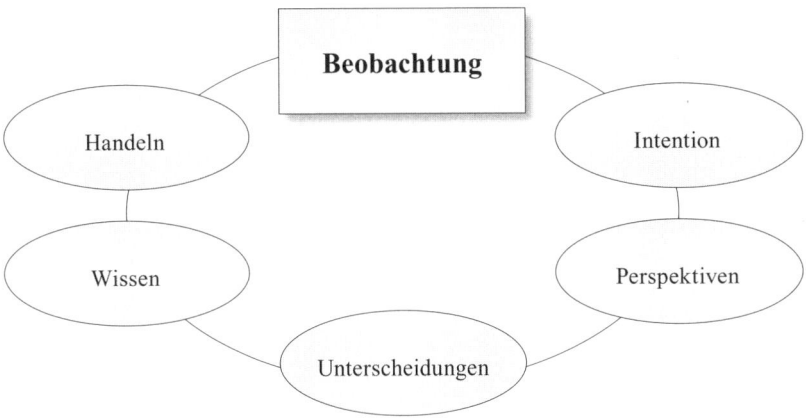

Abb. 2: Beobachtung

John Searle weist darauf hin, dass nicht die Tatsachen, sondern die Funktionen der Dinge und Situationen *beobachtungsrelativ* sind (Searle 1997, S. 24). Dass ein Auto 140 PS hat, ist ein beobachtungsunabhängiges Faktum. Beobachterabhängig ist allerdings die Funktion der PS. Mit einem PS-starken Auto kann ich schnell fahren. Diese Funktion ist untrennbar mit der *Intention* des Einzelnen verknüpft: Wer gerne schnell fährt, für den ist es von Bedeutung, dass das Auto über viele PS verfügt.
Dieses Beispiel soll den Zusammenhang zwischen *Intention* (auch: Interesse), *Bedeutung* (auch: Relevanz), *Funktionalität* (auch: Verwendungszweck) und *Beobachterabhängigkeit* (auch: Konstruktivität) veranschaulichen.

Beobachtung ist eine Handlungskompetenz: Auch Berater (Bildungsberater, Familienberater, Unternehmensberater, Fußballtrainer, ...) sind Beobachter. Ihre Fähigkeit besteht darin, zu beobachten, was und wie andere beobachten. Lehrer beobachten,
- wie Schüler, Eltern, Hausmeister beobachten
- wie ihre Fachdidaktiken (z.B. Schulbuchautoren) beobachten
- wie sie selbst sich und andere beobachten (Beobachtung II. Ordnung)

Exkurs:
Protagoras: Der Mensch ist das Maß aller Dinge
Protagoras (480–410 v. Chr.) gilt als Sophist, von dem die Aussage überliefert ist: „Über die Götter vermag ich nichts zu wissen, weder dass sie sind, noch dass sie nicht sind." Diese Feststellung wurde als Gotteslästerung verurteilt, und Protagoras soll deshalb aus Athen verbannt worden sein.

Schlüsselbegriffe

> *Bekannt geworden ist der „Homo-mensura-Satz": „Aller Dinge Maß ist der Mensch." Dieser Satz ist unterschiedlich interpretiert worden. Erkenntnistheoretisch lässt er sich im konstruktivistischen Sinn deuten: Dem Menschen ist die Welt nur nach Maßgabe seines Erkenntnisvermögens zugänglich. Er kann die Welt nur von seinem Beobachtungsstandpunkt aus wahrnehmen. Alle Erkenntnis ist also relativ, d.h. sie gilt für das Individuum hier und jetzt. Bernhard Taureck bezeichnet diese Theorie als relativistisch: „Etwas (x) zeigt sich jemandem (P) in einer Situation (S), und (x) ist wahr für (P) in (S).". (Taureck o. J., S. 107.)*
>
> *„Die Musik ist hinreißend" gilt also zunächst nur für mich und auch dies nur in einer Stimmung, in der die Musik mir wohl tut.*
>
> *„Menschen nehmen die Gegenstände nach Maßgabe ihrer individuellen Disposition wahr." (ebda., S. 111.).*

Die Beobachtungstheorie begründet einen erkenntnistheoretischen Pluralismus. Beobachtungen sind standpunktabhängig, perspektivisch und dadurch gibt es so viele Wirklichkeiten wie Beobachter. Wirklichkeiten sind systemspezifisch. So müssen unterschiedliche Welten und Werte akzeptiert werden. „Wer diese Pluralitäten theoretisch ‚einebnen' will, riskiert von vornherein eine dualistische Position, die einen Beobachtungsstandpunkt außerhalb der Beobachtung reklamiert und damit einen absoluten Wahrheitsanspruch erhebt. Wer so argumentiert, erhebt aber nicht nur einen Wahrheitsanspruch, sondern in erster Linie einen Machtanspruch, der aus dem Besitz ´der Wahrheit` abgeleitet wird." (Schmidt 2005, S. 71).
Beobachtung ist die Konstruktion von *Bildern*. Unser Selbst- und Weltbild besteht aus Bildern – das ist ein tautologischer Satz. Bilder, die im episodischen Gedächtnis gespeichert werden, prägen unsere Erinnerungen und unsere Biografie. Vor allem frühkindliche Bilder der Geborgenheit und Zuwendung stabilisieren unser Selbstwertgefühl.
Die Feststellung, dass wir in einer Bilderwelt leben, ist trivial. Ebenso trivial ist der Hinweis, dass die Grenzen zwischen „virtuellen Realitäten" und „realen Realitäten" immer fließender werden. Was wir sehen, sind Bilder, die die Welt nicht wahrheitsgemäß abbilden, sondern die eine Welt erzeugen.
Unsere Welt ist gekennzeichnet durch das Spannungsverhältnis von *Ästhetisierung* (also Bildern) und *Anästhetisierung,* d.h. einem Verschwinden der Wirklichkeit. Jeder Beobachter konstruiert sich eine eigene Welt, die er für die allgemeine Welt hält. Die Beobachtung nährt die Illusion, als kämen wir damit der Wahrheit näher. Die Realität, wie immer sie aussehen mag, entzieht sich jedoch unserer Wahrnehmung. Wir beobachten das, was unsere sensorischen und kognitiven Strukturen ermöglichen. Metaphorisch gesprochen: Als Beobachter sind wir keine „blinden Seher", wie die griechischen Weisen, sondern „sehende Blinde", deren Welt voll von illusionären Bildern ist. Je mehr wir sehen, desto weniger durchschauen wir.

Kritik

Kritisiert werden an dieser Beobachtungstheorie zwei „Schwachstellen":
1. Es wird nicht deutlich zwischen der alltäglichen Beobachtung und der wissenschaftlich-experimentellen Beobachtung unterschieden. Seit Heisenberg, Schrödinger, Bohr und Einstein wird kaum noch bestritten, dass auch die moderne Physik beobachtungsabhängig ist, dass sie keine absoluten Wahrheiten entdeckt, sondern Modelle konstruiert, die zum großen Teil erstaunlich gut funktionieren. Dennoch: vor allem die experimentelle Forschung macht mikroökonomische Welten sichtbar, die unserer Alltagserfahrung nicht zugänglich sind.
2. Handeln wird im Konstruktivismus auf Beobachtungshandeln reduziert. Zwar basiert alles Handeln auf Beobachtungen, aber handelnd erschaffen wir gegenständliche Welten – z.b. Technik, Kunst, Architektur –,wir führen Kriege und zerstören Natur. Diese gegenständlichen Handlungen werden von dem „kontemplativen" Konzept des Konstruktivismus vernachlässigt. Die „Welt der Dinge" darf nicht unterschätzt werden.

Fazit

In den USA ist bereits von einem „constructivistic turn" die Rede. Damit ist nicht gemeint, dass eine neue Theorie in Mode gekommen ist und andere Theorien an Popularität überrundet hat. Damit ist auch nicht gemeint, dass der Konstruktivismus andere Theorien widerlegt und sich als überlegen erwiesen hat. Die neue Qualität des konstruktivistischen Paradigmas besteht nicht darin, dass es neue Wahrheitsansprüche formuliert, sondern dass es – paradox formuliert – auf Wahrheitsansprüche verzichtet. Während andere Theorien eine Unterscheidung in „richtiges Bewusstsein" und „falsches Bewusstsein" vornehmen (wobei jeder Theoretiker für sich das richtige Bewusstsein in Anspruch nimmt), verzichtet der Konstruktivismus auf die Codierung richtig / falsch.
Neu ist die Beschreibung jeder Theorie als beobachtungsrelativ. Von einem wissenschaftlichen Theoretiker kann eine *reflexive Selbstbeobachtung* erwartet werden. Dies gilt für Konstruktivisten, aber auch für die Kritiker des Konstruktivismus. Eine solche selbstreflexive Haltung würde wissenschaftliche Kontroversen entschärfen und eine konstruktive „Verschränkung der Blicke" (Arnold / Siebert 2006) erleichtern. Auf diese Weise würde auch eine Vernetzung von Theorieperspektiven möglich.
Die Kernthese lautet: Es gibt keinen privilegierten geschweige denn absoluten Beobachtungsstandpunkt.
„Beobachtung" ist der Schlüsselbegriff der konstruktivistischen Erkenntnistheorie, wobei „beobachten" nicht nur „sehen", sondern auch „wahrnehmen" meint.

2.2 Schlüsselbegriff Selbstorganisation

Das Gehirn kommuniziert mit sich selber.

Das „Selbst" hat Hochkonjunktur – mit allen möglichen Wortkombinationen: Selbstmanagement, Selbststeuerung, Selbstverwirklichung ... In der Bildungsarbeit hat das „selbstgesteuerte Lernen" Karriere gemacht. Unterschiedliche Selbstorganisationstheorien sind im Gespräch: *Systemtheorien, Chaostheorien, Synergetiktheorien* und auch der *Konstruktivismus* à la Maturana und Varela. Meist ist von selbstorganisierenden „Systemen" die Rede, wobei zwischen *biologischen, psychischen* und *sozialen Systemen* unterschieden wird. Ob biologische Systeme ohne weiteres mit sozialen und psychischen Systemen verglichen werden können, ist umstritten. Charakteristisch für biologische Systeme ist *Leben*, für psychische Systeme *Bewusstsein* und für soziale Systeme *Kommunikation*. Doch die Diskussion über Einheit und Differenz der Systeme soll an dieser Stelle nicht vertieft werden.

Selbstorganisierende Systeme sind komplex, dynamisch, relativ stabil; die Organisationsentwicklung verläuft diskontinuierlich, zirkulär, nicht linear; die Prozesse sind nur bedingt planbar, kaum von außen steuerbar, sie verändern sich „eigensinnig", evolutionär, kreativ. Meist sind keine eindeutigen Kausalketten, sondern interdependente Kausalnetze wirksam. Und: Selbstorganisierende Systeme sind prinzipiell lernfähig. (vgl. Greif/Kurtz 1996, Erpenbeck/Heyse 1999).

Versuche, solche Systeme mechanistisch oder bürokratisch zu regulieren, scheitern meist oder sind kontraproduktiv. Diese Systeme können zwar von außen gestört (perturbiert), aber nicht determiniert werden. Dietrich Dörner hat „*die Logik des Misslingens* – Strategisches Denken in komplexen Situationen" (1993) an simulierten Entwicklungshilfeprojekten dargestellt. Der Versuch, die katastrophale Gesundheits- und Ernährungssituation eines Landes in der Sahel-Zone mit industriegesellschaftlichen Instrumenten und Denkmustern zu verbessern, scheitert kläglich. Alle Eingriffe – mehr Insektizide, mehr Kunstdünger, tiefere Brunnen, moderne Traktoren – führten zu unbeabsichtigten und unkalkulierbaren Nebeneffekten und Fernwirkungen. Indem ein Problem gelöst wurde, wurden mehrere neue Probleme verursacht. „Immer ging es um die Bewältigung von Problemen in komplexen, vernetzten, intransparenten und dynamischen Situationen oder Realitätsausschnitten. Die Systeme bestanden jeweils aus sehr vielen Variablen, die ‚vernetzt' sind…Weiterhin sind die Systeme intransparent, zumindest teilweise; Man sieht nicht alles, was man sehen will. Und schließlich entwickeln sich die Systeme von selbst weiter; sie weisen Eigendynamik auf." (Dörner 1993, S. 58 f).

Dörner empfiehlt: Wir müssen „es lernen, in Systemen zu denken. Wir müssen es lernen, dass man in komplexen Systemen nicht nur *eine* Sache machen kann, sondern, ob man will oder nicht, immer *mehrere* macht. Wir müssen es lernen, mit Nebenwirkungen umzugehen." (ebda., S. 307).
Auch moderne Unternehmen können als selbstorganisierende Systeme betrachtet werden. Der konstruktivistischen Systemtheorie zufolge sind komplexe soziale Systeme nur bedingt steuerbar. Eine Chance, auf die Selbstorganisation eines Unternehmens einzuwirken, besteht „in der Förderung einer permanenten ‚Selbstreflexion' in der Organisation als Voraussetzung für selbstkontrollierende Prozesse ... Planbarkeit, zielgerichtetes Handeln und Erfolg sind im Lichte dieser Theorie im Grunde nicht mehr als Mythen." (Greif/Kurtz 1996, S. 57).
Die Chance einer Organisationsentwicklung besteht in der Lernfähigkeit selbstorganisierter Systeme. Soziale Systeme können sich selbst und ihre Umwelt beobachten und dadurch verändern. „Lernende Organisation" heißt: Organisationsentwicklung als evolutionären, reflexiven und selbstorganisierenden Lernprozess verstehen." (ebda., S. 65) Wichtig ist es dabei, „Freiheitsgrade" zu schaffen und Veränderungen zuzulassen. (Kriz 1996, S. 42)

Abb. 3: Selbstorganisation

John Erpenbeck und Volker Heyse betonen die Strukturäquivalenz, also die Ähnlichkeit menschlicher und organisationaler „Systeme": „Das Unternehmen wie das Individuum lassen sich als selbstorganisierende Systeme fassen; ihre *Ordner* sind in beiden Fällen u.a. utilitaristische, ethische, politische, manchmal sogar religiöse *Werte*." (Erpenbeck/Heyse 1999, S. 134). Individuen und Unternehmen benötigen dieselben Kompetenzen, nämlich „Selbstorganisationsdispositionen". Diese Dispositionen basieren auf Werten („Ordner") und erfordern einen „Willen" als „Realisierungsvermögen". (ebda., S. 135).

Im Mittelpunkt der konstruktivistischen Selbstorganisationstheorie steht der *Autopoiesis-Begriff* Maturanas. Autopoiesis heißt wörtlich „selbst machen". Dabei ist es strittig, ob der Begriff Selbstherstellung und auch Selbsterhaltung meint. Außerdem wird kontrovers diskutiert, ob dieser ursprünglich biologische Begriff (vgl. Zellteilung) auf psychische und soziale Systeme übertragen werden kann.
Für Maturana/Varela ist die Autopoiesis charakteristisch für alles Lebendige. Lebewesen sind *autonome* Systeme. Autopoiesis ist deshalb kompatibel mit dem subjektphilosophischen Entwurf menschlicher Autonomie: „Nach unserer Ansicht ist deshalb der Mechanismus, der Lebewesen zu autonomen Systemen macht, die Autopoiese, sie kennzeichnet Lebewesen als autonom." (Maturana/Varela 1987, S. 55).

In aller Kürze lassen sich diese Begriffe wie folgt umschreiben:
Selbstreferenz: Das Individuum orientiert sich an seinen eigenen Wertmaßstäben und Referenzsystemen.
Rekursivität: Menschliches Erkennen und Handeln bezieht sich auf eigene biografische Erfahrungen zurück und erleichtert dadurch Stabilität.
Emergenz: Erkenntnisse „wachsen" selbstständig, Lernen ist ein eigendynamischer, nur bedingt steuerbarer Prozess.
Strukturdeterminiertheit: Lernen und Erkennen vollziehen sich im Rahmen biografisch erworbener kognitiver, emotionaler und sensorischer Strukturen.
operationale Geschlossenheit: Wahrnehmen und Erkennen sind keine Abbildung von Realität, sondern biochemische Operationen des Gehirns, das allerdings Energien bzw. Informationen „von außen" benötigt.
strukturelle Koppelung: Die Gehirntätigkeit ist mit der Außenwelt allenfalls lose gekoppelt. Das Individuum und seine Umwelt bilden füreinander „reziproke Perturbationen". „Bei diesen Interaktionen ist es so, dass die Struktur des Milieus in den autopoietischen Einheiten Strukturveränderungen nur *auslöst,* diese also weder determiniert noch instruiert (vorschreibt)." (Maturana/Varela 1987, S. 85).

Schlüsselbegriff Selbstorganisation

Die konstruktivistische Selbstorganisationstheorie ist zunächst eine Erkenntnistheorie: Erkennend bilden wir nicht eine äußere Realität „wahrheitsgemäß" ab, sondern wir erzeugen selbstreferenziell eine eigene Welt, und zwar aufgrund unserer mentalen inneren Strukturen. Ziel dieses Erkennens ist es, die eigene Organisation zu erhalten, d.h. zu überleben. „Die Folgerung daraus ist, dass es zwischen Erkenntnis und Erkanntem auch niemals ein Abbild-Gegenstand-Verhältnis geben kann, die äußere Realität kann nicht die innere determinieren. Jedes lebende System bestimmt selbst, was es wie erkennt und welche Wirklichkeit es konstruiert." (Simon 1997, S. 17).
Auch das Gehirn ist ein selbstorganisierendes System: Im Kortex entstehen Karten, auf denen ähnliche Inputs repräsentiert werden. Diese Kartierung erfolgt selbstorganisiert. Selbstorganisierende Eigenschaftskarten werden als Kohonen-Schicht bezeichnet. „Spontan durch Selbstorganisation (werden) Inputmuster auf Karten abgebildet, die ihre Eigenschaften kodieren. Man bezeichnet Kohonen-Netzwerke daher auch als selbstorganisierende Eigenschaftskarten." (Spitzer 2000, S. 114). Und: „Die Struktur der Karten bildet sich dabei von selbst, weswegen man bei diesem Netzwerktyp auch von selbstorganisierenden Eigenschaftskarten spricht." (ebda., S. 124).
Auch der Bremer Gehirnforscher Gerhard Roth bestätigt die Selbstorganisation des Gehirns. Vieles spricht dafür, dass sich der menschliche Kortex „aufgrund seiner hochgradigen Binnenverdrahtung im Wesentlichen mit sich selbst beschäftigt", dass die Verarbeitung externer Inputs geringfügig ist gegenüber „dem internen Geschehen". In diesem Kortex baut sich „eine eigene Vorstellungswelt auf", die „mit Geschehnissen außerhalb des Cortex irgendwie lose zusammenhängt" (Roth 2001, S. 214 f.).
Das Gehirn interagiert vorwiegend mit sich selber. „Die Wirklichkeit, in der wir leben und die wir erfahren, hat das Gehirn erst erzeugt; es besitzt selbst keinen direkten Umweltkontakt... Alles was wir sehen, hören, riechen, schmecken, denken und fühlen, ist das Ergebnis einer gigantischen Konstruktionsleistung unseres Gehirns." (Roth in Pörksen 2002, S. 149). „Man weiß heute, dass die unser Bewusstsein konstruierende Gehirnrinde sich in ihren Verdrahtungen wesentlich mit sich selbst beschäftigt. Auf eine Erregung, die erkennbar von außen kommt, folgen 100.000 Erregungen im Innern des Gehirns." (ebda., S. 153).

2.3 Schlüsselbegriff Systemik

„Die Gedanken sind frei..."
(Volkslied 18. Jh.)

Als „systemisch" kann eine Praxis beschrieben werden. Systemisches Handeln basiert auf Systemtheorien, z.b. die Luhmann'sche Systemtheorie, aber auch die Kybernetik und die Chaostheorie.
Heinz von Foerster, der sich als Konstruktivist und Kybernetiker versteht, unterscheidet triviale von nichttrivialen Maschinen (v. Foerster 1993, S. 135 ff.). Triviale Maschinen – z.b. technische Apparate – sind analytisch bestimmbar, vergangenheitsunabhängig und voraussagbar. Nicht-triviale Maschinen – z.b. Menschen – sind analytisch unbestimmbar, vergangenheitsabhängig und unvoraussagbar (vgl. Simon 2006, S. 39). Die Kybernetik beschreibt Systeme als Regelkreise, die nicht linear kausal erklärt werden, sondern für die zirkuläre Kausalnetze und Rückkopplungen typisch sind.
Auch für die Chaostheorie bestehen komplexe Systeme aus Kausalnetzen, Bewegungen und Synergieeffekten. In chaotischen Systemen können – wie bei metereologischen Schmetterlingseffekten – unscheinbare Ursachen große Wirkungen hervorrufen. Ordnung entsteht durch Bewegung, wie auf einer Tanzfläche.
In Luhmanns Systemtheorie ist die Differenz zwischen System und Umwelt wesentlich. Systeme operieren selbstreferenziell aufgrund systemspezifischer Leitdifferenzen und grenzen sich von der Umwelt ab – mit der sie jedoch strukturell gekoppelt sind. Soziale Systeme – so N. Luhmann – bestehen aus Kommunikationen, die anschlussfähig sein müssen.
Auch die Biologen H. Maturana und F. Varela argumentieren systemtheoretisch. Ihr Interesse richtet sich auf lebende, biologische Systeme. Autopoietische Systeme sind strukturdeterminiert, sie sind zwar mit der Umwelt gekoppelt (z.B. benötigen Lebewesen Nahrung aus der Umwelt), können aber von der Umwelt nicht determiniert oder reguliert werden. Systeme werden von der Umwelt irritiert und perturbiert, aber sie entscheiden selber, wie sie diese Perturbationen verarbeiten. Lebende Systeme sind emergente Systeme, die sich aufgrund eigener Gesetzmäßigkeiten entwickeln.
Lebende Systeme sind „selbstständige" Systeme, die aufgrund ihrer operationalen Geschlossenheit ihre Umwelt so beobachten, wie es ihnen sinnvoll und viabel erscheint.
„Wie eine Umwelt von einem autopoietischen System beobachtet wird (d.h. welche internen Wirkungen mit der Interaktion zwischen System und Umwelt verbunden sind), bestimmt nicht die Umwelt, sondern das System. Dies gilt nicht nur für biologische Systeme, sondern auch für andere Typen von Systemen, deren Organisation den Prinzipien der Autopoiese folgt: psychische Systeme... und soziale Systeme (die für Fragen der Therapie und Beratung oder des Managements, der Politik usw. von zentraler Bedeutung sind)." (Simon 2006, S. 51).

Schlüsselbegriff Systemik

Symptomatisch für komplexe Systeme sind Interdependenzen, zirkuläre und rekursive Prozesse, vielschichtige Wirkungsnetze, Rückkopplungen, Schmetterlingseffekte, unkalkulierbare Folge- und Nebenwirkungen, Emergenzen, aber auch Kontingenzen. Kontingent sind Prozesse, die möglich, aber nicht zwangsläufig und nicht eindeutig sind. Kontingenzen spielen in der zwischenmenschlichen Kommunikation eine besondere Rolle.

Lineares, dualisierendes, ontologisierendes (wahr/falsch) mechanistisches Denken wird diesen Systemiken nicht gerecht. Erforderlich ist ein *relationales Denken*, das Wechselwirkungen erfasst, und ein *kontextsensibles Denken*, das Umwelteinflüsse berücksichtigt.

Exkurs:
H. Siebert: der Kobra-Effekt
Siebert, der ehemalige Leiter des Kieler Instituts für Weltwirtschaft, hat ein Buch über den Kobra-Effekt geschrieben: In Indien soll es während der englischen Kolonialverwaltung eine Kobra-Plage gegeben haben. Um die Zahl der Kobras zu verringern, setzte der Gouverneur eine Prämie für jede gefangene Kobra aus. Die Folge: Viele Inder züchteten Kobras, um in den Genuss dieser Prämie zu kommen.

Kobra-Effekte zeigen die Grenzen des linearen, mechanistischen Denkens in komplexen Systemen auf. Kobra-Effekte sind unkalkulierte Nebenwirkungen und ungewollte („kontraintentionale") Effekte bürokratisch-planerischen Handelns. Diese Effekte sind außerdem kontraproduktiv, d.h. die negativen Folgen sind oft größer als die positiven Wirkungen. Bei Kobra-Effekten haben die Verantwortlichen die Beobachtungsperspektiven der Betroffenen nicht berücksichtigt oder falsch eingeschätzt. Hier einige Beispiele aus der Erwachsenenbildung:

Um ihr Haushaltsdefizit zu verringern erhöht die Kommune X drastisch die Gebühren der Volkshochschule. Daraufhin sinkt die Kursbeteiligung um ein Drittel. Insbesondere die „Bildungsbenachteiligten" bleiben weg.

Eine Volkshochschule bietet Kurse in Stadtteilen an, um die Bildungsbenachteiligung zu verringern. Es stellt sich heraus, dass viele Teilnehmer wohnortferne Kurse besuchen, weil sie vor allem in Sprachkursen eine gewisse Anonymität wünschen.

In einem Arbeitsplan wird angekündigt, dass in einem Seminar „teilnehmer- und erfahrungsorientiert" gearbeitet werden soll. Für einige Interessenten ist dieses Versprechen bedrohlich, sie befürchten, mehr von sich preisgeben zu müssen, als ihnen lieb ist und sie verzichten auf eine Teilnahme.

Das Angebot einer individuellen Lernberatung durch den Kursleiter wird von Teilnehmern ohne höhere Schulbildung als verdeckte Prüfung und Stresssituation wahrgenommen und deshalb abgelehnt.

Schlüsselbegriffe

> *Eine großstädtische Volkshochschule richtet eine gesonderte Abteilung „Fremdsprachen für SeniorInnen" ein. Das Interesse ist gering. Die meisten Älteren bevorzugen gemischte Kurse mit Jüngeren.*

Auch das menschliche Gehirn kann als System beschrieben werden. Das Nervensystem ist nicht statisch, sondern plastisch. Neuronale Netze werden ständig neu verdrahtet, wobei dieser Vorgang weitgehend selbstorganisiert erfolgt. Als strukturdeterminiertes System kann das Gehirn nur solche Informationen bearbeiten, die es strukturell bearbeiten kann, die also in die Struktur „passen".

Systemisches Denken und konstruktivistisches Denken sind nicht identisch, ergänzen sich aber. Bezogen auf soziale Systeme erfasst der systemische Blick die Relationen innerhalb einer Gruppe und zwischen Gruppe und Umwelt. Der konstruktivistische Blick beobachtet dagegen die Wirklichkeitskonstruktionen der Beteiligten. Eine Gruppe lässt sich also aus zweifacher Perspektive beobachten: als selbstreferenzielles System und als Gruppe eigensinniger Individuen mit unterschiedlichen Biografien und Erfahrungen.

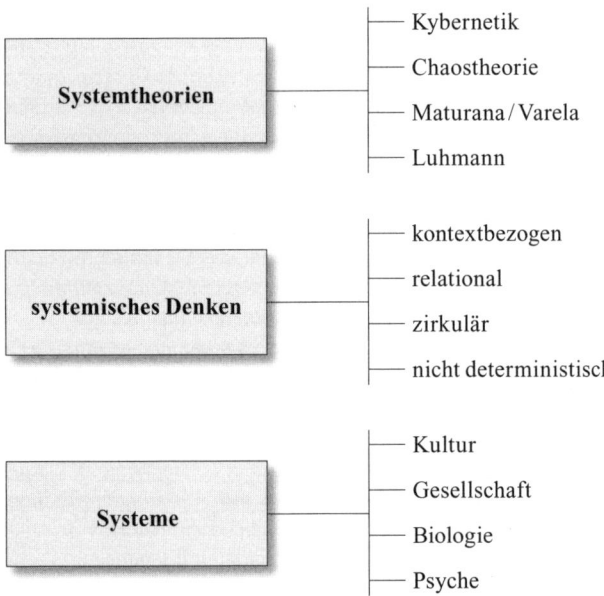

Abb. 4: Systemik

Die soziale Gruppe und der einzelne Teilnehmer können beide als selbstorganisierend, autopoietisch und ermergent beschrieben werden.
Eine weitere gemeinsame Leitdifferenz ist Anschlussfähigkeit: Lerninhalte müssen individuell anschlussfähig an biografische Erfahrungen sein. Kommunikationsinhalte müssen aber auch sozial anschlussfähig an das Wissen der Gruppenmitglieder sein. Ein Seminar ist dann erfolgreich, wenn anschlussfähige Kommunikationen zustande kommen und wenn (unvermeidliche) Kontingenzen thematisiert werden.
Pädagogisch lässt sich dieser systemisch-konstruktivistische Denkansatz auf folgende Formel reduzieren: Eine Seminargruppe lernt umso effektiver, je mehr ein Fließgleichgewicht von *Gemeinsamkeit & Differenz* gelingt. Gemeinsamkeiten sind hinsichtlich der Lernmotive, der Lernfähigkeiten und Anspruchsniveaus wünschenswert. Religiöse, politische, ethische Unterschiede müssen – je nach Thematik – latent gehalten werden, sie müssen „invisibilisiert" werden, damit die Gruppe arbeitsfähig ist.
Eine Seminargruppe ist aber nur dann kreativ und produktiv, wenn thematisch relevante Differenzen, also unterschiedliche Wirklichkeitskonstruktionen in der Lerngruppe vorhanden, thematisiert und bearbeitet werden. Ohne solche Perturbationen und Kontroversen wird der Seminarverlauf oft langweilig und unergiebig.
Die Eigendynamik einer Gruppe kann sich auch darin zeigen, dass offizielle Themen suspendiert und durch neu entstandene, emergente Themen ersetzt werden. Es ist denkbar, dass unvorhergesehene Themen mehr „Sinn" machen. Allerdings kann es erforderlich sein, dass sich die Gruppe über diese Themenverschiebung verständigt.
Das soziale System Lerngruppe erzeugt eigene Rituale, Leitdifferenzen und Selbstbeschreibungen. Dadurch wird eine Abgrenzung zu anderen Seminargruppen, also zur Umwelt vorgenommen. Produktiv ist ein Seminar, das Synergieeffekte nutzt und fördert, das also vorhandene Potenziale der Gruppe wahrnimmt, das an einem gemeinsamen Lernfortschritt interessiert ist.
Aufgrund der Eigendynamik und der Eigenlogik einer Seminargruppe können Lernprozesse nicht didaktisch geplant werden. Unkalkulierbar ist die Fülle der Faktoren, die Lerneffekte beeinflussen. Unsicher sind aber auch die Langzeitwirkungen pädagogischer Interventionen. Dennoch können Lernumgebungen arrangiert werden, die Lernerfolge wahrscheinlicher machen, auch wenn jeder einzelne etwas anderes lernt. Ein „Lernen im Gleichschritt" ist eine pädagogische Illusion.
Rolf Arnold plädiert für eine „Annäherung an das Systemische, welches ‚Beobachtung', ‚Reflexivität' und ‚Situativität' großschreibt." (Rolf Arnold 2007a, S. 21).

Die Funktion der Kursleitung lässt sich aus systemischer Sicht doppelt beschreiben:
a) Der Kursleiter ist integrierter Teil des sozialen Systems und erfüllt wichtige Aufgaben als Experte, als Lernberater, als Moderator, als Organisator
b) Der Kursleiter als Lehrsystem und die Teilnehmer als Lernsysteme lassen sich entkoppeln: Lehren und Lernen folgen unterschiedlichen Logiken, gelernt wird nicht ohne weiteres das, was gelehrt wird. (vgl. Schäffter 1985, S. 43).

Schlüsselbegriffe

Systemisches Denken ist nicht nur gruppendynamisch relevant, sondern beeinflusst auch die aktuelle Netzwerkdiskussion im Bildungswesen. Netzwerke werden als zukünftige Institutionalformen des lebenslangen Lernens propagiert. Netzwerke sind Verbundsysteme, in denen unterschiedliche Beobachtungsperspektiven verschränkt werden, so dass Synergieeffekte und innovative Problemlösungen entstehen. „Netzwerke erzeugen eine neue Qualität sozialer Beziehungen" (Bammé 2004 b, S. 71). Netzwerke verbinden systemtheoretische und handlungstheoretische Perspektiven.

Netzwerke – z.B. lernende Regionen sind:
- zeitlich begrenzt, aber doch von einer gewissen Dauer,
- die Kommunikation erfolgt überwiegend informell
- die Kooperation ist vertrauensvoll und wenig hierarchisch
- die Erwartungen sind reziprok und basieren auf Gegenseitigkeit
- die Beteiligten handeln selbstständig und kooperieren freiwillig
- die unterschiedlichen Interessen und Wahrnehmungen müssen koordiniert werden
- unterschiedliche Bereiche und Handlungsprogramme müssen „anschlussfähig" sein, d.h. zielorientiert agieren.

„Akteure vernetzen bedeutet, Handlungsprogramme so miteinander zu verknüpfen, dass Anschlüsse hergestellt werden, die sich zu Rückkoppelungsschleifen verdichten. Es findet also eine operationale und soziale Schließung des Netzwerks statt." (Bammé 2004 b, S. 77).

In der Begrifflichkeit des Konstruktivismus sind Netzwerke
- autopoietische Systeme
- selbstreferenziell
- operational geschlossen
- emergent
- selbstorganisiert
- mit der Umwelt strukturell gekoppelt
- viabel

Fazit
Seminargruppen sind – ebenso wie Individuen – komplexe, eigendynamische Systeme, die sich nicht direkt steuern oder „managen" lassen. Mechanische Wissensvermittlung nach dem Sender-Empfänger-Modell ist deshalb unterkomplex. Allerdings können Lehr-Lernkulturen so anregend gestaltet werden, dass psychische und soziale Systeme motiviert werden, sich mit Neuem zu beschäftigen. Seminargruppen sind umso produktiver, je mehr Gemeinsamkeiten und je mehr Differenzen bearbeitet werden. Die Systemik ist aber nicht nur charakteristisch für Lerngruppen, sondern auch für soziale Netzwerke, z.B. für „lernende Regionen".

2.4 Schlüsselbegriff Viabilität

Nach Thomas von Aquin ist Wahrheit „*adaequatio intellectus et rei*", die Übereinstimmung der Erkenntnis mit der Sache. Dieser korrespondenz-theoretische Wahrheitsbegriff unterstellt, dass die „Sache" objektiv erkennbar ist. Wenn wir uns aber von diesem Wahrheitsanspruch verabschieden, benötigen wir ein anderes Kriterium für Wahrnehmen und Erkennen.

Ernst von Glasersfeld, ein Vertreter des *radikalen Konstruktivismus*, schlägt als Maßstab *Viabilität* vor, wörtlich Gangbarkeit, aber auch Brauchbarkeit, Nützlichkeit, Funktionalität, Passung.

Dieser Begriff stammt aus der Evolutionstheorie: „Den Begriff der Viabilität (...) habe ich aus der Evolutionstheorie übernommen (...) Und brauchbar oder viabel nenne ich Handlungs- und Denkweisen, die an allen Hindernissen vorbei zum gewünschten Ziel führen." (Glasersfeld in Pörksen 2002, S. 52).

In seinem Buch „Radikaler Konstruktivismus" differenziert er den Viabilitätsbegriff:
1. Viabel sind sensomotorische Handlungen, die den Organismen ein Überleben ermöglichen.
2. Viabel ist „ein relativ kohärentes begriffliches Netzwerk", das eine lebensdienliche Orientierung und erfolgreiches Handeln ermöglicht. (Glasersfeld 1997, S. 122) An anderer Stelle spricht Glasersfeld von „begrifflichem Verhalten", also handlungsleitenden Schlüsselbegriffen.
3. „Viabilität zweiter Ordnung", d.h. Deutungsmuster, die von anderen geteilt und intersubjektiv akzeptiert werden, die konsensfähig sind. (ebd., S. 197) Damit begegnet er dem Vorwurf eines ungebremsten egoistischen Utilitarismus: Als viabel erweist sich auf Dauer nur ein solches Denken und Handeln, das mit den Interessen anderer kompatibel ist.

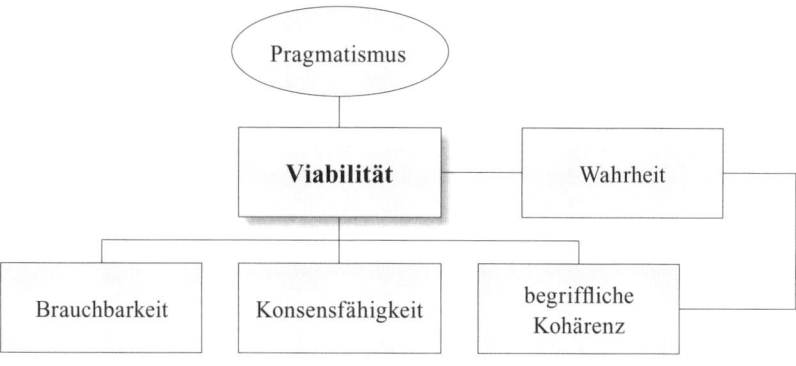

Abb. 5: Viabilität

Schlüsselbegriffe

Bernhard Pörksen gibt in seinem Gespräch mit Ernst von Glasersfeld zu bedenken, dass die Brauchbarkeit von Theorien nicht immer eindeutig zu erkennen ist, dass z.B. bei der Interpretation von Gedichten die Viabilität einer Theorie schwer zu belegen ist. Ernst von Glasersfeld antwortet mit dem Hinweis auf die intersubjektive Plausibilität einer hermeneutischen Interpretation. Da es nicht „die" richtige oder falsche Auslegung eines literarischen Textes gibt, ist jede Deutung viabel, die anregend ist und neue Perspektiven eröffnet. Glasersfeld weist darauf hin, dass die Brauchbarkeit einer Wirklichkeitskonstruktion abhängig von Werten ist, die gesellschaftlich verankert sind und durch den Konstruktivismus begründet werden können. (Glasersfeld in Pörksen 2002, S. 53).

Wirklichkeitskonstrukte erfüllen unterschiedliche psychohygienische Funktionen:
1. *kognitiv:* Konstrukte reduzieren Komplexität und erleichtern eine Orientierung in unübersichtlichen und ungewissen Lebenswelten.
2. *emotional:* Sie können zum emotionalen Wohlbefinden, zu einem positiven Weltgefühl beitragen.
3. *legitimatorisch:* Konstrukte begründen und rechtfertigen Handlungen.
4. *biografisch:* Sie erleichtern eine Stabilität und Kontinuität der Identität.
5. *pragmatisch:* Konstrukte ermöglichen die Lösung schwieriger Aufgaben. Wirklichkeitskonstruktionen stiften Gemeinschaften und fördern ein Zugehörigkeitsgefühl.

Konstrukte werden als viabel empfunden, wenn sie eine oder mehrere dieser Funktionen erfüllen. Ist das nicht (mehr) der Fall, wächst die Bereitschaft, die eigenen Deutungsmuster zu revidieren und die subjektive Welt zu rekonstruieren oder auch zu dekonstruieren (z.B. durch einen Wandel religiöser oder politischer Überzeugungen).

Exkurs:
William James' Pragmatismus

Ernst von Glasersfelds Begriff der Viabilität ist von dem amerikanischen Pragmatismus, insbesondere von William James beeinflusst worden. W. James wurde 1842 in New York geboren, lebte einige Zeit in Deutschland, wo er Hegel und Kant studierte, und starb 1910. James argumentierte gegen den Idealismus Hegelscher Prägung, insbesondere gegen eine absolute Idee und einen absoluten Geist. James Weltanschauung ist pluralistisch, er spricht von einem „Multiversum", einer Vielfalt der Wirklichkeiten, die miteinander vernetzt sind und die durch eine „Erfahrungskontinuität" verknüpft werden. Die Widersprüchlichkeit der Wirklichkeiten wird nicht begrifflich beseitigt, sondern anerkannt. Unsere Welt ist in Bewegung, sie verändert sich ständig.

> *Auch James relativiert den Wahrheitsbegriff. Wahr ist – pragmatisch betrachtet –, was funktioniert, was einen praktischen Unterschied macht. Eine Theorie, die keine praktische Relevanz hat, ist überflüssig. Wahrheit besteht nicht in der Übereinstimmung der Theorie mit der Wirklichkeit, sondern in ihrer Brauchbarkeit. „Eine Ähnlichkeit mit dem Wahrheitsbegriff von James weist der Wahrheitsbegriff des 'Radikalen Konstruktivismus' auf. Die Übereinstimmung bezieht sich darauf, dass beide die Wahrheit an der Funktion messen." (Schubert/Wilkesmann 1994, S. XXII). Allerdings bestreitet James nicht die Erkennbarkeit der Realität, auch wenn seine Denkfigur des „Stream of Consciousness" an die konstruktivistische „Erlebniswelt" erinnert.*

„Viabilität statt Wahrheit" gilt auch für den Konstruktivismus selber. Auch der Konstruktivismus ist nicht „wahr" oder richtiger als andere Theorien,
sondern allenfalls viabel, wenn er neue Möglichkeiten eröffnet. „Ob es ein viables Modell des Denkens ist oder ob es einem als unbrauchbar erscheint – das lässt sich nicht für andere und für alle Zeiten entscheiden." (ebda., S. 60). Auch die pädagogische Viabilität des Konstruktivismus muss sich immer wieder neu erweisen. Ernst von Glasersfeld hat Viabilität in einem anschaulichen Bild dargestellt: Ein Seefahrer steuert in dunkler Nacht durch eine Meeresenge. Er sieht nicht die Klippen links und rechts. Er erfährt „nur", ob sein Kurs viabel war. Die außersubjektive Realität wird allenfalls „ex negativo" erfahrbar; unsere Wirklichkeitskonstrukte sind hypothetisch und falsifizierbar, aber nicht verifizierbar.

Doch – so kann man einwenden – besteht eine gewisse Passung zwischen unseren Konstrukten und der „Welt". Aus dem erfolgreichen oder misslungenen Handeln lassen sich auf die Umwelt Rückschlüsse ziehen. Auch der Seefahrer verfügt über eine Karte, einen Kompass, eigene Erfahrungen oder er hat sich bei anderen Seeleuten informiert. Die radikalkonstruktivistische These, die Außenwelt sei uns völlig „unzugänglich", scheint also übertrieben zu sein.

2.5 Schlüsselbegriff Strukturelle Koppelung

Die Konstruktion der Wirklichkeit findet im Gehirn statt. Das Gehirn aber ist ein operational geschlossenes System, das keinen direkten Zugang zur Außenwelt hat. Unser Gehirn hat seine unverwechselbare biografische Geschichte. Deshalb ist jede Wirklichkeitskonstruktion einmalig und individuell. Und dennoch leben wir nicht allein auf einer Insel. Das Verhältnis des Individuums zur – gegenständlichen und sozialen – Umwelt wird als *strukturelle Koppelung* bezeichnet. „Strukturelle Koppelung" erklärt die Möglichkeit des Zusammenlebens und des In-der-Welt-Seins.

Autopoietische Systeme sind eigenständige Systeme, die sich gegenseitig „perturbieren" können. Das Ergebnis dieser wechselseitigen „Störung" nennen Maturana und Varela „strukturelle Koppelungen". (Maturana/Varela 1987, S. 105). Solche stabilen Kopplungen setzen also eine Übereinstimmung der Strukturen voraus. Eine solche Voraussetzung ist z.B. eine gemeinsame Sprache. Francisco Varela stellt eine Verbindung zwischen Erkenntnistheorie und Sozialtheorie her: Auch Kognition ist ein sozialer Prozess. Kognition – so Varela – ist nicht die Widerspiegelung der Außenwelt (im Sinne eines korrespondenztheoretischen Wahrheitsbegriffs), sondern eine Konstruktion von brauchbaren Wirklichkeiten.

Varela distanziert sich hier von einer radikalkonstruktivistischen Auffassung, derzufolge die äußere Welt uns kognitiv „völlig unzugänglich" ist.

Varela plädiert für einen „Mittelweg" zwischen einer traditionellen und einer subjektivistischen Erkenntnistheorie: „Mittelweg soll heißen, dass man weder von der Annahme ausgehen muss, dass eine innere Repräsentation von Objekten gefunden werden muss, noch davon, dass man wie ein Geist leben kann, der das Gewünschte willkürlich in die Welt projezieren kann. Die Welt, die simple Alltagswelt, entsteht aus dieser Geschichte von Koppelungen, die eine bestimmte Kohärenz hervorbringt." (Varela 1997, S. 62) Kohärenz meint hier Dauer, Stabilität, Kontinuität.

Varela interpretiert *Kognition* als Handlungskompetenz aufgrund stabiler struktureller Koppelungen: „Was ist Kognition?" „Wirksames Handeln: Die Geschichte der strukturellen Koppelung, die eine Welt hervorbringt bzw. erzeugt." (Varela 1990, S. 110).

Intelligenz wird als soziale Kompetenz definiert, nämlich „als die Fähigkeit, in eine mit anderen geteilte Welt einzutreten." (ebda., S. 111).

Anders formuliert: Kognition ist eine Handlungskompetenz, die auf der Bereitschaft zur verständigungsorientierten Kommunikation beruht.

Schlüsselbegriff Strukturelle Koppelung

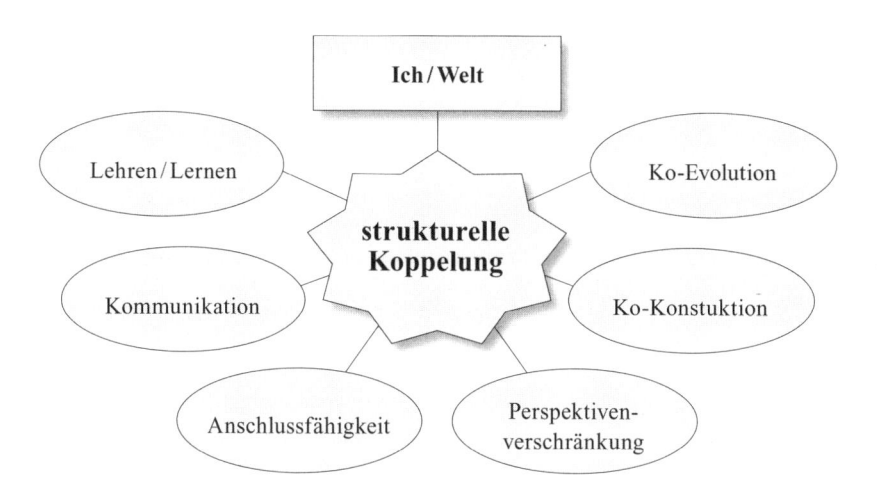

Abb. 6: Strukturelle Koppelungen

Auch das Verhältnis zwischen Individuum und Gesellschaft ist strukturell gekoppelt: Menschen erzeugen ihr gesellschaftliches System – und die Strukturen dieses Systems (z.B. des Kapitalismus) manifestieren sich im Habitus der Gesellschaftsmitglieder. Welt und Ich bringen sich gegenseitig hervor: Unsere Welt ist *unsere* Welt. Und ein Ich entwickelt sich nicht ohne Umwelt.
Ein biologisches Beispiel: Bienen benötigen Blütenstaub um zu überleben. Zugleich befruchten sie Blüten und ermöglichen dadurch die Fortpflanzung der Blumen.

Varela kritisiert eine einseitige Subjektorientierung des Konstruktivismus: „Es geht um eine *Ko-Konstruktion* von Subjekt und Objekt, welche die tradierte logische Geografie einer klaren Trennung von Erkennendem und Erkanntem, Innen- und Außenwelt hinter sich lässt... Mein Plädoyer zielt auf einen mittleren Weg, der einerseits die Extreme des Subjektivismus und Idealismus und andererseits die Einseitigkeiten des Realismus und Objektivismus vermeidet." (Varela in Pörksen 2002, S. 117f.).
Ko-Konstruktion meint die gemeinsame Wirklichkeitskonstruktion in einer gemeinsamen Welt. *Ko-Evolution* meint die gemeinsame Entwicklung autopoietischer Systeme als Folge struktureller Koppelungen. Ko-Evolutionen entstehen durch wechselseitige Anregungen und Perturbationen. Im Idealfall „koevolvieren" Lehrende und Lernende in einem Seminar. Ko-Evolution ist also mehr als Interaktion, nämlich Veränderung. Passung von Wirklichkeiten, aber auch wechselseitige Verschränkung. Eine solche Verschränkung ist nur deshalb möglich, weil beide „Systeme" selbstreferenziell und damit autonom sind.

Schlüsselbegriffe

Voraussetzung für soziale Koppelungen ist die *Anschlussfähigkeit* der Wahrnehmungen und Kognitionen. Ohne Anschlussfähigkeit ist keine Kommunikation und keine Kooperation möglich. Anschlussfähigkeit ist nicht identisch mit Verstehen, denn selbstreferenzielle Systeme bleiben letztlich füreinander undurchschaubar. „Anschlussfähigkeit" respektiert diese Selbstreferenz, ohne Kommunikation zu verunmöglichen. Anschlussfähigkeit schließt Perspektivenverschränkung ein.
Die Denkfigur der „strukturellen Koppelung" lässt sich auf Lehr-Lernsituationen übertragen. Die traditionelle pädagogische Formel lautet: Schüler lernen das, was Lehrer lehren. Doch diese „Einheit des Lehrens und Lernens" – so Wilhelm Mader – ist „zerbrochen". Lehrende und Lernende sind strukturdeterminiert und biografisch geprägt. Lehrer lehren, was *sie* erfahren und gelernt haben, was für sie viabel und bedeutungsvoll ist. Lerner dagegen haben *ihre* Erfahrungen, kognitiven und emotionalen Strukturen, Wahrnehmungsstile und Coping-Strategien. Sie können nur das Wissen verarbeiten, das sie verarbeiten können (und wollen). Die Bedeutungen der Lehrer können nicht in die Köpfe der Lerner transportiert werden. Dennoch nehmen beide einander wahr, sie kommunizieren miteinander, sie stimmen zu oder lehnen ab, was sie verstanden zu haben glauben. Missverständnisse können kommunikativ aufgeklärt werden. Lehrer und Lerner befinden sich – zumindest zeitweise und partiell – in einer „Verständigungsgemeinschaft". Dennoch – so hat N. Luhmann es einmal formuliert – der Normalfall der Kommunikation ist das Missverstehen.

Schüler einer Klasse lernen nicht alle dasselbe – und müssen es vielleicht auch nicht. Schüler lernen viel, aber nur zum geringen Teil das, was Lehrer „vermitteln" wollen – und auch das ist oft nicht bedauerlich. Schüler werden nicht „instruiert" oder gar „determiniert", aber angeregt, gelegentlich „perturbiert".
„Der Lehrer legt ein Problem vor. Er lehrt nicht das Problem. Er instruiert nicht. Er schafft mit dem Problem nur einen anregenden (perturbierenden) Kontext für den Lerner, der diesen in Bewegung setzt. Die Bewegung, die durch diesen Kontext in Gang gesetzt wird, vollzieht sich in den Schülern gemäß ihren eigenen selbstreferenziellen Regeln und autopoietischen Dynamiken." (Mader 1997, S. 71). Ähnlich wie W. Mader beschreibt Siegfried Schmidt die Lehr-Lernsituation: „Konzipiert man Aktanten als kognitiv autonome Systeme, das heißt als Systeme, die nur systemspezifisch handeln können, auch wenn sie sich kulturprogrammiert an kollektivem Wissen orientieren, dann werden Modelle von Kommunikation als Austausch oder als Übertragung neutraler Informationen unplausibel. Übertragen kann man nur *Zeichenmaterialien,* aus denen Aktanten erst durch kognitive Verarbeitung Bedeutungen erzeugen müssen, die notwendig systemspezifisch sind." (Schmidt 2005, S. 56).

3. Strömungen systemisch-konstruktivistischen Denkens

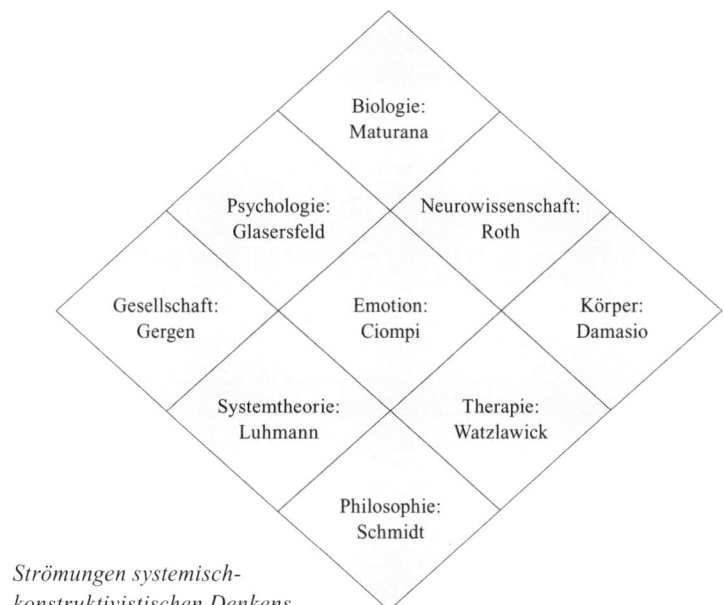

Abb. 7: Strömungen systemisch-konstruktivistischen Denkens

3.1 H. Maturana und F. Varela: Klassiker des Konstruktivismus

„Der Baum der Erkenntnis – die biologischen Wurzeln des menschlichen Erkennens" so lautet der deutsche Titel eines Klassikers der Konstruktivismusdiskussion. Die beiden chilenischen Biologen Humberto Maturana und Francisco Varela haben biologische Erkenntnisse mit systemtheoretischen Kategorien verknüpft. Ein Schlüsselbegriff ist *Autopoiesis,* d.h. wörtlich Selbsterzeugung, Selbsterhaltung. Zellen – so die Biologen – pflanzen sich autopoietisch durch Zellteilung ohne direkte Fremdsteuerung fort. Autopoiesis ist eine Metapher für alle lebenden Systeme, also auch für das menschliche Bewusstsein und für soziale Organisationen.

Auch unser Gehirn kann als autopoietisches System betrachtet werden, das durch seine Sinneswahrnehmungen und Kognitionen die äußere Welt nicht wahrheitsgemäß abbildet, sondern das eigene Wirklichkeiten hervorbringt, „konstruiert".

Wenn man sich mit diesem Begriff der Autopoiesis angefreundet hat, fällt einem der Zugang zu der konstruktivistischen Erkenntnistheorie leichter. Maturana und Varela haben einige Kernsätze formuliert, die auf den ersten Blick trivial erscheinen, die aber bei näherer Betrachtung zum Nachdenken anregen. Hier einige Beispiele:

1. *„Alles Gesagte ist von jemandem gesagt."* (Maturana/Varela 1987, S. 32)
Eine scheinbar tautologische Formulierung, aber letztlich eine folgenreiche These: Wir erkennen nur, was *wir* erkennen. Alles Wissen von Gott und der Welt vollzieht sich im Rahmen und in den Grenzen menschlichen Erkenntnisvermögens. Nicht nur sinnliche Wahrnehmungen, auch Gedanken, Gefühle, Träume, Phantasien sind menschlich, also subjektiv. Objektive, absolute Wahrheiten gibt es nicht.

Diese These geht über die populäre Feststellung hinaus, dass Irren menschlich ist. Unser Wissen ist nicht nur vorläufig und fehlerhaft, also korrekturbedürftig, sondern grundsätzlich begrenzt durch unser Wahrnehmungsvermögen, unsere kognitiven Strukturen, unsere Sprache.

2. *„Jedes Tun ist Erkennen, und jedes Erkennen ist Tun."* (ebda., S. 31).
Die meisten Erkenntnistheorien gehen davon aus, dass Erkennen Wahrheit zum Ziel hat. Wir sollen/wollen/können erkennen, wie die Welt wirklich ist. Dies ist die Prämisse aller „Repräsentationstheorien": Das Gehirn repräsentiert die äußere Realität, d.h. es bildet sie ab.

Für den biologisch inspirierten Konstruktivismus ist Erkennen nicht Abbildung, sondern die Ermöglichung lebensdienlicher Handlungen. Wir erkennen um zu handeln, und wir handeln um zu überleben.

Erkennen (als mentale Operation) und Handeln (als soziales Tun) sind zwar nicht identisch, aber doch untrennbar verknüpft. Man kann von einer „Einheit der Differenz" sprechen. Wir erkennen nicht nur, *um* zu handeln, sondern Erkennen ist selber die Erzeugung einer Welt: So wie ich einen Menschen wahrnehme, d.h. erkenne, so handle und verhalte ich mich ihm gegenüber. Und zugleich: So wie ich mich in bestimmten Situationen verhalte, erkenne und erfahre ich mich.

3. *Wirklichkeit ist nicht die Voraussetzung, sondern das Resultat des Erkennens.* (ebda., S. 13).
Viele Philosophen trennen Subjekt und Objekt, den erkennenden Menschen und den vorhandenen Erkenntnisgegenstand. Bekannt ist Descartes Unterscheidung zwischen „res cogitans", also dem erkennenden Ich, und „res extensa", also der materiellen Welt.

Für Konstruktivisten sind Erkenntnissubjekt und Erkenntnisgegenstand nicht zu trennen. Erkenntnis und Wirklichkeit bilden eine Einheit, auch in der wissenschaftlichen Forschung. Auch Naturwissenschaftler entdecken nicht die Natur, wie sie „wirklich" ist, sondern sie erfinden viable, d.h. funktionierende Modelle und Formeln.

Auch für unser Alltagsbewusstsein gilt: wir erzeugen ständig Lebenswelten, in denen wir leben und die wir erleben. Unsere Lebenswelt ist nicht ohne uns vorhanden, sondern sie ist das Ergebnis von Beobachtungen, Unterscheidungen und Handlungen. Unsere Beobachtungen selber verändern die Umwelt: Tiere (z.b. das Chamäleon) aber auch Menschen verändern sich, wenn sie bemerken, dass sie beobachtet werden (deshalb sind „teilnehmende Beobachtungen" in der Sozialforschung nie „objektiv"). Wir beobachten die Welt mit einer bestimmten Brille und die Welt verhält sich diesen Beobachtungen entsprechend. Existieren die Gegenstände nicht unabhängig von uns als Betrachter? Ja und nein. Gegenstände lassen sich nicht unabhängig von ihrer Funktion beschreiben. Diese Funktion jedoch ist kontext- und interessenabhängig. Nehmen wir das Beispiel *„Wasser":*
Chemikalisch ist Wasser H^2O. Aber Wasser ist auch Wasserkraft. Wasser ist Schifffahrtsweg. Trinkwasser ist überlebensnotwendig. Der menschliche Körper besteht großenteils aus Wasser. Wasser ist Regen nach einer Dürreperiode. Wasser ist Flutkatastrophe. Wasser ist Weihwasser. Wasser ist zum Waschen da. Wasser ist Schwimmbad. Wasser ist Dionysos und Aphrodite. Wasser ist der Brunnen und die Quelle. Wasser ist das Geräusch des Plätscherns. Wasser ist Spiegel und Abgrund. Wasser ist Nebel und Luftfeuchtigkeit...

4. *„Wir sehen nicht, dass wir nicht sehen".* (ebda., S. 23).
Sehen wird hier synonym mit erkennen und beobachten verwendet. Unsere Wirklichkeit ist *beobachtungsabhängig.* Verschiedene Individuen, Generationen, soziale Schichten, Kulturen beobachten unterschiedliche Wirklichkeiten.
Jede Beobachtung, jede Wahrnehmung ist selektiv. Wir sehen die Welt aus einer bestimmten Perspektive, und diese Perspektive ist nicht zufällig, sondern zweckmäßig und viabel. „Blinde Flecke" gehören also zu unserem Alltagsbewusstsein. Diese „Einäugigkeit" ist uns nicht ständig bewusst. Auch diese Ignoranz ist lebenspraktisch. Es erleichtert unser alltägliches Leben, wenn wir „so tun als ob" unsere Beobachtung der Welt identisch sei mit „der Welt".
Zwar hat Sokrates Recht mit seiner Einsicht „Ich weiß, dass ich nichts weiß", aber im Alltag ist es nützlich, dieses Wissen um unser Nichtwissens auch wieder zu vergessen.

5. *Erkennen heißt Unterscheidungen treffen.* (ebda., S. 46).
Noch einmal: Als Erkennende sind wir Beobachter. Beobachten heißt unterscheiden. Ohne Unterscheidungen erkennen wir keine Unterschiede. Erst wenn sich der Nebel lichtet, werden Konturen erkennbar.
Unterscheidungen basieren auf Interessen, Bedeutungen und Wertvorstellungen und reduzieren Komplexität. Dieses Komplexitätsreduktion wird durch binäre Codes erleichtert: wir unterscheiden zwischen schön und hässlich, intelligent und dumm, nützlich und unnütz, höher entwickelt und unterentwickelt. Diese Unterscheidungen sind die Grundlage unserer Handlungen. Unterscheidungen haben deshalb häufig

eine ethische Dimension. Menschen unterscheiden sich durch ihre Unterscheidungen. Lernen heißt somit: Unterscheidungen reflektieren, vielleicht auch differenzieren, erweitern. Wir müssen uns bewusst werden, dass diese Unterscheidungen *unsere* Entscheidungen und keine Eigenschaften der Umwelt sind. Eine Fledermaus ist nicht „an sich", sondern „für uns" hässlich.

6. *Autopoietische Systeme sind mit der Umwelt strukturell gekoppelt.* (ebda., S. 85). Betrachten wir unser Gehirn und unser Bewusstsein als autopoietisches System, so operiert dieses System selbstorganisiert, operational geschlossen, rekursiv d.h. auf der Grundlage der eigenen Geschichte. Autopoietische Systeme werden von außen „weder determiniert noch instruiert", wohl aber „perturbiert" und irritiert.

Individuen werden auch nicht durch die Gesellschaft „determiniert". Allerdings leben auch autopoietische Systeme nicht isoliert, sondern sie interagieren mit der sozialen und ökologischen Umwelt.

Es besteht also eine strukturelle Koppelung zwischen Individuum und Umwelt. Strukturveränderungen der Umwelt – z.b. hohe Arbeitslosigkeit – lösen Veränderungen der psychischen Systeme aus. Ähnliches gilt für Klimaveränderungen, neue Informationsmedien u.ä. Umgekehrt wirken sich mentale Strukturveränderungen der Individuen auf das „Milieu" aus. Die wechselseitige Koppelung ist „reziprok".

Auch soziales Lernen basiert auf strukturellen Koppelungen: wir lernen von und mit anderen, wenn und weil unsere Strukturen ähnlich, aber doch individuell einmalig sind. Wenn wir nicht verschieden wären, würden wir nicht voneinander lernen und würden uns auch nicht füreinander interessieren.

7. *Wir sind „zu einer Haltung ständiger Wachsamkeit gegenüber der Versuchung der Gewissheit" verpflichtet.* (ebda., S. 263).
Auch wenn wir die Welt nicht „wirklich" erkennen können, so können wir uns doch die Grenzen unseres Erkenntnisvermögens bewusst machen. Wir können erkennen, dass wir nichts Endgültiges erkennen. Diese erkenntnistheoretische Einsicht legt Toleranz und Aufgeschlossenheit gegenüber anderen Sichtweisen nahe. Es geht nicht darum, eine einzige (meist die eigene) Perspektive als die richtige zu beweisen, sondern mehrere Wahrnehmungen und Deutungen in Beziehung zu setzen. Wahrheiten sind immer pluralistisch. Die Behauptung von Gewissheiten ist auch deshalb problematisch, weil sie fast immer mit Dogmatismus und Überlegenheitsansprüchen verknüpft ist.

„Wollen wir mit der anderen Person koexistieren, müssen wir sehen, dass ihre Gewissheit – so wenig wünschenswert sie uns auch erscheinen mag – genauso legitim und gültig ist wie unsere." (ebda. S. 264). Damit sind Deutungen keineswegs beliebig, sondern aufgrund der eigenen Lebenserfahrung und des Diskurses mit anderen begründet und begründbar.

3.2 Ernst von Glasersfeld: Der radikale Konstruktivismus

Ernst von Glasersfeld gilt – neben Heinz von Foerster – als Begründer des „radikalen Konstruktivismus". Siegfried Schmidt bezeichnet in seinem Vorwort zu Glasersfelds Buch „Radikaler Konstruktivismus" (1997) diese Position als *kognitiven Subjektivismus:* Wissen, Erfahrungen, Kognitionen existieren nur in unseren Köpfen.

Glasersfeld formuliert folgende Grundprinzipien:
„1. a) Wissen wird nicht passiv aufgenommen, weder durch Sinnesorgane noch durch Kommunikation.
b) Wissen wird vom denkenden Subjekt aktiv aufgebaut.

2. a) Die Funktion der Kognition ist adaptiver Art, und zwar im biologischen Sinne des Wortes, und zielt auf Passung oder Viabilität;
b) Kognition dient der Organisation der Erfahrungswelt des Subjekts und nicht der ‚Erkenntnis' einer objektiven ontologischen Realität." (Glasersfeld 1997, S. 96).

Glasersfelds Erkenntnistheorie ist letztlich eine *Wissenstheorie.* Wissen unterscheidet sich wesentlich von Informationen. Wissen ist „bedeutungsvoll", Bedeutungen werden aber von dem Individuum aufgrund seiner Lebenserfahrungen konstruiert, sie sind daher einmalig und können nicht direkt anderen mitgeteilt werden. Kommunikation ist nur als Annäherung, als „Vermutung" möglich. Dennoch bestreitet Glasersfeld den Einfluss der kommunikativen Sozialisation keineswegs: „Aus konstruktivistischer Sicht kann kein Subjekt die Grenzen seiner individuellen Erfahrung überschreiten. Diese Beschränkung schließt jedoch keineswegs den Einfluss und die formenden Einwirkungen sozialer Interaktion aus." (ebda., S. 23).

Wissen ist der „Stoff" unserer Wirklichkeit. Unsere Welt besteht aus dem, was wir wissen, aus unseren Wissensnetzen. Kognition ist der Prozess der Wissensaneignung. Kognition stiftet Ordnung in unserer Erfahrungswelt und dient nicht der Erkenntnis einer objektiven Wahrheit oder Realität. Kognition als Aufbau begrifflicher Strukturen orientiert sich am Maßstab der Viabilität. Viabilität ist ein Schlüsselbegriff Glasersfelds:
„Handlungen, Begriffe und begriffliche Operationen sind dann viabel, wenn sie zu den Zwecken oder Beschreibungen passen, für die wir sie benutzen. Nach konstruktivistischer Denkweise ersetzt der Begriff der Viabilität im Bereich der Erfahrung den traditionellen philosophischen Wahrheitsbegriff, der eine ‚korrekte' Abbildung der Realität bestimmt." (ebda., S. 43).

Viabel ist, was passt, was sich bewährt, was funktioniert. Dieser Instrumentalismus ist vielfach kritisiert worden. Viabel ist der Schlüssel, wenn er ins Schloss passt. Das gilt aber – um im Bild zu bleiben – auch für den Einbrecher. Deshalb unterscheidet Glasersfeld eine *Viabilität I. und II. Ordnung*. Eine solche „höhere" Viabilität muss sozialverträglich, intersubjektiv akzeptabel sein. Viabel ist eine Wirklichkeitskonstruktion nur dann, wenn sie „mit anderen geteilt" wird. (ebda., S. 198). Glasersfeld leugnet durchaus nicht die Sozialität des Subjekts: „Was wir andere tun sehen, was wir sie sagen hören, beeinflusst unvermeidlich, was wir selbst tun und sagen. Und noch wichtiger ist: es wirkt in unserem Denken nach." (ebda., S. 306).

An anderer Stelle definiert Glasersfeld Viabilität II. Ordnung in einem „metakognitiven" Sinn und nähert ihn dem ansonsten so ungeliebten Wahrheitsbegriff wieder an: „Viabilität auf dieser zweiten Ebene ist in der Tat analog dem, was die Philosophen die Kohärenztheorie der Wahrheit genannt haben, denn Kohärenz bedeutet nichts anderes als begriffliche Kompatibilität." (ebda., S. 122).

Glasersfeld formuliert zwar nicht explizit eine Ethik, aber implizit enthält seine Erkenntnistheorie die Aufforderung, sich für sein Denken und Handeln verantwortlich zu fühlen und die Konstruktionen anderer zu respektieren. Dabei dreht er den Beliebigkeitsvorwurf um und richtet ihn gegen seine Kritiker: „Objektivität ist die Selbsttäuschung eines Subjekts, dass es Beobachten ohne Subjekt geben könne. Die Berufung auf Objektivität ist die Verweigerung der Verantwortung – daher auch ihre Beliebigkeit." (ebda., S. 242).

Glasersfelds pädagogische Botschaft lautet: „Die Kunst des Lehrens hat wenig mit der Übertragung von Wissen zu tun, ihr grundlegendes Ziel muss darin bestehen, die Kunst des Lernens auszubilden." (ebda., S. 309).

Die Radikalität dieses Konzepts besteht in der These, dass uns die außersubjektive Welt kognitiv völlig „unzugänglich" ist. Es setzt „Viabilität in der Erfahrungswelt anstelle der Korrespondenz mit einer ontologischen Realität." (ebda., S. 122). Wenn es aber gar keine Korrespondenz zwischen unserem Wissen und der Realität gäbe, würden unsere Konstrukte auf Dauer auch nicht viabel sein. Ein Beispiel: Ein Blitzableiter funktioniert nur, weil eine Strukturäquivalenz mit dem Blitz besteht.
Kritisiert wird außerdem, dass er die Unterschiede zwischen unserer Alltagswahrnehmung und der experimentellen naturwissenschaftlichen Forschung, die ja gerade die Grenzen subjektiven Wissens überschreitet, vernachlässigt.
Eine empirische – z.B. neurobiologische – Begründung seiner Theorie scheint Glasersfeld nicht sonderlich zu interessieren. Ihm ist wichtig, dass seine Thesen viabel, d.h. auch: ergiebig, praktisch und pädagogisch folgenreich sind.

3.3 Gerhard Roth: Der Konstruktivismus aus Sicht der Neurowissenschaften

Viele Konstruktivisten argumentieren philosophisch, psychologisch, kommunikationstheoretisch, ohne auf die Erkenntnisse der Gehirnforschung zurück zu greifen. Doch gerade die Neurowissenschaften haben die erkenntnistheoretische Diskussion bereichert, zumal jede Erkenntnis im Gehirn stattfindet und jeder Bewusstseinsinhalt mit biochemischen und elektrischen Vorgängen des zentralen Nervensystems gekoppelt ist. Es gibt keinen Gedanken ohne Biochemie – aber ein Gedanke lässt sich nicht nur biochemisch erklären. Die Neurowissenschaften belegen naturwissenschaftlich, dass unser Gehirn ein operational geschlossenes System ist, das zwar Reize der Umwelt verarbeitet, aber keine außersubjektive Welt abbildet.

Die Selbsttätigkeit und Strukturdeterminiertheit des Gehirns kann auf mehreren Ebenen belegt werden: auf der Ebene der sensorischen Wahrnehmungen, der Kognitionen und Emotionen sowie der Vorstellungen (z.B. Imagination).

Unsere Sinneswahrnehmungen haben sich im Lauf der Evolution so entwickelt, dass sie solche Reize der Umwelt verarbeiten, die überlebensdienlich sind. Kriterium dieser Wahrnehmung ist nicht die Wahrheit im Sinne der Korrespondenztheorie sondern Viabilität.

Der bekannte Bremer Gehirnforscher Gerhard Roth beschreibt diesen Wahrnehmungsprozess wie folgt: „Die Sinnesorgane und ihre Komponenten werden zwar zum Teil sehr spezifisch von den Umweltreizen aktiviert, z.b. Photorezeptoren nur von Licht eines ganz bestimmten Wellenlängenbereiches oder Geruchsrezeptoren nur von einem einzigen Typ von Molekülen. Die neuronale Erregung jedoch, die aufgrund der sensorischen Reizung in den Sinnesorganen entsteht und zum Gehirn weiter geleitet wird, ist als solche unspezifisch... Unser Gehirn (ist) ein kognitiv in sich geschlossenes System, das nach eigenentwickelten Kriterien neuronale Signale deutet und bewertet, von deren wahrer Herkunft und Bedeutung es nichts absolut Verlässliches weiß." (Roth 1987, S. 232 f.).

Die „Unspezifizität", d.h. Inhaltsneutralität der neuronalen Erregungen lässt sich mit einem Morsealphabet vergleichen, das auch „nur" aus langen und kurzen Signalen besteht.

„Bilder entstehen im Kopf" – und zwar dadurch, dass unser Gehirn den optischen Eindrücken eine Bedeutung, einen Sinn verleiht. Sensorische Wahrnehmungen sind eine Brille, auf die wir nicht verzichten und die wir nicht austauschen können. Andere Lebewesen (auch Menschen anderer Kulturen) verfügen über andere Brillen: „Raubvögel können ferne Gegenstände wie durch ein Teleskop erkennen. Tauben sehen dafür rund herum. Hunde erkennen einzelne Menschen am Geruch. Für den Menschen riechen alle Hunde ziemlich gleich. Manche Tiere hören Ultraschall oder sehen Ultraviolett, wo wir Menschen taub bzw. blind sind." (Braitenberg 2004, S. 157).

Auch das Denken ist ein operational geschlossener, selbstreferenzieller Prozess. „Die Gedanken sind frei", sie entwickeln eine Eigendynamik und lassen sich oft nicht bewusst steuern. Gedanken können von außen angeregt werden, aber sie sind nicht auf Inputs von der Außenwelt angewiesen. Nur ein geringer Prozentsatz unserer kognitiven Aktivität besteht aus der Verarbeitung solcher Inputs. Denken ist überwiegend „innerer Monolog" – so hat der Neurowissenschaftler W. Singer es formuliert. Denken ist ein kreativer, emergenter Prozess, bei dem Erinnerungen, vorhandene Assoziationsareale, „cell assemblies" des Gehirns aktiviert und vernetzt werden. Denken vollzieht sich – metaphorisch gesprochen in neuronalen Netzwerken, wobei unsere Begriffe die Knoten dieser Netze bilden. Diese Netzwerke operieren „autoassoziativ", sie interagieren miteinander.

Denken ist strukturdeterminiert, d.h. wir denken im Rahmen erlebter oder gelernter kognitiver Strukturen.

„Es ist auch leicht einzusehen, dass das Theater auf der Bühne des Gehirns auch dann noch weiter geht, wenn die wenigen direkten Sinneseingänge schweigen. Die Stücke, die dann gespielt werden, können trotzdem ganz realistisch sein. So entstehen Tagträume oder wissenschaftliche Theorien. Dieses innere Theater in einem Gehirn, das seine (sensorischen und motorischen) Kontakte zur Umwelt zeitweilig auf ein Minimum reduziert, nennt man Denken." (Braitenberg 2004, S. 187).

Ähnliches gilt für *Lernen*. Unser Durchschnittsalltag verläuft in gewohnten Bahnen, weitgehend reibungslos. Doch in neuen, ungewöhnlichen Situationen, bei Überraschungen oder Schwierigkeiten, entsteht Lernbedarf. Die vorhandenen neuronalen Netze, die Alltagsroutinen des Handelns erweisen sich dann als korrekturbedürftig. Gerhard Roth hat den Zusammenhang zwischen Konstruktivismus und Gehirnforschung seit den 1980er Jahren am intensivsten erörtert. Er bestätigt die konstruktivistische Kernthese aus Sicht der Gehirnforschung, „dass es keinen abbildhaften Zusammenhang zwischen den Vorgängen in der Welt und den Inhalten unserer Wahrnehmung gibt." (Roth 2003, S. 84).

G. Roth hat sich aber auch kritisch mit konstruktivistischen Positionen auseinander gesetzt, so mit der undifferenzierten Übertragung des Autopoiesis-Begriffs auf psychische und soziale Systeme (Roth 1987, S. 256 ff.).

G. Roth kritisiert auch den Subjektbegriff des radikalen Konstruktivismus. Glasersfeld überbewertet die bewusste, konstruierende Funktion eines autonomen Ich: „Der radikale Konstruktivismus erweckt allerdings den Eindruck, als gebe es im Gehirn eine Instanz, die sich bewusst Modelle über die ‚Welt da draußen' macht, sie ausprobiert und sich gleichzeitig fragt, ob es diese Welt überhaupt gibt." (Roth 2003, S. 85).

G. Roths eigene Position kann als „*realistischer Konstruktivismus*" bezeichnet werden. „Realistisch" insofern, als er sich auf empirische Erkenntnisse der Gehirnforschung bezieht. Außerdem verweist Roth auf die „*evolutionäre Erkenntnistheorie*": Das Wahrnehmungs- und Erkenntnisvermögen unseres Gehirns hat sich gattungsgeschichtlich im Austausch mit einer immer komplexeren Umwelt entwickelt, so dass eine lebensdienliche Orientierung und Verhaltenssteuerung möglich wurde. Unser reflexives Bewusstsein korrespondiert mit einer komplexen Welt, deren Teil wir sind. „Die starke Volumenvergrößerung und strukturell-funktionale Komplizierung des Gehirns innerhalb der letzten Phase der Evolution des Homo sapiens wäre dann zu deuten als die Grundlage der Fähigkeit, immer mehr Daten über die Umwelt in immer kürzerer Zeit aufzunehmen und zu verarbeiten." (Roth 1987, S. 230).

Aufgrund dieser erstaunlichen Leistungsfähigkeit unseres Gehirns sind wir aber auch in der Lage, Natur zu beherrschen und auszubeuten.

3.4 Luc Ciompi u.a.: Kognition und Emotion

Die Konstruktivismusdiskussion war in der Anfangsphase kognitivistisch akzentuiert. Demnach konstruieren wir unsere Wirklichkeit vor allem durch Wissen, Denken und Reflexion. Die Emotionalität schien lediglich für die Lernmotivation und für die Gruppendynamik bedeutsam zu sein. Die neuere Gehirnforschung hat darauf aufmerksam gemacht, dass Emotionen auch für nachhaltige Lernprozesse notwendig sind, dass Emotion und Kognition neuronal eng verknüpft sind und dass unser alltägliches Handeln primär emotionsgesteuert ist.

Nach Gerhard Roth ist die Amygdala die emotionale Schaltzentrale unseres Gehirns. „Das limbische System hat gegenüber dem rationalen corticalen System das erste und das letzte Wort... Alles, was Vernunft und Verstand als Ratschläge erteilen, (muss) für den, der die eigentliche Handlungsentscheidung trifft, emotional akzeptabel sein... Am Ende eines noch so langen Prozesses des Abwägens steht immer ein emotionales Für und Wider." (Roth 2003, S. 162).

Wie die Emotionalität die Wahrnehmung, das Denken und die Erinnerung beeinflusst, hat der Schweizer Psychologe und Konstruktivist Luc Ciompi untersucht. Er spricht von *„Affektlogiken"*, d.h. relativ stabilen, neuronal verankerten emotionalen Mustern (z.B. der Trauer, Aggression, Freude), die unser Wahrnehmen und Denken steuern. Durch die Verknüpfung von Emotionen und Kognitionen entstehen *„Fühl-Denk-Verhaltensprogramme"*, die unsere Persönlichkeit und unsere Lebenswelt bilden. Die Programme werden „im handelnden Erleben fortwährend selbstorganisatorisch auf-, aus- und teilweise auch umgebaut." (Ciompi 2003, S. 62).

Emotionen – so Ciompi – fungieren als *„Operatoren"* des Denkens. Emotionen und Affekte sind die Motoren des Denkens; unsere Stimmungen steuern unsere Wahrnehmungen, aber auch unsere Erinnerungen und unsere Bewertungen. Wer schlecht gelaunt ist, liest die Tageszeitung anders als jemand, der in euphorischer Stimmung ist. Auch hier bestätigt sich: die Wirklichkeit ist nicht vorhanden, sondern sie ist das Ergebnis unserer emotionalen Wahrnehmung. Wer von dem Untergang der Welt überzeugt ist, wird überall Belege für den Weltuntergang finden; der Weltuntergang wird zur Realität.

Affekte ordnen die Wirklichkeit, sie filtern und verknüpfen Eindrücke, Ereignisse und Informationen: „Affekte verbinden emotional gleich oder ähnlich gefärbte kognitive Inhalte zu affektiv einheitlich eingefärbten größeren Ganzen... Affekte wirken somit auf das Denken auch wie ein ‚Leim' oder ‚Bindegewebe'." (ebda. S. 65).

Mit Blick auf die Erwachsenenbildung hat Rolf Arnold ein Buch über „Die emotionale Konstruktion der Wirklichkeit" veröffentlicht. Auch er geht davon aus, dass die Emotionalität des Lernens Erwachsener bisher vernachlässigt worden ist. Er macht auf die „emotionalen Einspurungen" im Lebenslauf Erwachsener aufmerksam. Unsere emotionalen Muster wurzeln großenteils in unserer Kindheit. „Die verbliebenen Kindlichkeiten konstituieren in erheblichem Maße die Strukturdeterminiertheiten bzw. den emotionalen Stoff, aus dem sich die Weltsicht des Erwachsenen bzw. sein ‚Sich-in-der-Welt-Fühlen' im wesentlichen aufbaut." (Arnold 2005, S. V).

Unser Selbstbild und unser Weltbild sind keine emotionslosen, keine affektneutralen Konstruktionen. Menschen sind „sinnkonstituierende Systeme", die den Gegenständen und Ereignissen Bedeutungen zuweisen. Bedeutungen aber sind emotional verankert, sie entstehen aus Bedürfnissen, Befürchtungen, Hoffnungen.

Pädagogisch geht es nicht um eine Ergänzung des inhaltlichen Lernens durch emotionales Lernen. Subjektiv relevante *Inhalte sind emotional.* Lerninhalte sind Identifikationsangebote, die für die eigenen „Selbstentwürfe" produktiv gemacht werden – das gilt auch für Mathematik und Chemie. „Der Gegenstand gelangt …in die Aktivitätsbereiche einer frei flottierenden libidinösen Aufmerksamkeit. Er wird gewissermaßen probe-besetzt, um ihn nach psychodynamischen Verwendungsmöglichkeiten abzutasten." (Ziehe 1982, S. 157).

Wirklichkeiten sind kognitive und emotionale Konstruktionen. Es gibt keine affektneutralen Daten und Fakten. Auch die Information „die Arbeitslosenquote ist auf 13,2 % gestiegen" ist für alle Betroffenen „aufregend", ärgerlich und lässt niemanden „kalt".

3.5 Antonio Damasio: Die verkörperte Konstruktion der Wirklichkeit

Wir konstruieren unsere Welt nicht nur mit Hilfe unserer Sinneswahrnehmungen und unserer Vernunft, sondern auch durch unseren Körper. Es ist selbstverständlich und gerät doch häufig in Vergessenheit, dass wir unsere Lebenswelt körperlich erleben und auch leben. Wir atmen die Welt ein und aus, wir empfinden Hitze und Kälte, wir ernähren uns aus der natürlichen Umwelt ...
Denken, Fühlen und körperliche Empfindungen bilden eine Einheit, die von der Metaphorik unserer Umgangssprache plastisch wiedergegeben wird: wir behalten kühlen Kopf, wir haben ein komisches Gefühl im Magen, wir entscheiden aus dem Bauch heraus, es sträuben sich die Nackenhaare, uns bricht der Schweiß aus, wir sind mit Leib und Seele bei der Sache ...
Der amerikanische Neurologe Antonio Damasio hat die These gestärkt, dass der Körper (also nicht nur das Gehirn) an allen mentalen Vorgängen beteiligt ist, dass das Empfinden des Körpers nicht irrational ist, sondern – im Idealfall – rationale Entscheidungen unterstützt und erleichtert. Unser Handeln ist das Ergebnis einer Kette von neuronalen und psychischen Vorgängen, und unser Organismus erfüllt eine wichtige Funktion in dieser Kette. Es empfiehlt sich also, nicht nur auf die Stimme der Vernunft, sondern auch auf die Signale des Körpers zu achten. Und diese Selbstwahrnehmung will gelernt sein.
A. Damasio hat Belege dafür gesammelt, „dass Gefühle und Empfindungen vielleicht keine Eindringlinge im Reich der Vernunft sind, sondern, zu unserem Nach- und Vorteil, in ihre Netze verflochten sein können." (Damasio 2000, S. 12). Vieles spricht dafür, dass sich im Verlauf der Evolution die Denkfähigkeit gemeinsam mit den biologischen Regulationsmechanismen entwickelt hat. Die Empfindung von Gefühlen und Körperzuständen scheint wesentlich für „erfolgreiches" Handeln zu sein.
Empfindungen sind eine Brücke zwischen Emotionalität und Körperlichkeit. Wir empfinden unseren Körperzustand in bestimmten Stimmungen – z.B. bei Trauer, Depressionen, Euphorie. Empfindungsfähigkeit ist Bestandteil einer personalen Kompetenz. Und Empfinden beeinflusst unser Welterleben, unsere Kontakte zur gegenständlichen und sozialen Umwelt. Damit werden körperliche Empfindungen zu einem Instrument der Wirklichkeitskonstruktion.
Auch Damasio verwendet den Konstruktionsbegriff. Er stellt fest, „dass unser eigener Organismus und nicht irgendeine absolute äußere Realität den Orientierungsrahmen abgibt für die *Konstruktionen,* die wir von unserer Umgebung anfertigen, und für die Konstruktion der allgegenwärtigen Subjektivität." (ebda., S. 17). Unser Körper ist wesentlich an der Konstruktion von Wirklichkeit beteiligt. Wer längere Zeit krank war, kann diesen Gedankengang sicherlich nachvollziehen.

„Geistige Phänomene lassen sich nur dann ganz verstehen, wenn wir die Wechselwirkung des Organismus mit seiner Umwelt einbeziehen." (ebda. S. 18).
Damasio nennt eins seiner Bücher „Descartes' Irrtum". Descartes hatte die Welt dualisierend in res extensa (d.h. ausgedehnte Substanz) und res cogitans (d.h. denkende Substanz) unterschieden. Er trennt also Körper und Geist. Diesen Dualismus hält Damasio für einen Irrtum: Gehirn, Geist, Emotion, Körper bilden eine untrennbare Einheit.
Der Körper fungiert als „Bühne der Gefühle", und Gefühle wiederum sind Katalysatoren unserer Körperzustände.

Eine entscheidende Rolle spielen dabei die *„somatischen Marker"*, also körperliche „Wegweiser". Bei vielen Entscheidungen haben wir – relativ unabhängig von rationalen Denkprozessen – ein gutes oder „ungutes" Gefühl. Körperliche Empfindungen erleichtern eine Handlungsorientierung.
Damasio unterscheidet negative und positive somatische Marker. Negative Marker sind Warnsignale, positive Marker signalisieren „Start frei". Diese körperlichen Signale basieren auf früheren Erfahrungen in ähnlichen Situationen. Der Körper erinnert sich an vergangene Erfolge bzw. Misserfolge. Er hat implizites, d.h. unbewusstes Wissen gespeichert. „Die meisten somatischen Marker, die wir zum Zwecke der rationalen Entscheidungsfindung verwenden, (sind) im Laufe unserer Erziehung und Sozialisation im Gehirn entstanden." (ebda., S. 243). Die zugrunde liegenden Erfahrungen sind nicht oder nur teilweise bewusst, aber keineswegs vergessen. Entscheidend ist die Verknüpfung einer positiven Erfahrung mit einem angenehmen Körpergefühl. Wir fühlen uns „gut" bei einer Entscheidung.
Intuition ist Ausdruck somatischer Marker. Intuition ist – so Damasio – „der geheimnisvolle Mechanismus, mit dessen Hilfe wir zur Lösung eines Problems gelangen, ohne darüber nachzudenken." (ebda. S. 256). Intuition ist gefühltes Wissen.
Diese körperlichen Zustände sind durchaus messbar: Eine Wahrnehmung, eine Erinnerung, auch Gedanken sind mit körperlichen „Hautreaktionen" verbunden. Das Nervensystem steigert die Flüssigkeitsabsonderung in den Schweißdrüsen, wodurch der elektrische Hautwiderstand gesenkt wird.
Auch der Biologe und Kognitionswissenschaftler Francisco Varela betont die *Körperlichkeit* unseres In-der-Welt-seins. Er spricht von einer Verkörperung der Kognition und der sensorischen Wahrnehmung. Wahrnehmungen – z.B. Sehen und Hören – sind keine Abbildungen der äußeren Welt, sondern Konstruktionen, *„Inszenierungen"*. Wahrnehmung ist ein aktiver, körpergebundener Prozess, „wahrnehmungsgeleitetes Handeln".

„Mit *verkörpert* meinen wir zweierlei: Kognition hängt von Erfahrungen ab, die ein Körper mit verschiedenen sensomotorischen Fähigkeiten ermöglicht. ...Mit *Handeln* möchten wir erneut betonen, dass sensorische und motorische Prozesse, Wahrnehmung und Handlung in der lebendigen Kognition prinzipiell nicht zu trennen sind." (Varela/Thompson 1992, S. 238).

„Verkörperte Kognition" meint: unser Körper hat – biografisch und kulturell – Erfahrungen im Erleben der Welt gespeichert. Aufgrund dieser Erfahrungen „inszenieren" wir uns und unsere Lebenswelt. Je nach Gesundheitszustand, Stimmung, aber auch je nach Religion und Lebensstil verändern sich unsere Inszenierungen. So nimmt der Körper im Lauf der Zeit je nach klimatischen Verhältnissen eine andere Hautfarbe an. Der Biorhythmus ist ein weiteres Beispiel für verkörperte Kognitionen. Großstädter erleben einen Aufenthalt in der Natur als beruhigend und wohltuend. Die Atmosphäre in einem Seminar empfinden wir als „gespannt" oder als „entspannt".
Schon Pestalozzi hat Erziehung als einen ganzheitlichen Prozess beschrieben, an dem „Kopf, Herz und Hand" beteiligt sind. Inzwischen wissen wir mehr über die psychophysischen und psychosomatischen Zusammenhänge.
So hat F. Varela einen interessanten Beitrag über „das zweite Gehirn unseres Körpers", d.h. über die Lernfähigkeit des Immunsystems geschrieben. Er weist auf die „starken Beziehung zwischen dem Gehirn und dem Immunsystem" hin. Varela distanziert sich von der herkömmlichen Auffassung, das Immunsystem sei ein „Abwehrsystem" gegen „Eindringlinge" – also Bakterien und Viren – „von außen". Die neue Sicht interpretiert das Immunsystem als ein Netzwerk, „dessen Elemente sich eher untereinander verbinden als mit Objekten der Außenwelt" (Varela 1992, S. 112). Das Immunsystem – so Varela – ist ein autopoietisches System, das die „Identität des Körpers" ermöglicht. „Dieses zentrale Immunsystem konstituiert die spezifische Identität eines Lebewesens, auch wenn dieses überhaupt nicht angegriffen wird. ...Es schafft einen Körper mit spezifischer Identität und mit einer spezifischen Geschichte." (ebda., S. 115). Gehirn und Immunsystem sind zwei „operational geschlossene", aber miteinander gekoppelte „Systeme".

3.6 Kenneth Gergen: Der soziokulturelle Konstruktivismus

Bereits 1969 erschien das Buch „*Die gesellschaftliche Konstruktion der Wirklichkeit*" von Peter Berger und Thomas Luckmann, das als ein Vorläufer der Konstruktivismusliteratur gelten kann. 1995 veröffentlichte der amerikanische Sprachphilosoph John Searle ein Buch mit ähnlichem Titel: „*Die Konstruktion der gesellschaftlichen Wirklichkeit*". Die Differenz der Titel verweist auf die unterschiedlichen Perspektiven: Berger und Luckmann behandeln die Gesellschaft als „Konstrukteur"; Searle beschreibt die Gesellschaft als „Konstrukt", also als Ergebnis menschlicher Konstruktionen.

Mit Begriffen wie Autopoiese, Selbstreferenz, operationale Geschlossenheit betonen H. Maturana, F. Varela, E. v. Glasersfeld die Individualität des Erkennens. Der Konstruktivismus ist in seiner ersten Phase individualistisch und subjektivistisch ausgerichtet. Dennoch bestreitet niemand die sozialen und kulturellen Kontexte, die unverzichtbar sind, damit sich Individualität und Eigensinn entfalten können. Wirklichkeitskonstruktion ereignet sich nicht im luftleeren Raum.

H. Maturana und F. Varela weisen soziobiologisch nach, dass viele Lebewesen nur im sozialen Verbund überlebensfähig sind. F. Varela schreibt, dass wir Wirklichkeit in einer „mit anderen geteilten Welt" konstruieren. E. v. Glasersfeld betont, dass Viabilität sozialverträglich sein muss. G. Roth macht darauf aufmerksam, dass sich das menschliche Gehirn gattungs- und kulturgeschichtlich entwickelt hat. P. Watzlawick hat dargestellt, dass Wirklichkeiten das Ergebnis von Kommunikation, von Konventionen und sozialen Vereinbarungen sind. In dem Sammelband von Siegfried Schmidt 1987 entwirft Peter Hejl „Grundlinien einer konstruktivistischen Sozialtheorie".

Der individuelle Konstruktivismus und der soziale Konstruktivismus sind keine Gegensätze, sondern eine Einheit. Menschliche Subjektivität ist individuell und sozial zugleich. Beobachter können ihre Welt nur beobachten, wenn sie Teil des Systems sind und zugleich eine distanzierte Haltung einnehmen können – wie ein Schiedsrichter bei einem Fußballspiel. Von Selbstreferenz zu sprechen ist nur dann sinnvoll, wenn auch Fremdreferenz wahrgenommen wird. Das Eine existiert nicht ohne das Andere. Ob mehr die Individualität oder die Sozialität betont wird, ist eine Frage der Beobachtungsperspektive.

Siegfried Schmidt hat 1994 ein Buch veröffentlicht mit dem programmatischen Titel *„Kognitive Autonomie und soziale Orientierung."* In der damaligen Konstruktivismusdiskussion wurden – so Schmidt – überwiegend Konzepte wie Autopoiese, Selbstorganisation usw. diskutiert, die die Autonomie des denkenden, konstruierenden Individuums betonen. Vernachlässigt wurden die Handlungsdimension, also das Sozialverhalten sowie der Einfluss von Massenmedien und Kultur auf unser Denken, Fühlen und Handeln. Unsere individuelle Wirklichkeitskonstruktion basiert auf kollektiven, kulturellen Denkstilen, Denkmustern und sprachlichen Strukturen. Außerdem wird unsere Wahrnehmung der Welt zunehmend durch (alte und neue) Medien beeinflusst. Wir konstruieren unsere Welt nur zum Teil als bewusst, autonom denkende Individuen, „hinter unserem Rücken" sind gesellschaftliche Strukturen und Definitionsmächte wirksam. Außerdem beobachten wir aufgrund sprachlicher Unterscheidungen, unsere Sprache ist ein soziales, kulturelles Medium der „Welterzeugung". Beobachter beobachten nicht voraussetzungslos, sondern vor dem Hintergrund individueller und kollektiver Erfahrungen.

Nicht nur sensorische Wahrnehmungen, Denkstile, Sprache und Normen sind kulturabhängig, sondern auch Emotionen wie Liebe, Trauer, Mitleid. „Insofern sind Emotionen beschreibbar als kulturell geteiltes Wissen, das entsprechend konventionalisiert und codiert ist... Eine Kognitionstheorie ohne explizite Berücksichtigung der emotionalen Komponente wäre also in der Tat rationalistisch halbiert." (Schmidt 1994, S. 33 f.).

S. Schmidt plädiert deshalb für einen *„soziokulturellen Konstruktivismus"* (ebda., S. 47).

Der vermutlich international bekannteste Sozialkonstruktivist ist Kenneth Gergen. K. Gergen grenzt seine Position vom Radikalen Konstruktivismus ab: „Der Radikale Konstruktivismus geht von der Subjektgebundenheit aller Erfahrung und allen Wissens aus... Der Soziale Konstruktionismus stellt demgegenüber die soziale Eingebundenheit allen Wissens und aller Erfahrung in den Mittelpunkt." (Gergen 2002, S. 5).

Gergen ersetzt Descartes' „Ich denke, also bin ich" durch: *„Ich kommuniziere, also denke ich."*

Gergen ist *Soziolinguist*. Sprache, vor allem die Metaphorik der Umgangssprache ist geronnene kollektive Erfahrung. Sprache ist nicht Abbildung der Realität, sondern Sprache ist Konstruktion von Wirklichkeit, Persönlichkeitsausdruck und soziale Handlung zugleich. Die lapidare Feststellung „es regnet" kann sehr unterschiedliche Bedeutungen haben: für den Landwirt, der seit Wochen auf den Regen wartet, für den Spaziergänger, für den Postboten...

Bedeutungen sind abhängig von sozialen Kontexten. „Wie wir beschreiben, erklären und darstellen leitet sich aus Beziehungen ab ... Beziehungen zwischen Menschen sind untrennbar verbunden mit der Beziehung der Menschen zur Natur." (ebda., S. 67).

Beziehungen sind *Relationen*. „Relation" ist ein Schlüsselbegriff Gergens. Dabei geht es auch um die Relationen zwischen Denken, Sprechen, Handeln. „Vielmehr bedarf es neuer Formen von Sprache, neuer Interpretationen der Welt und neuer Muster der Darstellung. Wir brauchen *generative Diskurse,* d.h. Formen des Sprechens und Schreibens, die etablierte Traditionen des Verstehens in Frage stellen und gleichzeitig neue Handlungsmöglichkeiten eröffnen." (ebda. S. 69)

Auch der Sozialkonstruktivismus ist keine homogene Theorie. Unterscheiden lassen sich drei Strömungen:
1. Die Wirklichkeit wird von autonomen Subjekten konstruiert, allerdings sind die Muster der Wahrnehmung sozial und kulturell geformt.
2. Wirklichkeiten werden durch Kommunikation in Gruppen (Milieus, Generationen, Schichten ...) hergestellt und müssen im Großen und Ganzen konsensfähig sein.
3. Gesellschaftliche Strukturen und Machtverhältnisse beeinflussen Wirklichkeitskonstruktionen, z.T. „hinter dem Rücken" der Individuen. Vor allem aus soziologischer Sicht wird kritisiert, dass der Einfluss von Gesellschaftsverhältnissen vom Konstruktivismus vernachlässigt wird (vgl. Pongratz 2005, Griese 1999, S. 103 ff.).

In allen drei Varianten hat Sprache eine unterschiedliche Funktion: Im ersten Fall ist Sprache das Medium unserer Unterscheidungen. Im zweiten Fall ist es ein Instrument der gemeinsamen Erzeugung von Wirklichkeiten. Im dritten Fall sind Sprachregelungen das Ergebnis von Machtstrukturen (erinnert sei an die Diskussion über Männersprache und Frauensprache),

3.7 Niklas Luhmann: Systemtheorie und Konstruktivismus

Niklas Luhmann hat in den 1990er Jahren konstruktivistische Begriffe in seine Systemtheorie eingearbeitet.

Luhmann unterscheidet *biologische Systeme* (die Neurobiologie des Gehirns), *psychische Systeme* (das menschliche Bewusstsein) und *soziale* Systeme (die auf Kommunikation basieren). Alle drei Systeme werden kategorial gleich behandelt, d.h. mit denselben Begrifflichkeiten (z.B. Struktur, Funktion, Leitdifferenz) analysiert. Die drei Systeme sind aber füreinander Umwelt, d.h. für das biologische System ist das psychische System „Umwelt".

Luhmann kann sich auf die Neurowissenschaft berufen, dass das Gehirn operational geschlossen ist und die Außenwelt nicht abbildet, sondern Reize von außen unspezifisch codiert, d.h. biochemisch und elektromagnetisch operiert. Neurobiologisch wird nicht der Inhalt der Wahrnehmung, sondern die Intensität der physikalischen „Erregungen" registriert. So gesehen ist unsere Welt das Ergebnis interner, neuronaler Prozesse.

Von H. Maturana und F. Varela übernimmt Luhmann den Begriff Autopoiesis. Autopoietische Systeme operieren geschlossen, strukturdeterminiert und werden nicht von außen determiniert oder gesteuert. Autopoietische Systeme – z.B. eine Pflanze – produziert und reproduziert sich selbst, im Unterschied zu einem technischen Apparat. Dieses Prinzip, das Maturana/Varela für biologische Systeme formuliert haben, überträgt Luhmann auf psychische und soziale Systeme. Auch soziale Systeme – z.B. das Erziehungssystem oder eine Schulklasse – können als autopoietische und selbstreferenzielle Systeme beobachtet werden. Die Systeme unterscheiden sich durch ihre spezifischen Operationen: das Bewusstseinssystem und nur dieses produziert Gedanken. Diese Gedanken entstehen selbstreferenziell und rekursiv, d.h. im Anschluss an frühere Gedanken.

Das Denken erfolgt strukturdeterminiert. Gedanken können nur mit Einschränkungen mitgeteilt werden, so dass psychische Systeme füreinander kontingent sind. Beim Denken kommuniziert das psychische System mit sich selbst, es führt gleichsam einen „inneren Monolog".

Luhmann stimmt mit dem Konstruktivismus auch darin überein, dass Wirklichkeit beobachtungsabhängig ist: Der Beobachter beobachtet die Operation des eigenen Systems. Die Beobachtung selber ist eine Operationsweise *„sinnkonstituierender Systeme"*. Das heißt: Beobachtung hängt mit Sinn und Intentionalität zusammen (vgl. Olbrich 1999, S. 159 ff.). Beobachten heißt: Unterscheidungen vornehmen, und diesen Unterscheidungen liegen Sinndimensionen, Bedeutungen zugrunde. In dem „Medium Sinn" werden Unterscheidungen über Wirklichkeit/Möglichkeit getroffen.

Durch Unterscheidungen wird Wirklichkeit wahrgenommen. Unterscheidungen basieren auf *Leitdifferenzen.* Verschiedene Funktionssysteme unterscheiden sich durch ihre besonderen Leitdifferenzen und die entsprechenden – meist binären – Codierungen. Die systemspezifischen Unterscheidungen und Codes der Wirtschaft sind andere als die der Pädagogik oder der Politik. Wirklichkeitskonstruktion ist also: *Beobachten durch Unterscheidungen aufgrund von Leitdifferenzen mithilfe (binärer)* Codes.

Für Luhmann ist die Vielfalt der Beobachtungen und Unterscheidungen Folge der funktionalen Differenzierung komplexer gesellschaftlicher Systeme. Die Ausdifferenzierung gesellschaftlicher Teilsysteme ist mit einer Pluralisierung der Beobachtungsperspektiven verbunden.

N. Luhmann hat den konstruktivistischen Beobachtungsbegriff um eine – pädagogisch interessante – Variante erweitert: die *paradoxe Beobachtung.* Die „Einheit der Differenz von System und Umwelt" führt zu Paradoxien, wenn das System – z.B. Schule – unterschiedlichen Systemrationalitäten gerecht werden will oder soll. Paradoxien entstehen, wenn Kinder fremdbestimmt zur Selbstbestimmung erzogen werden sollen oder wenn sich Pädagogen dem Prinzip der Gleichheit verpflichtet fühlen und doch – unter dem Druck der politischen und ökonomischen Systeme – durch Selektion zur Ungleichheit beitragen. In der Vergangenheit hat sich Schule aus diesem Dilemma mit der Forderung nach „relativer Autonomie" zu befreien versucht, doch dieses „Paradoxiemanagement" ist für Luhmann ebenso wenig überzeugend wie der permanente Ruf nach bildungspolitischen Reformen. „Auch hier kann die Einheit der Differenz von System und Umwelt nur als Paradoxie beobachtet werden. In diesem Falle geht es um die Einheit von Unabhängigkeit und Abhängigkeit... Funktionale Differenzierung der Gesellschaft heißt auch, dass Politik und Erziehung getrennt operieren müssen. In diesem Sinne ist Systemautonomie auf operativer Ebene (in anderen Worten: operative Geschlossenheit der Systeme) ein strukturell zwangsläufiges Resultat der funktionalen Differenzierung des Gesellschaftssystems." (Luhmann 1996, S. 29).
„Auch auf Seiten des politischen Systems findet man aber ein Gegenparadox. Probleme, die lange Zeit durch mehr Regulierung gelöst werden sollten, werden heute durch Deregulierung gelöst und vorzugsweise durch Orientierung an Märkten, also an Nachfrage – selbst dort, wo es dafür gar keine Märkte gibt." (ebda., S. 33). Das gilt z.B. für die Erwachsenenbildung.
Übrigens sind solche Paradoxien der Preis für demokratische Gesellschaftsstrukturen. In totalitären Gesellschaften gelten für alle Teilsysteme verbindliche Normen. In Demokratien müssen Paradoxien dagegen permanent wahrgenommen und bearbeitet werden – auch wenn dadurch neue Paradoxien entstehen (indem z.B. Reformen nicht der Problemlösung, sondern der Erhaltung der Probleme dienen) (ebda., S. 42).

Problemlösungen, die auf der Annahme linearer „*Durchgriffskausalität*" basieren, sind für autopoietische, sinnkonstituierende Systeme kaum erfolgversprechend, sondern dienen allenfalls der „Invisibilisierung", d.h. der Verschleierung von Paradoxien.

Paradoxien entstehen auch dann, wenn Beobachtungskategorien auf das beobachtende System selber angewendet werden. Ein vielzitiertes Beispiel: Der Kreter Epimenides sagt: Alle Kreter sind Lügner. Lügt er also auch? Auch der Konstruktivismus verstrickt sich in solche Paradoxien, wenn die kognitive Unzugänglichkeit der Welt mit Hilfe neurowissenschaftlicher Forschung empirisch bewiesen wird. Oder wenn Konstruktivisten mit Kritikern über Konstruktivismus kommunizieren, obwohl sie wissen, dass Missverstehen der Normalfall der Kommunikation ist.

Bereits in dem 1990 erschienenen Werk „Soziologische Aufklärung" hat Luhmann den Neuigkeitswert des Konstruktivismus erörtert. Seine Bilanz: Die Feststellung der Unzugänglichkeit einer Realität „an sich" und die Selbstreferenzialität des Erkennens ist nicht neu. Innovativ ist jedoch die „*Theorieform*", in der diese Einsichten formuliert werden (Luhmann 1990, S. 33). Neu ist, dass die traditionelle Unterscheidung von Subjekt und Objekt irrelevant wird. „Damit ist zugleich gesagt, dass der Konstruktivismus die Unterscheidung transzendental/empirisch durch die Unterscheidung System/Umwelt ersetzt" (ebda., S. 35).

Die konstruktivistische Erkenntnistheorie führt den Nachweis: „Erkennen können nur geschlossene Systeme." (ebda., S. 36.) Nur ein Beobachter kann beobachten, d.h. Unterscheidungen vornehmen. Während traditionelle Erkenntnistheorien untersuchen, was (d.h. welche Objekte) Beobachter beobachten, interessiert sich der Konstruktivismus dafür, *wie* Beobachter beobachten. (ebda. S. 46).

3.8 Paul Watzlawick: Konstruktivistische Therapie

Paul Watzlawick hat bereits in den 1970er Jahren seine Kommunikationstheorie mit der konstruktivistischen Erkenntnistheorie verknüpft. Seine Kernthese: Wirklichkeit ist das Ergebnis von Kommunikation. Wir konstruieren gemeinsam mit anderen eine Welt, und diese Konstruktion finden wir dann überall bestätigt. Wer die Welt für schlecht hält, findet dafür permanent Belege. Wirklichkeit ist eine sich selbst erfüllende Prophezeiung (selffulfilling prophecy). Wer überzeugt ist, dass er immer Pech hat, verhält sich so, dass tatsächlich vieles schief geht.

P. Watzlawick unterscheidet zwischen Wirklichkeiten 1. und 2. Ordnung. Wirklichkeiten 1. Ordnung sind materielle Gegenstände z.b. ein Blumenstrauß. Eine Wirklichkeit 2. Ordnung ist die Bedeutung, die den Dingen beigemessen wird, z.b. der Blumenstrauß als Liebeserklärung. Wirklichkeiten 2. Ordnung können wir verändern, und das sollten wir vor allem dann, wenn wir mit uns und unserer Welt unzufrieden sind. Wenn unsere Konstruktionen nicht mehr „passen", empfiehlt es sich, andere Deutungen auszuprobieren. Dabei ist der konstruktivistische Psychotherapeut behilflich.

„Die Wirklichkeit, die wir wahrnehmen und auf die wir reagieren, einschließlich der Probleme und der psychischen Störungen, ist das Ergebnis der Wechselwirkung zwischen dem Beobachtungsstandpunkt, den wir einnehmen, den Mitteln, die wir verwenden, und der Sprache, die wir benutzen, um diese Wirklichkeit mitzuteilen." (Watzlawick 2003, S. 11).

Die wichtigste therapeutische Intervention ist die *Umdeutung* (Reframing). Der Klient wird ermuntert, eine andere Perspektive einzunehmen und sein Problem mit anderen Augen zu betrachten. Watzlawick zitiert den griechischen Stoiker Epiktet: „Nicht die Dinge an sich beunruhigen uns, sondern die Meinungen, die wir über die Dinge haben."

Und er erinnert an Tom Sawyer, der dazu verurteilt wurde, einen Zaun zu streichen und der seine Freunde davon überzeugte, dass es eine Auszeichnung sei, diesen Zaun streichen zu dürfen.

Eine wirkungsvolle Psychotherapie – so Watzlawick – besteht aus einer Veränderung des Bezugssystems (des Rahmens) und der Bedeutung, die einem Gegenstand oder einer Situation zugeschrieben wird. Der Therapeut kann nicht entscheiden, welche Wirklichkeitssicht die „richtige" ist; er kann lediglich zur Kenntnis nehmen, dass dem Klienten die bisherige Deutung Leid bereitet. Es gibt keine objektiven Lösungen, sondern nur „passendere" Bewertungen.

Für Watzlawick gibt es keine objektive Definition von Gesundheit und Normalität. Wenn „normal" nur das ist, was die Mehrheit tut und denkt, müssten alle großen Künstler und Philosophen „anormal" sein. Auch Normalität als „Anpassung an die Wirklichkeit" zu definieren, ist unbefriedigend, denn die Wirklichkeit ist selber deutungsabhängig.

In einem medizinischen Handbuch wurde jahrzehntelang Homosexualität als psychische Störung beschrieben. Auf gesellschaftlichen Druck hin wurde dieses Stichwort in der Neuauflage des Standardwerkes gestrichen. Die Autoren „heilten auf diese Weise mit einem Federstrich Millionen von Menschen von ihrer ‚Krankheit'." (ebda., S. 35). „Wenn man akzeptiert, dass geistige Normalität nicht objektiv definiert werden kann, dann ist notwendigerweise der Begriff der Geisteskrankheit ebenso undefinierbar." (ebda., S. 36).

Die konstruktivistische Therapie versucht, die Selbstheilungskräfte zu stärken. Sie beansprucht nicht, die „objektiven" Probleme und Ursachen psychischer Störungen zu beseitigen, sondern sie versucht, die Potenziale der Klienten zu aktivieren. Der Therapeut macht auf vergessene oder alternative Deutungen aufmerksam, denn wir alle können nicht nur eine, sondern mehrere Geschichten erzählen.

„Im therapeutischen Kontext hat das, was wahr war, dem Platz gemacht, was plausibel, glaubwürdig, richtig und möglich ist... Das Konzept... wertet die Fähigkeiten des Patienten auf, seine eigenen Möglichkeiten zu entwickeln, die ihm in den meisten Fällen unbekannt sind." (M. Wainstein in: Watzlawick 2003, S. 64 f.).

Die konstruktivistische Beobachtungstheorie hat auch die systemische Familientherapie beeinflusst: Die Familienmitglieder beobachten sich selber und die familiäre Situation höchst unterschiedlich. Oft scheinen die einzelnen Mitglieder in verschiedenen Familien zu leben. Die Perspektive der Beobachtung bestimmt die Konstruktion der familiären Wirklichkeit. Dabei ist die Beobachtung der anderen Familienangehörigen nicht zu trennen von der eigenen Selbstbeschreibung.

Diese Therapie konzentriert sich also auf die „Selbstbezüglichkeit der Erkenntnis". Der systemische Familientherapeut Fritz Simon stellt fest: „Die systemische Sichtweise wurde so zur epistemologischen, Systemtheorie zur Epistemologie." (Simon 1997, S. 13). Die Theorie der operational geschlossenen Systeme – so Simon – „hat sich zum Leitparadigma der systemischen Therapie" entwickelt (ebda., S. 18).

3.9 Siegfried Schmidt: Philosophischer Konstruktivismus

Siegfried Schmidt, Literatur-, Sprach- und Kommunikationswissenschaftler in Münster, hat konstruktivistisches Denken in Deutschland bekannt gemacht und die Konstruktivismusdiskussion durch soziale und kulturelle Perspektiven bereichert, und er hat mehrfach auf Schwachstellen konstruktivistischer Argumentationen hingewiesen. 2003 hat er ein Buch „*Geschichten & Diskurse*" mit dem (überraschenden) Untertitel „Abschied vom Konstruktivismus" veröffentlicht. Er verabschiedet sich darin nicht von dem konstruktivistischen Denken, wohl aber von dualistischen Positionen und empirischen (neurowissenschaftlichen und kognitionspsychologischen) Begründungen. In der Tat ist es ein *Selbstwiderspruch* des Konstruktivismus, die kognitive „Unzugänglichkeit" der außersubjektiven Welt mit „objektiven" Forschungsergebnissen der Gehirnforschung beweisen zu wollen. S. Schmidt verzichtet auf empirische Belege und auch auf die neurobiologische Begrifflichkeit. Er versucht, ähnlich wie I. Kant, die Grenzen menschlichen Erkennens philosophisch – diskursiv zu begründen. Die Philosophie befasst sich mit sich selbst, nämlich mit dem Denken des Denkens.

S. Schmidts Ausgangspunkt ist die Kritik an dualisierenden Philosophien, die Subjekt – Objekt, Realismus – Idealismus, Realität – Bewusstsein, Innen – Außen gegenüberstellen. Diesen Dualismen entgeht Schmidt durch eine Umstellung auf prozesshaftes Denken. Er versucht, „den Dualismus im traditionellen konstruktivistischen Diskurs dadurch zu überwinden, dass keine ontologischen Vorannahmen gemacht und die thematisierten Gegenstandsbereiche ausschließlich als Prozessresultate konzipiert werden." Die Wirklichkeit ist also kein Produkt, sondern Wirklichkeit ist ein Prozess, der sich in biografischen „Geschichten" und sozialen „Diskursen" ereignet. „Dabei geht es nicht nur um die Konstruktion von Gegenständlichkeit im alltäglichen Sinne, sondern auch um die Konstruktion von Bewusstsein, Raum und Zeit, Aktant und Identität, Handlung und Kommunikation sowie Moral und Wahrheit." (Schmidt 2003, S. 24).
Diese Konstruktion basiert auf „Setzungen" (d.h. Entscheidungen) und „Voraussetzungen", also früheren Entscheidungen. Wir konstruieren *Wirklichkeitsmodelle,* indem wir unsere „Geschichten", also unsere Biografie erzählen und reflektieren, und indem wir an „Diskursen", also an Verständigungen und Auseinandersetzungen mit anderen teilnehmen. Wirklichkeitskonstruktionen sind Lebensgeschichten und in Kommunikationen eingebettet.
In Geschichten und Diskursen erzeugen wir „*Sinn*". Sinnerzeugung findet in kulturellen und kommunikativen Kontexten statt. Vor allem Sprache ist die Bedingung der Möglichkeit von Sinn. Wirklichkeit ist deshalb immer intersubjektiv – damit distanziert sich S. Schmidt vom radikalen Konstruktivismus.

Schmidts Denkfigur ist *Komplementarität.* Differenzen verhalten sich nicht dualistisch, sondern komplementär, also wechselseitig ergänzend zu einander: Ohne Jugend kein Alter, ohne Ich kein Wir – und umgekehrt. Schmidts häufig genannte Formel lautet „*Einheit der Differenz*". „Differenzen markieren darum mehr ein Ineinander als ein Ausschlussverhältnis. Die operativ genutzte Seite einer Differenz behält sozusagen die momentan ungenutzte in der Hinterhand." (ebda., S. 30) Also: Wissen *und* Nicht-Wissen, Lehren *und* Lernen, Selbstreferenz *und* Fremdreferenz, Gegenstand *und* Bedeutung.

Mit der Betonung der Sinnstruktur wird auch der Beliebigkeitsvorwurf der Konstruktivismuskritiker entkräftet.

„Wir können uns nicht vorstellen, etwas zu tun, was nicht mit Hilfe der Kategorie ‚Sinn' beobachtet wird." (ebda., S. 40). Allerdings: Sinn ist keine absolute Größe, Sinn erfordert unaufhörlich Reflexion und Verständigung.

S. Schmidt verbindet den kognitiv-individuellen Konstruktivismus mit dem kulturell-sozialen Konstruktivismus. Er begründet den „Ausgleich der Unvermeidbarkeit von kognitiver Autonomie und der Notwendigkeit sozialer Orientierung." (ebda., S. 36). Auch hier erweist sich Sinn als Vermittlungsinstanz: „Sucht man nach einer Kategorie, die als Einheit der Differenz von Kognition und Kommunikation fungieren kann, so stößt man wieder auf den Kandidaten Sinn." (ebda., S. 79).

Ein weiteres Merkmal dieses Theorieansatzes ist die Denkfigur der *„prozessbedingten Wirklichkeiten."* Wirklichkeiten (z.B. „Freundschaft") entstehen und vergehen nicht (nur) wegen ihrer ontologischen Vergänglichkeit, sondern (auch) wegen ihrer Beobachtungsabhängigkeit. Schmidt stellt fest, „dass es erst dann Sinn macht, von Gegenständen zu sprechen, wenn eine Relation zwischen einem Bewusstsein bzw. einem Beobachter und einem Bewusstseinsgegenstand bzw. einem Beobachtungsresultat besteht." (ebda., S. 83).

S. Schmidt distanziert sich von dualistischen Philosophien, deren Dominanz Dogmatismus und Fundamentalismus begünstigt. Nicht-dualistisches Philosophieren fragt nicht nach „der" Wahrheit, „dem" Sein, „der" Wirklichkeit, sondern nach dem Entstehen von Wirklichkeiten durch unsere Beobachtungen und Handlungen.

„Nicht-dualistisches Philosophieren kann schließlich einen Ausweg aus manchen Problemen von Multikulturalität und Globalisierung weisen... Transkulturalität als denkbarer Kulturalitätsmodus einer globalisierten Medien-Gesellschaft kann daher bestimmt werden als Anerkennung von Differenz ohne Aufgeben der eigenen Identität." (ebda., S. 148).

Bewusstsein ist nicht nur ein Ergebnis der Evolution unseres Gehirns, sondern auch der kulturellen und kommunikativen „Vergesellschaftung" der Kognition. „Tatsächlich ‚existiert' so etwas wie ‚der Geist' nur dank seiner Verkörperung in akustisch oder optisch wahrnehmbaren materiellen Zeichensubstanzen, also in beobachtbaren Handlungen und kommunikativen Äußerungen, in symbolischen Gegenständen oder Artefakten." (ebda., S. 11).

Philosophische Beiträge wie die von S. Schmidt befreien die Konstruktivismusdiskussion aus individualistischen und biologistischen Sackgassen. Schlüsselbegriffe wie „Sinn" und „begründetes Handeln" sind geeignet, Vorwürfe einer Beliebigkeit der Wirklichkeitskonstruktion zu entkräften: Es bleibt dabei, dass wir unsere Welt konstruieren, aber nicht „ohne Sinn und Vernunft".

Exkurs:
Jean Piagets genetische Erkenntnistheorie
J. Piaget, der berühmte Schweizer Kognitionspsychologe, verwendet als einer der Ersten den Begriff „Konstruktivismus". Erkenntnistheoretisch distanziert sich Piaget von einem Empirismus, der die Realität abzubilden behauptet, und einem Idealismus, der erfahrungsunabhängige Ideen annimmt.
Piaget beschreibt das Subjekt-Objekt-Verhältnis als relational und zirkulär. Erkenntnisse entwickeln sich – sowohl ontogenetisch als auch phylogenetisch. Wahrheiten sind also stets relativ, d.h. können auf einer höheren Stufe revidiert werden. Dabei bleiben frühere, z.B. biografisch erworbene Erkenntnisse immer präsent. Absolute Wahrheiten und Wirklichkeiten gibt es nicht.
„Piaget war jedoch kein ‚Relativist' in dem Sinn, dass er die verschiedenen stufenspezifischen Weltbilder gleichberechtigt nebeneinander hätte stehen lassen. Vielmehr nahm er an, dass ihre Abfolgen durch ‚Entwicklungsgesetze' regiert werden, von denen er hoffte, dass sie sich in Zukunft immer besser bestimmen lassen würden." (Kesselring 1988, S. 82).
Als Beispiel erwähnt Piaget die Mathematik, die – im Laufe des Lebens – immer komplizierter wird, die nicht auf empirischer Forschung basiert, die aber zur Problemlösung im Alltag geeignet ist.
Wir verfügen über einen inneren Sinn, der uns eine Rekonstruktion der Realität ermöglicht. Diese Steuerungsinstanz nennt Piaget „Reflexion".
„Logik und Mathematik sind also deswegen auf die Realität anwendbar, weil sie sich aus jenem Steuerungssystem entwickelt haben, das die Auseinandersetzung des Organismus mit der Realität regelt." (ebda, S. 79).
Unsere Wirklichkeit bildet die Umwelt nicht ab, aber sie funktioniert „im Einklang mit der Umwelt".

Die genetische Erkenntnistheorie interessiert sich für die Frage, wie sich Erkenntnis biografisch und historisch entwickelt. Sie macht verständlich, warum „ein Mensch die Dinge immer wieder anders sieht als zuvor." (ebda., S. 81). Piagets Theorie ist zugleich eine Selbstorganisationstheorie. Der Organismus und die Intelligenz sind selbstregulative Systeme, die ein Gleichgewicht anstreben.

„Nach Piagets Darstellung ist die Intelligenz ein System zusammenwirkender Tätigkeiten, die ständig miteinander abgestimmt, ins Gleichgewicht gebracht werden müssen. Von diesem Gleichgewicht hängt ab, dass der Mensch kohärent handelt und dass seine Erkenntnisse ein stimmiges Ganzes ergeben. Die Intelligenz entwickelt sich aufgrund einer inneren Tendenz, die Gleichgewichtsbedingungen laufend zu verbessern. Die kognitive Entwicklung ist ein Äquilibrationsprozess." (ebda., S. 85).

Dieser Prozess wird von Piaget als Wechselwirkung von Assimilation und Akkomodation beschrieben.

4. Die Vielfalt der Wirklichkeiten

4.1 Gehirn und Wirklichkeit

*Wir verstehen nur,
was wir verstehen.*

Neurowissenschaften, Psychologie und Erziehungswissenschaften ergänzen sich. Die Gehirnforschung kann keine pädagogischen Fragen beantworten – und sie beansprucht dies auch gar nicht. Andererseits finden alle Lernprozesse im Gehirn statt. Die Neurowissenschaften befassen sich u.a. mit der Frage, *wie* wir lernen und erkennen, nicht aber, *was* und *warum* wir lernen.

Die Gehirnforschung klärt uns über die biochemische und elektromagnetische Ausstattung unseres Wahrnehmungs- und Erkenntnisapparates auf. Die Psychologie beschäftigt sich mit Bewusstseinsprozessen und -inhalten. Die Erziehungswissenschaft fragt danach, wie Lern- und Denkprozesse unterstützt und Lernziele begründet werden können.

Rolf Arnold schreibt: „Zwar ist es zutreffend, dass die neuronalen Systemiken des Lernens nicht das Warum und Was des Erwachsenenlernens angemessen zu erklären vermögen, haben diese doch viel mit der Biographie sowie den Erfahrungen und der Lebenssituation des Menschen zu tun, doch kann man auch nicht gegen die interne Logik und die Evidenzen der neurophysiologischen Systemiken lernen." (Arnold 2007 b, S. 47).

Die Erkenntnisfortschritte der Neurowissenschaften in den vergangenen zwei Jahrzehnten sind eindrucksvoll. Die modernen „bildgebenden" Verfahren liefern faszinierende Bilder von Prozessen des Denkens, Fühlens und Wahrnehmens. So scheint das menschliche Gehirn das komplizierteste System überhaupt zu sein. Der Mensch hat – phylogenetisch betrachtet – vor allem aufgrund der beachtlichen Lernfähigkeit des Gehirns überlebt. „Überlebensdienlichkeit" ist das wichtigste Kriterium der Gehirntätigkeit. Der Gehirnforscher Manfred Spitzer schreibt: „Unsere Fähigkeit, die Welt zu meistern, steckt in den synaptischen Verbindungen zwischen den Nervenzellen in unserem Gehirn" (Spitzer 2003, S. 77). So lässt sich Lernen an der Stärke der Synapsen erkennen. Dass Lernen „Spuren" hinterlässt, ist also nicht nur eine Metapher, sondern auch messbar. Bei Londoner Taxifahrern wurde ein überdurchschnittlich großer Hippokampus gemessen, der für geografische Orientierung zuständig ist.

„Diese Tatsachen liefern Hinweise darauf, dass der Hippokampus in Abhängigkeit von der Erfahrung wächst und damit um so besser funktioniert, je mehr er beansprucht wird." (ebda., S. 32). Materielles und Immaterielles bedingen sich wechselseitig, Geist und Gehirn bilden eine Einheit.
Unsere Welt besteht aus *kortikalen Landkarten*. Diese kortikalen Areale sind miteinander vernetzt. Diese Vernetzung („Konnektivität") ist nicht starr, sondern flexibel. Bei neuen Erfahrungen werden die Netzwerke neu kombiniert. Wie beim Skatspiel werden die Karten ständig neu gemischt. Landkarten, die nicht benutzt werden, geraten in Vergessenheit, können aber oft schnell wieder re-aktiviert werden. So lässt sich unser schulisches Wissen meist nach kurzer Zeit wieder in Erinnerung rufen.
Interessant ist auch, dass diese kortikalen Karten selbstorganisiert tätig werden. Die neuronalen Netze sind miteinander verschaltet, und sie kommunizieren miteinander. Wir merken das daran, dass unsere Gedanken ungesteuert „flottieren" und „vagabundieren". „Neuroplastizität" meint, „dass Nervenzellen untereinander beständig Verbindungen knüpfen und entknüpfen und dass durch diese beständige Umformung von Verbindungen letztlich Informationen gespeichert werden." (ebda., S. 105). Ein Manko ist allerdings, dass kein Koordinationszentrum im Gehirn erkennbar ist. Es fehlt gleichsam die Schaltzentrale, in der alle neuronalen Aktivitäten koordiniert und gesteuert werden. „Es gibt keinen Ort, wo alles zusammenhängt und interpretiert wird, wo entschieden und geplant wird, wo der Homunculus zu finden wäre, der ‚Ich' sagt." (Singer 2003, S. 41).

Auch G. Roth bestätigt, dass das Ich im Gehirn nicht lokalisierbar ist, dass es kein Ich gibt, das die Wirklichkeit konstruiert (damit distanziert sich Roth von radikalen Konstruktivisten wie E. v. Glasersfeld). Das Ich – so G. Roth – ist „ein Bündel unterschiedlicher Zustände" (Roth 2004, S. 326). Das Ich besteht also aus verschiedenen Ich-Gefühlen, die allerdings die Wirklichkeitskonstruktion maßgeblich beeinflussen.
Unser Gehirn ist also ein selbstorganisierendes System, das weitgehend operational geschlossen funktioniert.
Doch dies ist nur die halbe Wahrheit. Denn das Gehirn ist auch ein *soziales Organ*. So lautet ein Artikel von Gerald Hüther: „Die Bedeutung sozialer Erfahrungen für die Strukturentwicklung des menschlichen Gehirns" (Hüther 2006, 41 ff.). Das Gehirn entwickelt sich in sozialen Umwelten und in Kommunikation mit Bezugspersonen. „Ohne erwachsene Vorbilder hätte ein Kind womöglich noch nicht einmal aufrecht zu gehen gelernt, es wäre nicht in der Lage, sich in einer bestimmten Sprache auszudrücken, es wüsste nicht, was essbar und was giftig und gefährlich ist." (ebda., S. 44).
Doch auch das Gehirn des Erwachsenen ist ein Sozialorgan. Als Erwachsene lernen wir durch Kommunikation, durch Gedankenaustausch mit anderen. Auch Lernen durch Lektüre ist ein sozialer Vorgang. Für dieses soziale Lernen können wir – in Anlehnung an die Evolutionstheorie – den Begriff der *Koevolution* verwenden.

Trotz ihrer Selbstreferenz können Menschen miteinander koevolvieren. Vor allem im Gespräch entwickeln sich zwei Personen gemeinsam „koevolutiv", vorausgesetzt, sie nehmen Differenzen zur Kenntnis, lassen sich perturbieren und ihre Gedanken sind wechselseitig anschlussfähig. Zwar arbeitet das Gehirn weiterhin operational geschlossen, aber es operiert kommunikativ „aufgeschlossen".

Exkurs:
Das Manifest der Neurowissenschaftler
2004 haben 11 deutsche Hirnforscher ein Manifest zur Situation und Zukunft der Hirnforschung veröffentlicht.

Sie stellen fest, dass die obere Ebene der größeren Hirnareale und die untere Ebene der einzelnen Zellen gut erforscht sind, während die mittlere Ebene – der Zusammenhang der neuronalen Netze – relativ unbekannt ist.

„Nach welchen Regeln das Gehirn arbeitet, wie es die Welt so abbildet, dass unmittelbare Wahrnehmung und frühere Erfahrung miteinander verschmelzen, wie das innere Tun als ‚seine' Tätigkeit erlebt wird und wie es zukünftige Aktionen plant, all dies verstehen wir nach wie vor nicht einmal in Ansätzen" (Gehirn & Geist 6/2004, S. 33).

Die Lernfähigkeit im Erwachsenenalter wird erheblich optimistischer beurteilt als vor einigen Jahren: „Mittlerweile steht fest, dass sich auch im erwachsenen Gehirn zumindest im Kurzstreckenbereich – auf der Ebene einzelner Synapsen – noch neue Verschaltungen bilden können. Außerdem können für bestimmte Aufgaben zusätzliche Hirnregionen rekrutiert werden – etwa beim Erlernen von Fremdsprachen in fortgeschrittenem Alter." (ebda.)
Der Zusammenhang zwischen Nervensystem und Bewusstsein ist eines der großen Forschungsthemen der nächsten Jahre. „Wie entstehen Bewusstsein und Ich-Erleben, wie werden rationales und emotionales Handeln miteinander verknüpft, was hat es mit der Vorstellung des ‚freien Willens' auf sich?" (ebda., S. 34).
Menschliches Handeln wird sich kaum vorhersagen lassen. „Denn einzelne Gehirne organisieren sich auf Grund genetischer Unterschiede und nicht reproduzierbarer Prägungsvorgänge durch Umwelteinflüsse selbst – und zwar auf sehr unterschiedliche Weise." (ebda.)
Dualistische Erklärungsmodelle von Körper und Geist verlieren an Bedeutung. „Geisteswissenschaften und Neurowissenschaften werden in einen intensiven Dialog treten müssen, um gemeinsam ein neues Menschenbild zu entwerfen." (ebda. S. 37).

Die Affinität zwischen der neueren Gehirnforschung und der Erkenntnistheorie des Konstruktivismus ist evident: Auch für Hirnforscher wie G. Roth, M. Spitzer, G. Hüther, W. Singer u.a. ist das Gehirn ein geschlossenes System, das mit der Außenwelt nur lose gekoppelt ist (wobei diese „Koppelung" innerhalb der Gehirnforschung unterschiedlich interpretiert wird).
Es ist also nicht die Frage: Wie kommt die Welt in den Kopf? Sondern: Wie wird die Welt im Kopf konstruiert? Sehen, Hören, Riechen, Schmecken, Tasten sind interne Vorgänge, wobei externe Impulse – z.B. Licht- oder Schallwellen – verarbeitet werden.
G. Roth weist nach, dass unsere Wahrnehmung die Welt gar nicht abbilden kann, sondern dass die Wahrnehmung das re-präsentiert, was dem Überleben dient (Roth 2003, S. 72 f.).
Unsere Welt wird also im Gehirn erzeugt. Auf die Frage, wie diese Welt aus dem Gehirn wieder heraus kommt, antwortet G. Roth: gar nicht. „Sie kommt nicht nach draußen, sie verlässt das Gehirn gar nicht... Wir leben in einer imaginierten Welt." (ebda., S. 48).
Auch Wissen – so G. Roth – kommt nicht von außen in das Gehirn hinein, sondern wird im Gehirn hergestellt.
Sensorische Wahrnehmungen, Empfindungen, Wissensinhalte sind erfahrungs- und biografieabhängig. Deshalb ist unser Gedächtnis das wichtigste Wahrnehmungsorgan. Dies gilt insbesondere für Erwachsene: wir nehmen das wahr, was wir kennen; wir erkennen das, was wir früher erlebt haben. Erkennen ist zum großen Teil Wiedererkennen und setzt Anschlussfähigkeit voraus. Im Gespräch mit B. Pörksen sagt G. Roth: „Was wir als Erwachsene sehen, hören und konstruieren, entnimmt unser Gehirn in vielen Details nicht mehr der aktuellen Wahrnehmung, sondern dem Gedächtnis... Man weiß heute, dass die unser Bewusstsein produzierende Großhirnrinde sich in ihren Verdrahtungen wesentlich mit sich selbst beschäftigt. Auf eine Erregung, die erkennbar von außen kommt, folgen 100 000 Erregungen im Inneren des Gehirns." (in: Pörksen 2002, S. 152 f.).
Wie allerdings aus biochemischen „Ausschüttngen" von Neurotransmittern und physikalischen „Erregungen" Bewusstsein entsteht, wie also Psyche und Nervensystem zusammen hängen, ist im Detail noch ungeklärt.
Gerhard Roth betont – trotz einiger Einschränkungen – die grundsätzliche Übereinstimmung der Gehirnforschung mit dem Konstruktivismus: „Die Vorgänge in der Welt bilden sich nicht direkt im Gehirn ab, sondern bewirken Erregungen in den Sinnesorganen, die zur Grundlage von Konstruktionsprozessen unterschiedlicher Komplexität und Beeinflussung durch Lernprozesse werden, an deren Ende unsere bewussten Wahrnehmungsinhalte stehen." (Roth, 2003, S. 84).

Lernen setzt die Plastizität der Synapsen voraus. Neuronale Netze (cell assemblies), die rasch nacheinander aktiviert werden, werden verdrahtet. Diese Assoziationsareale werden beim Lernen neu vernetzt.

Ein Beispiel: Ich lese, dass ein Schriftsteller X gestorben ist und ich erinnere mich an die Bücher, die ich von ihm gelesen habe, auch die, die ich längst vergessen hatte. Ich erinnere mich, wann wo und mit wem ich ein Buch von X gelesen habe. Mein Quellen-, Orts- und Zeitgedächtnis wird gleichzeitig aktiviert. Gefühle werden mobilisiert: ich erinnere mich an humorvolle oder traurige Passagen.

Je älter man wird, desto stabiler sind die Verdrahtungen. Es entstehen feste Emotions- und Deutungsmuster. Die Plastizität lässt im Alter nach, geht aber nur in Extremfällen völlig verloren.

Neuere Forschungen beurteilen die Lernfähigkeit Erwachsener optimistisch. So spricht Gerald Hüther von dem „Dogma von der Unveränderlichkeit der einmal im Gehirn entstandenen Verschaltungen". Das Gehirn ist im Alter in höherem Maße strukturell formbar als bisher angenommen. Erwachsene sind in der Lage, „ihre komplexen Verschaltungen an neue Nutzungsbedingungen anzupassen." Diese Erkenntnis mindert nicht die Bedeutung von „Erfahrungen": „Die Erfahrungen, die ein Mensch im Lauf seines Lebens gemacht hat, sind fest in seinem Gehirn verankert, sie bestimmen seine Erwartungen, sie lenken seine Aufmerksamkeit in eine ganz bestimmte Richtung, sie legen fest, wie er das, was er erlebt, bewertet, und wie er auf das reagiert, was ihn umgibt und auf ihn einstürmt. In gewisser Weise sind diese individuell gemachten Erfahrungen also der wichtigste und wertvollste Schatz, den ein Mensch besitzt." (Hüther 2005, S. 12).

Das Gehirn verknüpft Gegenwart mit Vergangenheit und Zukunft. Gegenwärtige Eindrücke aktivieren frühre Erfahrungen, die Prognosen über die Zukunft erleichtern. Anders formuliert: Wahrnehmungen beruhen auf Erinnerungen und ermöglichen viable Handlungen.

Die Gehirnforschung bestätigt, dass das Gehirn die Welt nicht „wahrheitsgemäß" abbildet, sondern eigene Bilder konstruiert, die ein erfolgreiches Handeln in der Welt erleichtern. Das Gehirn arbeitet *operational geschlossen, selbstreferenziell, rekursiv, strukturdeterminiert* und *autopoietisch*.

Die Vielfalt der Wirklichkeiten

```
        biologisch      psychisch       sozial

Körper ────────────  Gehirn  ──────────── Geist

      Kognition ──── Emotion ──── Handeln

              Merkmale:
              autopoietisch
              selbstreferenziell
              strukturdeterminiert
              operational geschlossen
              rekursiv
              emergent
```

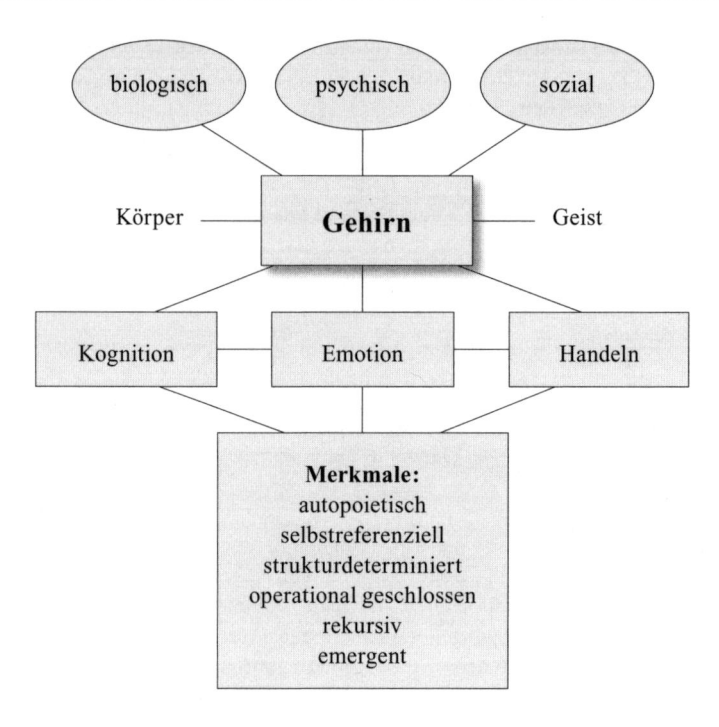

Abb. 8: Gehirn

Operationen des Gehirns:

autopoietisch
Lebendige Systeme sind autopoietische Systeme (autos = selbst, poiein = machen). Sie erzeugen und erhalten sich, z.b. durch Zellteilung. Auch das Gehirn kann als ein solches selbsttätiges System betrachtet werden, das sich durch ständige Aktivität erhält und entwickelt. Ein Gehirn, das nicht mehr aktiv ist, stirbt ab. Die Erhaltung der Autopoiese ist Bedingung für die Existenz von Lebewesen.
Auch Denken und Lernen sind lebensnotwendige autopoietische Prozesse, die nur z.T. bewusst gesteuert werden und die nicht „abgeschaltet" werden können. Das Gehirn – solange es lebendig ist – kann nicht nicht lernen. Autopoiese ist eine biologische Bedingung von Autonomie und Lernen.

operational geschlossen
Die biochemischen und elektromagnetischen Aktivitäten des Gehirns erfolgen operational geschlossen. Zellen modifizieren Neuronen, die Zustandsveränderungen des neuronalen Netzwerks bewirken. Diese inneren vernetzten Kreisläufe erhalten die Organisation des Nervensystems. Durch diese Selbstorganisation des Organismus bleibt das Nervensystem als Ganzes stabil. Die Verschaltung der neuronalen Netze ist dynamisch und flexibel.
Auch Lernen ist – biologisch betrachtet – ein operational geschlossener Vorgang, der von außen zwar perturbiert, aber nicht gesteuert werden kann. Operational geschlossen heißt also nicht informatorisch oder energetisch geschlossen.
Auch operational geschlossene Systeme sind mit der Umwelt lose „gekoppelt". Ohne eine solche Koppelung wären erfolgreiche Handlungen nicht möglich.

strukturdeterminiert
Das Gehirn wird nicht durch äußere Einflüsse, sondern durch interne Strukturen gesteuert (determiniert). Strukturen sind gleichsam die „Formen" des Wahrnehmens, Denkens, Fühlens, die im Lauf des Lebens angeeignet werden. Diese „Muster" entscheiden, was unser Gehirn sensorisch, kognitiv, emotional verarbeiten kann und wie es Umweltimpulse transformiert. Informationen, für die keine Strukturen vorhanden sind (z.b. eine völlig fremde Sprache), bleiben für das Gehirn „kognitives Rauschen".
Strukturen markieren die Grenzen unseres Verstehens und Lernens. Innerhalb dieser Strukturen bewegen wir uns in mentalen „Driftzonen", d.h. Spielräume, in denen wir unser Wissen und unsere Wirklichkeitskonstrukte erweitern und modifizieren können.
„Strukturdeterminiertheit" klingt deshalb zu „deterministisch", passender erscheint der Begriff „Strukturbegrenztheit". Strukturen können verändert werden, allerdings sind solche Veränderungen im Alter eher unwahrscheinlich.

selbstreferenziell
Referenzsysteme sind Sinnsysteme, auf denen unsere Deutungen und Bedeutungen basieren. Referenzsysteme entstehen im Lauf der Lebensgeschichte und enthalten Werte, Normen und Motive. Aufgrund dieser biografischen Verankerung können Bedeutungen nicht von einer Person auf die andere übertragen werden. Selbstrefenzielle Systeme sind für andere gleichsam „undurchschaubar".
Auch unsere Leitdifferenzen und Unterscheidungen (schön/hässlich, gut/schlecht, wahr/falsch) sind in diesen Referenzsystemen verankert.
Bei Erwachsenen verfestigen sich solche Selbstreferenzen, die durch Sozialisations- und Enkulturationsprozesse in der Kindheit geprägt werden. Selbstreferenz und Fremdreferenz stehen in einem Spannungsverhältnis zueinander.

Lernpsychologisch kann Selbstreferenz zu einem Problem werden, da sie eine permanente Selbstbestätigung zur Folge haben kann. So entsteht ein *„selbstreferenzieller Zirkel":* wir lernen vor allem das, was unser Referenzsystem stabilisiert.

rekursiv
„Rekursiv" heißt rückbezüglich. Unser Gehirn ist ein biografisches Organ. Alles was wir sehen, hören, lesen wird mit Erinnerungen in Beziehung gesetzt und verglichen. Lernen im Erwachsenalter fängt niemals am Nullpunkt an. Unser biografisches Gepäck enthält Vorkenntnisse, aber auch Vorlieben, Lernschemata, Lernwiderstände, „Vor-Urteile".
Lernen besteht wesentlich darin, frühere Erfahrungen und vergessenes Wissen neu zu aktivieren, neu zu vernetzen, mit neuen Bedeutungen zu versehen. So gesehen ist jedes Lernen biografisch rekursiv.

emergent
Unser Gehirn operiert eigendynamisch, selbstgesteuert, auch eigenwillig und eigensinnig. Dieser Prozess wird als Emergenz bezeichnet: Neuronale Netze werden – meist ohne bewusste Steuerungen – verknüpft und „verdrahtet". Dadurch entstehen neue Erkenntnisse und Aha-Erlebnisse. Dabei werden Informationen mit Ahnungen, Intuitionen, vergessenen Erfahrungen verknüpft und zu neuen Konstrukten synthetisiert. So kann man von der Emergenz, dem „Wachsen" von Kognition und Emotion sprechen. Auch wenn diese Emergenz nicht intendiert werden kann, so können günstige Situationen arrangiert werden (z.B. anregende Umgebungen, beruhigendes Ambiente). „Emergenz" beinhaltet Wachstum, aber auch schöpferische Produktivität und Kreativität.

Von der Gehirnforschung eine „Neurodidaktik" zu erwarten, ist unrealistisch. Eine solche Neurodidaktik wäre auch nicht wünschenswert, da sie auf einem Determinismus neuer Art, nämlich einem neuronalen Strukturdeterminismus basieren würde. Dennoch ist der Anregungsgehalt eines neurobiologischen Hintergrundwissens für die Pädagogik nicht zu unterschätzen.

Eine Sekundäranalyse der Gehirnforschung hat 12 Thesen ergeben, die pädagogisch relevant sind (vgl. M. Arnold 2006, S. 153 ff.):
1. Körper und Gehirn arbeiten beim Lernen integriert zusammen. Es wird nachhaltiger gelernt, wenn unterschiedliche Sinne angesprochen werden.
2. Das Gehirn ist ein soziales Organ. Es verarbeitet Erfahrungen, die mit Bezugspersonen und in sozialen Kontexten gemacht werden (vgl. Hüther 2006, S. 41 ff.).
3. Die Suche nach Sinn ist genetisch begründet; Sinn ist überlebenswichtig. Unser Gehirn konstruiert Sinn.
4. Sinnsuche regt die Konstruktion neuronaler Muster an. Sinnvolle Muster ordnen die Erlebniswelt.
5. Die Konstruktion von Mustern wird durch Emotionen gefördert. Fast alle Handlungen sind emotionsgesteuert.
6. Das Gehirn verarbeitet gleichzeitig Einzelheiten und ganzheitliche Muster.
7. Beim Lernen verbindet sich gezielte Aufmerksamkeit mit „peripherer Wahrnehmung", z.B. von atmosphärischen Lernumgebungen.
8. Gelernt wird bewusst und unbewusst. Lernen ist effektiver, wenn es reflektiert wird. Metakognition begünstigt Nachhaltigkeit.
9. Mehrere Gedächtnissysteme (z.b. deklaratives Gedächtnis, episodisches Gedächtnis) arbeiten koordiniert.
10. Alle Lernprozesse bauen auf früheren Erfahrungen auf. Neuronale Netze werden durch neue Erfahrungen verändert.
11. Komplexe Lernprozesse werden durch entspannte Aufmerksamkeit erleichtert, durch Angst und Bedrohung beeinträchtigt.
12. Jedes Individuum verfügt über einen einzigartigen genetischen Code. Deshalb lernt jeder anders.

Eine schlichte, neurobiologisch begründete Lernregel lautet: Lerninhalte an Bekanntes anschließen und auf Situationen anwenden (vgl. Spitzer 2003, S. 161).

Fazit
Unser Gehirn bildet die Umwelt nicht ab. Dazu ist es als operational geschlossenes System gar nicht in der Lage. Es konstruiert eine eigene viable Welt, die nicht nur aus Wirklichkeiten, sondern auch aus Möglichkeiten, nicht nur aus Erinnerungen, sondern auch aus Zukunftsvisionen, nicht nur aus Deutungsmustern, sondern auch aus Emotionsmustern besteht.
Natur- und Geisteswissenschaften verhalten sich komplementär zueinander. Gehirnforschung, Psychologie und Erziehungswissenschaften bilden eine „Einheit der Differenz". Geist und Neuronen sind keine Gegensätze, auch wenn die Zusammenhänge zwischen neuronalen Netzen und (Selbst-)Bewusstsein noch nicht völlig geklärt sind. Didaktisches Handeln kann aus den Neurowissenschaften nicht deduziert werden, aber es ist für Pädagogen gut zu wissen, wie das Gehirn operiert, wenn es lernt.

4.2 Die Wirklichkeit der Sinnesorgane

„Man sieht nur mit dem Herzen gut."
(St. Exupery)

Unsere Alltagserfahrung sagt uns, dass die Welt so ist, wie wir sie sensorisch wahrnehmen, also wie wir sie sehen, hören, riechen, schmecken, tasten. Wir sind überzeugt, dass unsere Sinnesorgane die Welt abbilden, wie sie „wirklich" ist. Doch so einfach ist das Verhältnis zwischen Innenwelt und Außenwelt nicht.
Die Wissenschaften, die die materielle Welt erforschen, sind u.a. Physik und Chemie. Doch diese chemisch-physikalische Welt hat nichts mit unserer Erfahrungswelt zu tun. Atome, Moleküle, Quarks, Elektronen, Protonen, die Einsteinsche Relativitätstheorie bleiben unserer Erlebniswelt unzugänglich. Wir kennen diese physikalische Welt allenfalls aus Physikbüchern, und in 20 Jahren stehen in den Schulbüchern vielleicht ganz andere Theorien und Abbildungen.
Selbstverständlich haben wir „Kontakt" zur Außenwelt, aber eben nicht wie eine Fotokamera, die die Gegenstände „wahrheitsgemäß" abbildet.
Sensorische Wahrnehmungen sind keine Widerspiegelungen, sondern aktive Konstruktionen unserer Welt, in der wir uns orientieren müssen, um zu überleben. Nicht irgendeine ontologische Wahrheit, sondern Viabilität, Funktionalität im Interesse der Lebensdienlichkeit ist das Prinzip unseres sensorischen Erkennens.

Nehmen wir als Beispiel unsere *Farbwahrnehmung*. Farben sind keine Eigenschaften der Außenwelt, sondern Farben entstehen im Kopf. Unser visuelles System mit seinen lichtempfindlichen „Zapfen" verarbeitet die elektro-magnetischen Wellen des Lichts zu Farben, wobei unser Farbspektrum begrenzt ist. „Licht nahe der unteren Grenze (der Wellenlängen, H.S.) nennt man entsprechend ‚kurzwelliges Licht', das uns blauviolett erscheint, und Licht nahe der oberen Grenze ‚langwelliges Licht', das uns rot erscheint. An das kurzwellige Licht schließt sich das ultraviolette Licht an, das für unser menschliches Auge unsichtbar ist, von dem wir aber einen Sonnenbrand kriegen, und das langwellige Licht die infrarote Strahlung, die wir als Wärme empfinden." (Roth 2003, S. 68).
Die „Zapfen" unserer Netzhaut verarbeiten also bestimmte Lichtfrequenzen zu Farben, denen unser visueller Cortex aufgrund biografischer und kultureller Erfahrungen Bedeutungen beimisst. Wir nehmen den Himmel (was auch immer das sein mag) als „blau" wahr und dieses Blau bedeutet für uns: schönes Wetter.
Übrigens lassen sich auch bei der Farbwahrnehmung soziokulturelle Unterschiede feststellen: Inselbewohner des pazifischen Ozeans unterscheiden viel mehr blaue Farbtöne als wir Mitteleuropäer. Sensorische Wahrnehmungen sind wissensbasiert.

Wir sehen, was wir wissen. Ein kleiner Ausschnitt aus einem Bild genügt oft, um das ganze Bild in Erinnerung zu rufen. Das visuelle System operiert sehr ökonomisch. Um einen Menschen oder einen Gegenstand wieder zu erkennen, reichen wenige Informationen. Wir sehen umso mehr, je mehr wir von einem Thema wissen – z.b. von Pflanzen, anderen Kulturen, Kunst, Ernährung. Was wir nicht „kennen", „erkennen" wir auch nicht.

Exkurs:
G. W. Leibniz: Mikromimik
Als erster hat Gottfried Wilhelm Leibniz von einer „Mikromimik" gesprochen (siehe Laborde-Nottale 1995, S. 126). Damit ist unsere Fähigkeit gemeint, andere Personen zu „lesen", aus scheinbar geringfügigen Signalen Rückschlüsse auf den Charakter und die Absichten eines Menschen zu ziehen.
„Diese Auskünfte entnehmen wir dem Äußeren des Partners, seinem Verhalten, aber auch seinem Geruch, seiner Redeweise und vielen anderen Aspekten." (ebda., S. 126).
Die Fähigkeit, solche Reize zu entschlüsseln, werden offenbar im frühen Kindesalter erworben. „Dieser völlig natürliche Lernvorgang beginnt mit den ersten Lebensregungen, in den frühesten Beziehungen des Kindes zur Mutter. Mimik, Gestik und Körperhaltungen der Mutter geben ihren Affekten und Emotionen Ausdruck." (ebda.). Die Wahrnehmungen dieser Äußerungen sind für das Kind äußerst wichtig, sie sind Grundlage einer erfolgreichen Kommunikation. Sie sind es, die jenes Ich-weiß-nicht-was bilden, jene Geschmäcke, jene Bilder der sinnlichen Qualitäten, klar in der Anhäufung, aber verworren in den Bestandteilen; jene Eindrücke, und die das Unendliche einschließen; jene Verbindung, die jedes Wesen mit der ganzen übrigen Welt hat." (Leibniz 1765/1993, S. 25).

Gelegentlich wird die Auffassung vertreten, „die Mikromimik gebe ohne unser Wissen einer von den Mythologien oder Religionen gesteuerten Symbolik Ausdruck, der wir uns unbewusst nicht entziehen können und die an unserem Körper und seinem Verhalten Spuren hinterlässt." (ebda., S. 127).
Auch in der aktuellen Diskussion über „emotionale Intelligenz" ist die Wahrnehmungssensibilität von großer Bedeutung. Die Mikromimik verweist auf Gefühle des Partners, auf Trauer, Freude, Überraschung. Dabei scheint eine entsprechende Achtsamkeit bei Frauen ausgeprägter zu sein als bei Männern.
Die polysensorische Wahrnehmung des sozialen Umfeldes erfolgt weitgehend unbewusst und kann als Vorform kognitiver Aktivitäten verstanden werden. Elisabeth Laborde-Nottale bezeichnet diese Erkenntnis als „hellsichtig".

Die Vielfalt der Wirklichkeiten

Im Lauf der Evolution haben sich die Sinnesorgane der verschiedenen Lebewesen so entwickelt und auch sozialisiert, dass sie ein Überleben ermöglichen, in dem sie z.b. Nahrung finden, Feinde registrieren, Unwetter voraussagen. So verfügen Fledermäuse über eine Ultraschallortung, Vögel über einen Magnetsinn, Hunde über einen ausgeprägten Geruchssinn.
Über das visuelle System wissen wir besser Bescheid als über unseren *Geruchssinn,* das olfaktorische System. Dabei wird die Bedeutung des Geruchs für Ernährung, zwischenmenschliche Beziehungen und das Wohlbefinden oft unterschätzt.
Der Niederländer Piet Vroon schreibt: „Unsere Erfahrungswelt besteht nicht allein aus Bildern und Tönen, sondern auch aus vielfältigen Geruchsempfindungen. In der Luft zirkulieren zahllose Aroma-Gemische, die sich in ihrer Zusammensetzung, ihrem Charakter und in ihrer Intensität permanent verändern." (Vroon 1994, S. 33).
Die Nase ist wesentlich an der Konstruktion unserer Wirklichkeit beteiligt. Düfte und Gerüche sind ein wesentlicher Bestandteil unserer Lebensqualität. Jeder, der in Industriegebieten wohnt oder arbeitet, kann ein Lied davon singen. Aber unser sprachliches Repertoire ist begrenzt: Etwas duftet, riecht, stinkt...
„Wenn wir etwas riechen, haben die entsprechenden emotionalen, hedonischen und episodischen Assoziationen für uns eine große Bedeutung." (ebda., S. 124). Gerüche verknüpfen Ereignisse und Erlebnisse, sie sind wichtiger Bestandteil des episodischen Gedächtnisses, sie intensivieren Erinnerungen. Gerüche sind eine „Gedächtnisstütze". Gerüche erzeugen bestimmte Stimmungen. „Dass diese Bilder aus der Erinnerung oft deutlich emotional beladen sind, wird angesichts der Verbindungen zwischen dem Geruchssinn und dem limbischen System sowie der rechten Hemisphäre begreiflich." (ebda., S. 134). In einer angenehm duftenden Umgebung erinnert man sich an mehr positive Erlebnisse.
Sogar Lernprozesse sind intensiver, wenn der Lernort angenehm duftet.
Der Geruchssinn ist ein vorzügliches Erinnerungsorgan. Viele von uns erinnern sich an Gerüche aus der Kindheit, z.B. Küchengerüche oder den Geruch von Bohnerwachs in Schulklassen. Oft sind Gerüche mit Farben verknüpft „Wenn Kirschsaft orangengelb gefärbt ist, wird man glauben, dass er nach Apfelsine riecht und ihn als Apfelsinensaft oder ähnliches trinken." (ebda. S. 140).
Diese Koppelung wird als Synästhesie bezeichnet.
Unser Geruchssinn ist stark industrialisiert. Auch in landwirtschaftlichen Gegenden riechen wir vor allem die Produkte der Agrarchemie. Der Duft von Pflanzen und Bäumen, von Frühling und Herbst, von Meer und Heide bleibt uns immer mehr verborgen.
Dem Menschen sind im Verlauf der Phylogenese elaborierte Fähigkeiten des Riechens und auch des Tastens wieder verloren gegangen, während sich das visuelle System weiter entwickelt hat. Auch der menschliche Sinn für Schönheit ist während der Evolution entstanden und erfüllt durchaus lebenswichtige Funktionen. Metaphorisch gesprochen: was wir als schön empfinden, schätzen und schützen wir.

Die sensorischen Areale unseres Gehirns sind mit der Außenwelt strukturell gekoppelt, obwohl zwischen den physikalischen Reizen und unseren Wahrnehmungsinhalten keine Ähnlichkeit besteht. (ebda. S. 81).
Unsere sensorischen Wahrnehmungen reagieren auf Reize der Umwelt, ohne diese abzubilden oder widerzuspiegeln. Nur ein sehr geringer Teil der Umwelt „erregt" unsere Sinne, vorzüglich solche Reize, die uns bedeutsam sind. Sensorische Wahrnehmung ist prinzipiell selektiv.
Die „Geschmäcker" sind individuell verschieden – je nach Biografie, Sozialisationseinflüssen, geografischer Herkunft. Aber kulturhistorisch geprägte Geschmacksmuster sind relativ stabil.
Die sensorischen Netze sind im Gehirn miteinander „verdrahtet". Sehen, Geschmack, Geruch sind oft verknüpft oder bilden im Erleben eine Einheit. Im Lauf des Lebens entstehen nicht nur Fühl-Denk-Verhaltensprogramme, sondern damit vernetzt auch sensorische Programme. Diese Programme bilden die Grundlage unserer individuellen und kollektiven Kultur. Bilder, Geräusche, Gerüche lösen angenehme oder unangenehme Empfindungen aus. Auch solche Emotionen sind lebenswichtig: der Fäulnisgeruch signalisiert, dass das Fleisch ungesund ist.
Sensorische Wahrnehmungen bilden die Außenwelt nicht ab, sondern konstruieren eigene Erlebniswelten – dies ist die zentrale These. Wahrnehmungen sind prinzipiell selektiv, sie konzentrieren sich auf Wesentliches. Andernfalls wäre unser Gehirn total überlastet.
Möglich und wünschenswert ist eine Sensibilisierung unserer Sinneswahrnehmung, eine geschärfte Aufmerksamkeit für blinde Flecke, das Bewusstsein, dass auch andere Wahrnehmungen möglich und viabel sind. Vor allem in der unübersichtlichen Vielfalt unserer Bilderwelten ist eine solche Wahrnehmungssensibilisierung lebenswichtig.

Fazit
Sinnesorgane sind lebenswichtig. Sinnliche Wahrnehmungen sind die Voraussetzung unserer Lebensqualität. Auch Lernprozesse sind umso intensiver, je mehr Sinne beteiligt sind. Mit Hilfe der Sinnesorgane konstruieren wir unsere Wirklichkeit. Die physikalisch-chemische Welt ist unseren Sinnen nicht direkt zugänglich, aber wir sind mit dieser materiellen Welt gekoppelt.
Sensorische Wahrnehmungen verändern sich ontogenetisch (also im Lauf des Lebens) und phylogenetisch (also im Verlauf der Gattungsgeschichte). Diese Wahrnehmungen werden durch soziokulturelle Kontexte beeinflusst.
Die Sensibilisierung der Wahrnehmungen ist eine „Wiedergewinnung" von Wirklichkeiten.

4.3 Erfahrung und Wirklichkeit

*Wirklichkeit ist nicht Voraussetzung,
sondern Ergebnis von Erfahrungen*

Unsere Welt ist eine Erfahrungswelt. Nur durch unsere Erfahrungen haben wir Zugang zur Welt. Erfahrungen bilden das Gerüst unserer Biografie. Beim biografischen Erzählen rekonstruieren wir unsere Erfahrungen und versuchen, Ordnung in die Fülle der Erfahrungen zu bringen. Eine solche Ordnung ist eine konstruktive Leistung, die Ordnung ist nicht vorhanden, sondern wir erstellen eine solche Ordnung im Kopf. Zusammenhänge zwischen den Einzelerfahrungen schaffen Kontinuität und stiften Sinn – ohne eine solche Sinnstiftung empfinden wir unser Leben und unsere Welt als entfremdet.

Erfahrungen sind nachhaltige raum-zeitliche Erlebnisse in Kontexten. Doch wir „erleben" nicht passiv Ereignisse, wir „machen" Erfahrungen. Wir sind nicht Objekte, sondern Subjekte unserer Erfahrungen. Erfahrungen sind emotional „nicht gleichgültig", sie lassen uns „nicht kalt", wir sind gefühlsmäßig betroffen.

Erfahrungen sind „kritische Ereignisse", die aus dem alltäglichen Fluss des Lebens heraus ragen, die im Gedächtnis gespeichert werden, an die wir uns oft nach vielen Jahren in allen Einzelheiten erinnern. Unser episodisches Gedächtnis ist erstaunlich detailgetreu.

Unser Erfahrungsgedächtnis lässt sich nur bedingt rational steuern. Oft möchten wir unangenehme Erfahrungen vergessen, aber es gelingt uns nicht. Nicht nur Erinnerungen, sondern auch „Vergessen können" ist lebensnotwendig. Wer nicht vergessen kann, hat den Kopf nicht frei für Neues. Unsere Erfahrungen sind – erwünscht oder unerwünscht – Teil unseres Selbst.

Auch sensorische Wahrnehmungen sind erfahrungsabhängig. Wir sehen und hören das, was wir bereits kennen, womit wir Erfahrungen gesammelt haben. „Dass unsere Wahrnehmungsleistungen zum Teil in dramatischer Weise von unserer Erfahrung abhängen, merken wir, wenn wir uns in neue Umgebungen begeben und dann längere Zeit benötigen, um uns wahrnehmungsmäßig darin zurechtzufinden." (Roth 2003, S. 83). In einer vertrauten Umgebung genügen nur wenige optische Anhaltspunkte, um uns zu orientieren.

„Wir können ohne Übertreibung sagen, dass bei komplexen Wahrnehmungen unser *Gedächtnis* das wichtigste Wahrnehmungsorgan ist." (ebda. S. 84).

Erfahrungen bestehen nicht nur aus bewussten Gedächtnisinhalten, sondern auch aus Gefühlen und aus implizitem Wissen. Diese unbewussten Erinnerungen bilden die Grundlage unserer *Intuition*. „Unser Gehirn speichert im Laufe unseres Lebens eine ungeheure Menge an Sinnes- und Gefühlseindrücken. Dazu kommt noch eine Art intuitives Grundwissen, das schon in unseren Genen festgeschrieben ist. Es determiniert, wie wir denken und der Welt gegenübertreten. Allerdings gelangt nur ein ganz kleiner Teil – vielleicht 20 Prozent ins Bewusstsein." (Singer 2003, S. 120). Diese erfahrungsgesättigte Intuition ist der Nährboden mentaler *Emergenz*. In neuen Situationen und bei neuen Aufgaben erinnert sich das Gehirn an frühere Erfahrungen, es werden Assoziationsareale aktiviert. Das Gehirn arbeitet autopoietisch (auch im Schlaf). Gedanken und Problemlösungen entstehen und reifen. Oft kommt es zu Aha-Erlebnissen.

Wir machen Erfahrungen mit uns selbst, mit anderen, mit der Umwelt. Aber alle Erfahrungen sind gesellschaftlich und kulturell gerahmt. Das gilt für Erfahrungen mit Arbeitslosigkeit, mit Katastrophen, mit Liebesbeziehungen, mit Gesundheit, mit Kunst, mit Solidarität ...

Die Gesellschaft bildet den sozioökonomischen und soziokulturellen Raum für Erfahrungen: Sie ermöglicht und verhindert Erfahrungen. Viele junge Deutsche wandern aus, weil sie hoffen, in anderen Ländern andere Erfahrungen machen zu können. Erfahrungsräume sind Bestandteil von Lebensqualität. Erfahrungen sind keine vergangenen Ereignisse, sondern sie sind „im Fluss". In verschiedenen Lebenssituationen interpretieren wir frühere Erfahrungen stets aufs Neue. Mehr noch: Manche Erlebnisse werden erst Jahre später zu Erfahrungen. Erfahrungen sind solche Lebenssituationen, die nachhaltig „wirken", die oft dem Leben eine andere Richtung geben.

Erfahrungen sind „wissensbasiert", und zwar in doppelter Hinsicht: Je mehr wir wissen, desto mehr Erfahrungen machen wir und desto komplexer sind diese Erfahrungen. Und andererseits: Durch Erfahrungen wird neuen Wissen generiert. Deshalb ist unser subjektives Wissen biografisch verankert und nur bedingt vermittelbar.

Erfahrungen sind der „Kitt", der die Fülle der Ereignisse verbindet, der „Filter", der Wichtiges von Unwichtigem trennt, die „Sonde", die Neues entdeckt und integriert, ein „Frühwarnsystem", das künftige Ereignisse antizipiert.

Erfahrungen sind „bedeutungsvoll" und werden „gedeutet". Oft sind es scheinbare Kleinigkeiten, denen wir eine besondere Bedeutung verleihen: das Zutrauen eines kleinen Kindes, die Freundlichkeit eines fremden Menschen, das Blühen eines Kirschbaums, aber auch das Bild eines Kindersoldaten in Afrika ...
In jedem Fall gibt es Erfahrungen nicht „an sich", sondern nur „für uns".
Erfahrungen werden oft in *Grenzsituationen* gemacht. Dies sind Situationen, in denen wir entweder an unsere Grenzen stoßen oder auch Grenzen erweitern.

Pädagogisch relevant sind insbesondere kompetenzerweiternde Erfahrungen. Dazu gehört die Erfahrung der
- Selbstwirksamkeit
- Autonomie
- sozialen Anerkennung

Erfahrungen werden kumuliert: Erfolge begünstigen Erfolge; Misserfolge provozieren Misserfolge. Dieser Mechanismus ist als selffulfilling prophecy bekannt: Wir bleiben dann gleichsam „hinter unseren Möglichkeiten zurück". Aus der Coping-Forschung wissen wir, dass die Handlungskompetenzen wachsen, je mehr unterschiedliche Erfahrungen gemacht werden, also auch: je mehr Misserfolge verarbeitet wurden.

Viele Erfahrungen werden im Unterbewusstsein gespeichert. Sie beeinflussen unser Verhalten, ohne dass wir uns dessen bewusst sind. Wir haben ein Gespür dafür, ob eine Entscheidung Erfolg versprechend oder riskant ist, weil wir ähnliche Situationen erlebt haben. Erfahrungen bilden also den Nährboden für Entscheidungen und Verhaltensweisen. Erfahrungen hinterlassen *Spuren,* sie erleichtern *eine* Orientierung, sie verleihen Sicherheit.

Exkurs:
John Naisbitt: high-tech-high-touch-Erfahrung
Wir leben in einer technisierten und industrialisierten Erfahrungswelt:
Wir werden geweckt von einem elektrischen Radiowecker. Zum Zähneputzen benutzen wir eine elektrische Zahnbürste. Zum Frühstück rösten wir eine Scheibe Brot im Toaster. Die Garage öffnen wir per Fernbedienung. Im Auto klingelt das Handy. Wir lassen uns von einem Navigator steuern. Im letzten Moment bemerken wir die Radarkontrolle. Wenn die Ampel schon wieder auf Rot schaltet, blicken wir nervös auf die Uhr. Wegen einer Baustelle müssen wir eine Umleitung fahren. Wir suchen verzweifelt einen Parkplatz. Als wir endlich unseren Arbeitsplatz erreichen, sind wir gereizt und genervt.
Früher habe ich die Tür zu meinem Büro mit einem Schlüssel aufgeschlossen, jetzt gibt es einen Transponder. Am Arbeitsplatz sind Computer, Anrufbeantworter, Fax-Gerät in Betrieb, im Sommer eine Klimaanlage.
Wir (besser gesagt: unsere Spezialisten) haben eine technische Wirklichkeit erfunden – und jetzt beherrscht diese technische Welt uns. Ob wir es wollen oder nicht: wir sind dem Diktat der Technik unterworfen. Die Technik prägt nicht nur unseren Arbeitsplatz, sondern auch unser Zeitgefühl, unsere Kommunikationsformen, unsere Ernährung, unsere Ästhetik, unsere Freizeit.

Erfahrung und Wirklichkeit

> *Technik beeinflusst unseren Denkstil, unsere Wahrnehmungen, aber auch unsere Emotionen. Der Amerikaner John Naisbitt macht darauf aufmerksam, dass die Welt der high technology eine „kalte" Welt ist, die unser Bedürfnis nach emotionaler Nähe und Wärme nicht befriedigt. Je mehr „high tech" – so Naisbitt – desto größer die Sehnsucht nach „high touch":*
> *„High tech / high touch is a formula I use to describe the way we have responded to technology. What happens is that whenever new technology is introduced into society, there must be a counterbalancing human response, that is high touch ... We must learn to balance the material wonders of technology with the spiritual demands of our human nature." (Naisbitt 1984, S. 35f.).*

Erfahrungen machen wir durch den Umgang, und zwar
- mit uns selbst
- mit anderen Menschen
- mit Kulturen und Künsten
- mit Landschaften und Natur
- mit den „Dingen"

Dieser letzte Erfahrungsbereich wird in der Konstruktivismusdiskussion oft vernachlässigt: wir werden in eine „Welt der Dinge" hineingeboren. Wir messen den Dingen – von „Auto" bis „Zigarette" – eine Bedeutung bei, aber die Dingwelt beeinflusst ihrerseits unser Denken, Fühlen, Handeln. Wir können den Dingen nicht entrinnen. Wir können allerdings verhindern, dass die Dinge übermächtig werden. Wir können mitentscheiden, welche Dinge uns wichtig sind.

Erfahrungen fungieren als Lernprogramm:
- Sie steuern die Aufmerksamkeit, wenn Neues an Bekanntes anschlussfähig ist.
- Sie stiften Zusammenhänge, indem ähnliche Erfahrungen vernetzt werden.
- Mit Blick auf frühere Erfahrungen wird Wichtiges von Unwichtigem unterschieden.
- Sie bilden emotionale Muster, wenn „erfreuliche" Erfahrungen verknüpft werden.
- Sie erleichtern Handlungsentscheidungen, weil man sich an frühere (Miss-) Erfolge erinnert.
- Positive Erfahrungen ermutigen zu neuen Erfahrungen.
- Erfahrungen sind Warnsignale, sie machen auf Gefahren und Risiken aufmerksam.
- Erfahrungen bereichern eine Biografie.

Manfred Spitzer stellt generell fest: „Gelernt wird immer dann, wenn positive Erfahrungen gemacht werden." (Spitzer 2003, S. 181).

Theoretisches Bindeglied zwischen der (aktuellen) Konstruktion von Wirklichkeit und der (früheren) Erfahrung ist *Selbstreferenzialität:* Das Gehirn konstruiert seine Wirklichkeit aufgrund früherer Erfahrungen, die als Gedächtnisinhalte gespeichert werden. „Das heißt, das Gehirn organisiert sich auf der Basis seiner eigenen Geschichte. Dies ist das, was man ‚Selbstreferenzialität' des Gehirns nennt." (Roth zit. nach Schmidt 1992, S. 14). Das Gehirn vergleicht neues Wissen mit gespeicherten Erfahrungen. Aufgrund des Vergleichs mit diesen Erfahrungen entscheidet das Gehirn, ob Informationen a) einen Neuigkeitswert haben, b) anschlussfähig sind und c) eine subjektive Bedeutung haben. Verlaufen diese Tests positiv, werden die Wissensinhalte weiter bearbeitet. Die eigenen Erfahrungen sind also der Filter für die Aneignung neuen Wissens.

Erfahrungen lassen sich übrigens nicht in einer bestimmten Gehirnregion lokalisieren. Prinzipiell sind Erfahrungen über das ganze Gehirn verteilt. Erfahrungen bilden flexible, dynamische neuronale Netzwerke. Aus der Verknüpfung dieser Netze entstehen Bedeutungen.

Unsere Konstruktion von Wirklichkeit prägt unsere *Persönlichkeitsstruktur.* Die Persönlichkeitspsychologie unterscheidet fünf Grundtypen, nämlich Extraversion, Verträglichkeit, Gewissenhaftigkeit, Neurotizismus und Offenheit. (Roth 2003, S. 113). Diese Typen bevorzugen jeweils spezifische Muster der Wirklichkeitskonstruktion. So konstruieren extravertierte Menschen eher eine kommunikative, gesellige, abwechslungsreiche Welt. Verträgliche Menschen leben eine freundliche, hilfsbereite, mitfühlende Welt. Gewissenhafte Menschen fühlen sich wohl, wenn ihre Welt geordnet, kalkulierbar, überschaubar ist. Die Welt der neurotischen Menschen ist angespannt, wehleidig, launisch, instabil. Offene Menschen neigen zu kreativem, phantasievollem, wissbegierigem, neugierigem Verhalten.

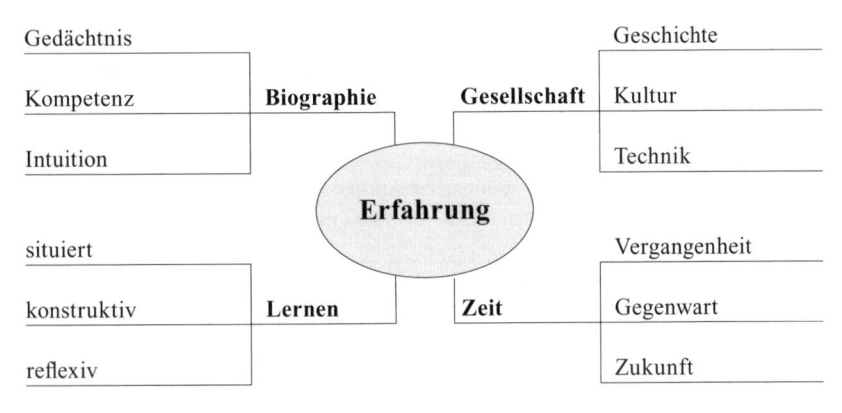

Gedächtnis			Geschichte
Kompetenz	**Biographie**	**Gesellschaft**	Kultur
Intuition			Technik
	Erfahrung		
situiert			Vergangenheit
konstruktiv	**Lernen**	**Zeit**	Gegenwart
reflexiv			Zukunft

Abb. 9: Erfahrung

Empirische Untersuchungen belegen, dass sich die Grundstruktur der Persönlichkeit relativ früh ausbildet und – im Normalfall – stabil ist (ebda., S. 114). Und: Menschen suchen solche Umwelten und machen solche Erfahrungen, die zu ihrer Persönlichkeitsstruktur passen.

Erfahrung und Wirklichkeit stehen in einem Wechselverhältnis zueinander:
1. Wie wir Erfahrungen deuten und verarbeiten, ist von unseren „Mustern" der Wirklichkeitskonstruktion abhängig.
2. Biografische Erfahrungen beeinflussen unsere Wirklichkeitskonstruktion.
3. Diese subjektive Wirklichkeit erleichtert oder verhindert neue Erfahrungen.

Ein Beispiel:
1. Ob jemand ein Bildungsurlaubsseminar als eine horizonterweiternde Erfahrung begreift, ist von seinem Selbst- und Weltbild abhängig.
2. Die erfolgreiche Teilnahme an einem Seminar stärkt die Selbstwirksamkeitsüberzeugung.
3. Eine defensive oder progressive Weltsicht steuert die Weiterbildungsmotivation.

Exkurs:
Immanuel Kants Kopernikanische Wende
Ein Vorläufer der konstruktivistischen Erkenntnistheorie ist Immanuel Kant. Kant bezweifelt, ob die Ordnung, die wir der Natur geben, auch die Ordnung der Natur ist. Vor allem in der Vorrede zur 2. Auflage der „Kritik der reinen Vernunft" begründet er seine erkenntnistheoretische „Kopernikanische Wende", d.h. eine Wende des Beobachterstandpunkts: er geht nicht mehr von der objektiven Natur, dem „Ding an sich" aus, sondern von dem menschlichen Erkenntnisvermögen. Die Welt ist uns nur im Rahmen unserer Urteilskraft und unserer Anschauungsformen zugänglich. Unsere Vernunft erkennt nur das, was sie in die Natur „hineinlegt":
Die Naturforscher „begriffen, dass die Vernunft nur das einsieht, was sie selbst nach ihrem Entwurfe hervorbringt, dass sie mit Prinzipien ihrer Urteile nach beständigen Gesetzen vorangehen und die Natur nötigen müsse, auf ihre Fragen zu antworten, nicht aber sich von ihr allein gleichsam am Leitbande gängeln lassen müsse." (Kant 1787, S. XIff.).
Diese Perspektive nennt Kant selber eine „Revolution in der Denkart". Ausgangspunkt des Erkennens ist nicht (mehr) der Gegenstand, sondern das Verhältnis des Ich zu dem Erkenntnisobjekt.
„Bisher nahm man an, alle unsere Erkenntnis müsse sich nach den Gegenständen richten."

> *Was der Konstruktivismus als „Strukturdeterminiertheit" bezeichnet, ist für Kant die „Beschaffenheit unseres Anschauungsvermögens." Dieses Anschauungsvermögen basiert auf unseren Erfahrungen. Erfahrung ist für Kant eine Erkenntnisart, die Begriffe voraussetzt. Ohne Begriffe kommt keine Erfahrung zustande. Erfahrungen sind die Grundlage unseres Erkennens, unser Erkennen kann die Grenzen unserer Erfahrung nicht überschreiten. Es empfiehlt sich, „die Sache an sich selbst dagegen zwar als für sich wirklich, aber von uns unerkannt, liegen" zu lassen. Wir erkennen die Welt also, wie wir sie jetzt sehen, und nicht, wie sie „wirklich" sein mag. Wir machen Erfahrungen mit der Welt, aber wir erkennen nicht die „Welt an sich".*

Erfahrungen sind deutungsoffen. In der Praxis der Erwachsenenbildung erweisen sich Erfahrungen jedoch oft als Lernbarrieren: man beruft sich auf seine Erfahrungen als unveränderliche Wahrheiten.

Ekkehard Nuissl schreibt aufgrund eigener Forschungen: „Alle Analysen von Lehr-Lern-Prozessen mit Erwachsenen ...zeigten, dass der Schritt von der Erfahrungsartikulation zur Erfahrungsanalyse praktisch nicht vollzogen wurde. Es zeigte sich, dass die Erfahrungen bereits Analyseergebnisse waren, die sich in komplette individuelle Deutungs- und Bewertungsschemata einfügten...Erfahrungen werden danach individuell offenbar nur ‚reanalysiert', wenn das Individuum selbst Probleme damit bekommt, auf der Basis der Erfahrungen (weiter) zu handeln." (Nuissl 2006, S. 225).

Kollektive Erfahrungen

Erfahrungen sind einerseits individuell und unverwechselbar, andererseits eingebettet in kollektive Erfahrungen. Kollektive Erfahrungen verdichten sich in Ritualen, in Umgangsformen (z.B. Begrüßungen), in Festen (z.B. Erntedankfest), in moralischen Regeln (z.B. die 10 Gebote), in der Kleidung, in Essgewohnheiten (z.B. Verzicht auf Schweinefleisch). Diese kollektiven Erfahrungen dienen als „Maxime für unser Handeln" (Singer 2003, S. 106). Durch Erzählungen und Traditionen haben wir Anteil an kollektiven Erfahrungen, die zeitlich und räumlich über die Lebenswelt des einzelnen hinaus reichen. So haben auch die nach dem II. Weltkrieg geborenen Juden Erinnerungen an den Holocaust des Nationalsozialismus. Auch die jüngere Generation lebt in einer Geschichte, zu der die Unmenschlichkeit des Faschismus gehört. Die Jungen heute sind nicht verantwortlich für menschenfeindliches Handeln und Unterlassungshandeln in der Kriegs- und auch in der Nachkriegszeit, aber auch sie können diese Gräuel nicht aus ihrem kollektiven Gedächtnis streichen. Wir können nicht so tun, „als ob nichts gewesen wäre".

Auch wenn jeder seine Wirklichkeit so konstruiert, wie sie ihm viabel erscheint, so sind evidente Tatsachen wie der Holocaust nicht als „Konstrukte" zu relativieren und zu verharmlosen. John Searle spricht von „rohen Tatsachen", die unabhängig von einer Deutung existent sind (Searle 1997, S. 11). Wer diese Realitäten leugnet, muss sich fragen lassen, warum er dieses Wissen abwehrt. Und gleichzeitig müssen unterschiedliche Erfahrungen mit dem Nazi-Regime geäußert werden können. Aber die Brutalität dieses totalitären Systems kann den späteren Generationen nicht direkt vermittelt werden. Heike Rudolph schreibt in ihrer Diplomarbeit über „Gedenkstättenpädagogik": „Erleben kann jeder nur seine eigene Welt. Er kann sich die Geschichte nur innerhalb seiner vorgegebenen kognitiven Strukturen, seiner Denk-Fühl-Verhaltensprogramme rekonstruieren, sie aber nicht nacherleben, als würde er in dieser Zeit leben." (Rudolph 2007, S. 55).
Dennoch sind wir verpflichtet, eine *Erinnerungskultur* zu „pflegen". Eine solche Erinnerungskultur ist nicht nur rückwärts gewandt, sondern auf die Zukunft gerichtet. Wir begreifen uns selbst als Teil einer geschichtlichen Entwicklung. Lernfähigkeit heißt: aus Ereignissen auch dann lernen, wenn man nicht selber daran teilgenommen hat. „Aus der Geschichte lernen" beinhaltet eine reflexive Selbstbeobachtung: Welche Werte lebe ich? Wie würde ich heute in vergleichbaren Situationen handeln? Wie viel Zivilcourage traue ich mir zu?

Auch wenn Erfahrungen individuelle Konstruktionen sind, so sind doch Differenzerfahrungen möglich: „Kontrasterfahrungen" zur Kenntnis nehmen; sich für Erfahrungen anderer interessieren; für fremdkulturelle Erfahrungen aufgeschlossen sein; vor diesem Hintergrund eigene Erfahrungen umdeuten, rekonstruieren...

Erfahrungslernen: situierte Kognition

Lernprozesse Erwachsener sind zum größten Teil erfahrungsbasiert. Erfahrungen sind eine Ressource, die Erwachsene in ein Seminar mitbringen, und sie sind „Ankerplätze" für neues Wissen. Wissensinhalte, die nicht anschlussfähig an Erfahrungen sind, werden nicht nachhaltig verarbeitet. Die Kognitionspsychologen sprechen dann von „trägem Wissen".

In der amerikanischen Konstruktivismusdiskussion erfreut sich die „Situated-Cognition-Bewegung" großer Beliebtheit. „Seit Ende der 1980er Jahre wurden in der (amerikanischen) Instruktionspsychologie mehrere Ansätze entwickelt, die dem ‚neuen' Konstruktivismus nahe stehen, insbesondere die theoretischen Annahmen zur Situiertheit von Wissen und Lernen... Im Vordergrund steht die Einbettung von Lernprozessen in das Lösen bedeutungshaltiger, authentischer Probleme." (Reinmann-Rothmeier/Mandl 1997, S. 368).

Lerninhalte sind – wie beim exemplarischen Lernen – in Verwendungssituationen eingebettet. Dabei handelt es sich um Situationen, die für den Lerner relevant sind und an denen er handelnd beteiligt ist. Situierte Kognition ist deshalb erfahrungs- und handlungsorientiert. Damit das Lernen aber nicht situationsspezifisch eingeengt wird, muss ein Transfer auf andere, strukturell vergleichbare Situationen geübt werden. Situierte Kognition ist deshalb kompetenzorientiert, d.h. auf generalisierbare Fähigkeiten ausgerichtet.

Das Konzept der situierten Kognition ist nicht nur kognitionspsychologisch abgesichert, sondern erinnert auch an die Philosophie des Pragmatismus und die Erfahrungspädagogik J. Deweys. Generell ist die Situierung des Lernens insbesondere in der Erwachsenenbildung zu empfehlen, allerdings wird ein situationsunabhängiges Lernen dadurch nicht überflüssig.

Fazit
Erfahrungen bilden die Grundlage der Wirklichkeitskonstruktion. Erfahrungswelt ist die einzige Welt, die uns zugänglich ist. Lernen heißt: frühere Erfahrungen reinterpretieren, sich für die Erfahrungen anderer interessieren und offen für neue Erfahrungen bleiben.
E. v. Glasersfeld schreibt: „Der Radikale Konstruktivismus beruht auf der Annahme, dass alles Wissen... nur in den Köpfen von Menschen existiert und dass das denkende Subjekt sein Wissen nur auf der Grundlage eigener Erfahrung konstruieren kann. Was wir aus unserer Erfahrung machen, das allein bildet die Welt, in der wir bewusst leben." (v. Glasersfeld 1997, S. 22).

4.4 Die Wirklichkeiten der Bilder

Schönheit liegt im Auge des Betrachters.
(Goethe)

In vielen Milieus wird die Schriftkultur von einer Bildkultur abgelöst. Wir alle leben in Bilderwelten. Erfahrungen sind zunehmend Sekundärerfahrungen aus den Medien. Immer mehr Kinder verbringen mehr Zeit vor Bildschirmen als in Schulklassen. Sie werden täglich mit Dutzenden Werbespots, Verbrechen, Kriegsszenen konfrontiert. Kinder können „facts" und „fictions" oft nicht unterscheiden. Oft werden die Grenzen zwischen Tatsachen und virtuellen Realitäten fließend. Einer Umfrage zufolge sind viele US-Amerikaner davon überzeugt, dass die Mondlandung des Astronauten Armstrong eine Inszenierung der Massenmedien war. Wer weiß? Über die Wirklichkeit wird nicht objektiv oder neutral berichtet, sondern Wirklichkeiten werden medial erzeugt. Während des Jugoslawienkrieges wurde ein Bild mit Hunderten von Flüchtlingen in verschiedenen Zeitungen abgedruckt. In westlichen Zeitungen lautete der Untertitel: „Kosovo-Flüchtlinge werden von serbischen Truppen aus ihrer Heimat vertrieben". In serbischen Zeitungen hieß es: „Serbische Menschen werden von UN-Truppen aus ihrer Heimat vertrieben".
Die Medien inszenieren Wirklichkeiten. Spektakuläre Auftritte von Prominenten, aber auch von Randgruppen werden organisiert und „gesponsort". Exzentrische Figuren, die in ordinären Nachmittagstalkshows (für Kids und Senioren) auftreten, sind Halbprofis und können gemietet werden. Politiker verhalten sich anders, wenn eine Fernsehkamera in der Nähe ist. Und sie werden von den Zuschauern nach ihrem Outfit und nicht nach ihren politischen Aussagen beurteilt. Ein Sponti-Spruch der 1970er Jahre lautet: Das Design bestimmt das Sein.
Trotz steigenden Schulbildungsniveaus scheint die Fähigkeit und Bereitschaft, komplexe Sätze zu lesen (oder gar zu schreiben), rückläufig zu sein. In Zeitungen und Zeitschriften wächst die Neigung, nur noch die Bilder zu betrachten. Sogar die Werke Kafkas werden als Comics angeboten.
Andererseits: Was wüssten wir über die Welt ohne die alten und neuen Medien? Was wüssten wir über Tsunami, über den Klimawandel, über kriegerische Auseinandersetzungen in Afrika?
Bilder haben die Welt verändert. So das Photo von dem vietnamesischen Mädchen, das aus ihrem von Napalm-Bomben zerstörten Dorf flüchtet. Dieses Bild ist nicht nur ein Photo, es ist eine Botschaft, es repräsentiert einen Zeitgeist der Gewalt, der Inhumanität. Vor diesem Bild kann niemand sagen: „Das glaube ich nicht." Das Bild spricht für sich.

Im Konstruktivismus spielt die Semantik der Bilder eine große Rolle: Beobachtung, Wahrnehmung, Perspektivenwechsel, bildgebende Verfahren... Damit wird die Nähe der konstruktivistischen Erkenntnistheorie zur Ästhetik deutlich. Ästhetik ist nicht nur die Lehre des Schönen, sondern auch die Lehre der Wahrnehmung. Das griechische Aisthesis heißt wörtlich Wahrnehmung. Der Philosoph der Postmoderne, Wolfgang Welsch, schreibt: „Die ästhetische Verfassung unserer Wirklichkeit ist eine Einsicht nicht nur mancher Ästhetiker, sondern der meisten Wirklichkeits- und Wissenschaftstheoretiker dieses Jahrhunderts." (Welsch 1996, S. 498). Auch Siegfried Schmidt greift (in einem Vortrag der Stiftung Niedersachsen am 2.9.1992) diese Formulierung der „ästhetischen Verfassung unserer Wirklichkeit" auf. Beide – Schmidt und Welsch . beziehen sich auf I. Kants epistemische Ästhetik als die Lehre von den Anschauungsformen.

W. Welsch spricht von einer „ästhetischen Wende" der Philosophie. „Keine Kognition ohne Ästhetik: Das ist die Einsicht, hinter die heute keine Wissenschaft mehr zurück kann." (ebda., S. 507).
Eine ästhetische Betrachtung trägt zur Wiedergewinnung von Wirklichkeit bei. Musik, Malerei, Tanz, Poesie sind schöpferisch, nicht nur nützlich. Ein Rilke-Gedicht erschließt eine neue Welt. Auch die Ästhetik des Alltags erzeugt Wirklichkeiten: kultivierte Umgangsformen, geschmackvolle Kleidung, elegante Metaphern.
Auf den Zusammenhang zwischen Ästhetik und Moral hat vor allem Friedrich Schiller – z.b. in der „Schaubühne als eine moralische Anstalt betrachtet" (1784) – aufmerksam gemacht.

Ästhetik und Erkenntnistheorie rücken eng zusammen. Unsere Wirklichkeit ist eine ästhetisch erzeugte, fiktionale Wirklichkeit. Diese These hat F. Nietzsche auf die Spitze getrieben. „Nietzsche radikalisierte die Ästhetisierung dreifach. Er zeigte, dass Wirklichkeit insgesamt... gemacht ist: Tatsachen sind Tat-sachen. Er durchbrach die Schwelle der einen und gemeinsamen Welt: Wenn Wirklichkeit Ergebnis einer Erzeugung ist, dann muss man auch mit dem Entstehen sehr unterschiedlicher Welten rechnen." (Welsch 1996, S. 495).

Exkurs:
R. Safranski interpretiert F. Nietzsche
F. Nietzsche gehört zu den Philosophen, die die Erkenntnistheorie de-ontologisieren und die ästhetische Qualität des Erkennens betonen. Rüdiger Safranski schreibt in seiner Nietzsche-Biografie:
„Die transzendentale Analyse muss mit dem impliziten Begriff einer absoluten Wirklichkeit arbeiten, einer Wirklichkeit, die es gibt, auch wenn sie nur erschlossen ist als jenes unbestimmbare Etwas, worauf sich die Bewusstseins – und Wahrnehmungsvorgänge beziehen. Man kann den Begriff der absoluten Wirklichkeit nüchtern als theoretische Restgröße, als Residualkategorie einführen…
Vom erschlossenen Wesen der Wirklichkeit kann man weiter nichts wissen, es dient nur zur Befreiung aus dem Gefängnis der Weltbilder. Das erschlossene Wesen der Welt ist ein leerer Punkt, aber ein Fluchtpunkt, ein Ausweg ins Unbestimmte…
Auch das ‚Ich denke' ist eine Verführung durch die Grammatik… Tatsächlich aber ist es der Akt des Denkens, durch den überhaupt erst das Ich-Bewusstsein hervorgebracht wird.
Für das Denken gilt: erst der Akt, dann der Akteur. Die Verführungen durch Sprache und Grammatik sind so tief in uns eingewachsen, dass ihre Wirkungen inzwischen unsere Wirklichkeit sind…
Mit der logischen Weltverneinung verhält es sich so wie mit dem Kantschen ‚Ding an sich'. Man kann es getrost auf sich beruhen lassen. Es erinnert uns einfach nur daran, dass jede Erkenntnis immer nur ‚für uns' ist, niemals aber das ‚an sich' der Dinge erfassen kann…
Ein Widerspruch, der zu unserer Vernunft gehört, die nach dem Absoluten fragen muss, ohne es erfassen zu können.… Wir besitzen keine absolute Erkenntnis, aber hinreichend wirkungsvolle Einsichten, die sogar wachsende Naturbeherrschung ermöglichen…
In dieser langen Geschichte (des Denkens, H.S.) haben die Menschen aus unzähligen Augen in die Welt geblickt, in ihr gehandelt, mit Leidenschaft, Phantasie, Moral, Erkenntnis. Dadurch ist die Welt zu der unseren geworden, wundersam bunt, schrecklich, bedeutungstief, seelenvoll. Sie hat Farbe bekommen, und selbstverständlich sind wir selbst die Coloristen." (Safranski 2006, S. 160ff.).

Unsere Welt besteht aus Bildern. Bilder bleiben uns nachhaltiger in Erinnerung als Begriffe. Unsere Biografie besteht aus „Schlüsselbildern", wir erinnern uns nach Jahrzehnten an Details. Bilder, die uns betreffen und betroffen machen, enthalten nicht nur Informationen, sondern wecken Emotionen. Es sind unsere Gefühle, durch die Bilder nachdrücklich wirken. Nicht zufällig beeindrucken uns vor allem Kindheitsphotos und Kinderphotos.
Bilder – auch Photos – sind keine Abbilder, sondern Deutungen, ja sogar Abstraktionen. Mediale Bilder verheimlichen mehr als sie zeigen. Sie „invisibilisieren", d.h. sie machen unsichtbar. Ein Photo, das hundert Demonstranten zeigt, „invisibilisiert" vielleicht tausend Nichtdemonstranten. Bilder sind nur scheinbar authentisch, objektiv, wahr. Sie werden durch den Beobachter ständig rekonstruiert, neu gedeutet. Bilder sind weder wahr noch falsch, sie sind relational und perspektivisch. So sagen Urlaubsphotos meist mehr über den Photografen als über die Urlaubswelt aus. Bilder entstehen also im Kopf. Auch Fernsehbilder. Wir sind nicht lediglich „Rezipienten" oder „Empfänger" von Nachrichten. Wir wählen Bilder aus, die uns anschlussfähig erscheinen oder auch perturbieren. Wir weisen ihnen Bedeutungen zu und betten sie in Emotionen ein. Bilder, die unsere Aufmerksamkeit erregen, passen in vorhandene Muster, in Selbst- und Weltbilder (oder besser gesagt: sie werden passend gemacht). Neue Bilder werden mit Erinnerungsbildern zu einem komplexen Netzwerk verknüpft. G. Hüther spricht von „inneren Bildern", die großenteils in der frühen Kindheit, zum Teil sogar pränatal, eingespurt werden. Die daraus entstehenden Muster der Wirklichkeit entwickeln sich zu „Affektlogiken" (Ciompi 2003, S. 62), die unsere Wahrnehmungskanäle begrenzen.
Ein Beispiel: Wer von der „Affektlogik Misstrauen" geprägt worden ist, liest jeden Morgen die Tageszeitung mit dieser Brille. Er findet sein Wirklichkeitsmuster permanent bestätigt.
Unser *Weltbild* besteht aber nicht nur aus Spuren der Vergangenheit, sondern auch aus zukunftsgerichteten Vorstellungen, Phantasien, Imaginationen, Visionen. Solche Zukunftsbilder sind mehr als Einbildungen, sie sind überlebenswichtig. Ohne Hoffnungen, Träume, Pläne würde unser Überlebenswille geschwächt.
In der Pädagogik spricht man vom *„antizipatorischen Lernen"*. Wir können lernen, eine lebenswerte Zukunft – individuell und gesellschaftlich – vorauszusehen, vorzustellen und zu wollen.
Bildungsarbeit – z.B. eine Zukunftswerkstatt – ermutigt zu Bildern einer wünschenswerten Zukunft, zu realistischen Utopien. Bilder sind nur scheinbar Abbildungen von Wirklichkeiten. Bilder können auch Möglichkeiten entwerfen. Eine solche Pädagogik kann den „Möglichkeitssinn" (Musil) stärken.

Als Beobachter II. Ordnung befinden wir uns in der Rolle des „blinden Sehers". Wir sehen, dass wir nicht sehen. Wir erkennen, dass das, was wir sehen, „unsere" und nicht „die" Wirklichkeit ist.

Die Wirklichkeiten der Bilder

Noch einmal Safranski – über Nietzsche –: „Das Bewusstsein ist sich auf eine sonderbare Weise dessen bewusst, was ihm in der Wahrnehmung entgeht. Und da Phänomen alles ist, was ins Bewusstsein tritt, so ist eben auch diese Unsichtbarkeit ein Phänomen des Bewusstseins. Das Wesen ist nicht etwas, das hinter der Erscheinung steckt, sondern es ist selbst Erscheinung, sofern ich es denke." (Safranski 2007, S. 211).

Ästhetische Kompetenz ist in Zeiten der Postmoderne mehr als künstlerische Kompetenz, nämlich:
- Sensibilisierung der Wahrnehmungskanäle, Erleben mit „allen Sinnen".
- Eine Bildhermeneutik, d.h. Bilder interpretieren, die „Invisibilisierung" der Bilder der Massenmedien erkennen.
- Eigene Gedanken und Gefühle audiovisuell ausdrücken, „visualisieren" können.
- Sich für die Bilder anderer Kulturen und Religionen interessieren.
- Die eigene künstlerische Kreativität entfalten.

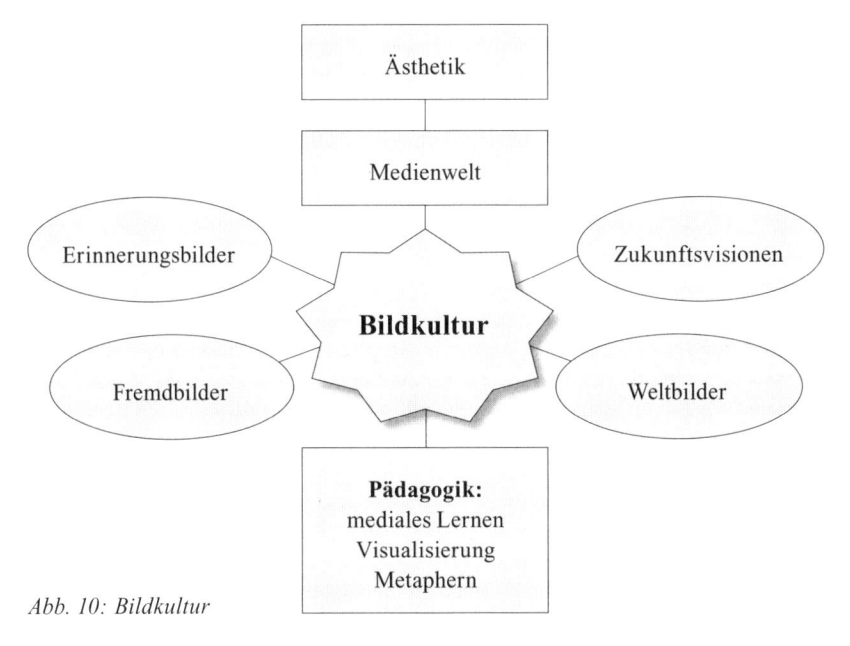

Abb. 10: Bildkultur

Bilder können Lernprozesse unterstützen. Viele Erwachsene haben in Bildungsveranstaltungen Schwierigkeiten, Texte zu verstehen oder zu schreiben. Außerdem ist die Überzeugung weit verbreitet, dass Bilder die sichtbare Wirklichkeit nicht nur anschaulicher, sondern auch „wahrheitsgemäßer" darstellen als Worte. Demgegenüber ist daran zu erinnern, dass auch Bilder Interpretationen sind.

Dennoch: Auf Visualisierungen kann auch in der Erwachsenenbildung nicht verzichtet werden. Bilder veranschaulichen, verdeutlichen, motivieren. „Die Unmittelbarkeit des Bildes bezieht sich auch auf seine emotionale und stimulierende Wirkung, die meist ungleich größer als die des gesprochenen oder geschriebenen Wortes ist ... Aus psychologischer Sicht wird eher die durch Bilder gesteigerte Behaltensleistung hervorgehoben." (Nolda 2002, S. 117).

Pädagogisch können folgende Funktionen unterschieden werden:
a) Bilder können Aufmerksamkeit wecken und motivieren.
b) Bilder können informieren, z.b. Dokumentarfilme.
c) Bilder können Schrift illustrieren und dadurch ergänzen, z.b. Bilder in Lesebüchern für Kinder.
d) Bilder können irritieren, problematisieren und zum Nachdenken anregen (z.b. Karikaturen), Bilder können „Verfremdungseffekte" bewirken.
e) Bilder wecken biografische Erinnerungen und ermöglichen Identifikationen (z.B. Kinderbilder).
f) Bilder stellen Wirklichkeiten eigener Art dar, die interpretiert werden müssen (z.B. Gemälde).
g) Die Produktion eigener Bilder (Zeichnungen, Collagen, Photos) setzt Kreativität und Phantasie frei und erzeugt Wirklichkeiten.
h) Bilder und Collagen können von Kleingruppen hergestellt werden und fördern dadurch soziale Lernprozesse.
i) Amüsante Bilder tragen zu einer heiteren, entspannten Atmosphäre bei.
j) Bilder emotionalisieren Lerninhalte (z.b. Umweltzerstörung).

Der Wahrheitsgehalt der Bilder mag fragwürdig sein, dennoch verweisen Bilder auf die Schönheit von Wirklichkeiten. Auch wenn wir seit Kopernikus und Galilei wissen, dass die Sonne nicht im Meer versinkt, so schmälert dieses Wissen nicht die Schönheit des Sonnenuntergangs. Es ist gut, die Welt der Romantik neben der Welt der Aufklärung bestehen zu lassen.

Fazit

Wir leben in einer Welt der Bilder. Vor allem Photos, Dokumentarfilme, Fernsehberichte erwecken den Eindruck, Realität wahrheitsgemäß abzubilden. Demgegenüber ist zu betonen, dass auch diese Bilder Interpretationen, oft auch Abstraktionen und Verfremdungen sind. Dennoch sind Bilder der Stoff, aus dem unsere Welt und unsere Träume bestehen. Eine ästhetische Bildhermeneutik ist deshalb eine konstruktivistische Schlüsselkompetenz.

4.5 Sprache und Wirklichkeit

Wir hören, was wir hören.

Wirklichkeiten werden durch unterschiedliche Aktivitäten erzeugt:
- *sensorisch,* durch sinnliche Wahrnehmungen,
- *kognitiv/emotional,* durch Denken und Fühlen
- *intuitiv,* durch erinnerungsbasierte Ahnungen
- *kommunikativ,* durch verbale und nonverbale Verständigungen
- *körperlich,* durch gegenständliches Handeln

Viele dieser Aktivitäten sind sprachgebunden: vor allem Denken und Kommunikation, weniger Intuition und körperliche Empfindungen. Sprache ist das effektivste Medium der Wirklichkeitskonstruktion – und zwar der individuellen wie der gesellschaftlichen Wirklichkeit. Sprache erfüllt unterschiedliche Funktionen:
1. *expressive Funktionen:* durch Sprache äußern wir Gefühle und Stimmungen, z.B. durch Ausrufe der Freude oder der Angst
2. *semantische Funktionen:* durch Sprache formulieren wir Sinn, Bedeutungen, Zusammenhänge
3. *deskriptive Funktionen:* durch Sprache beschreiben wir unsere Umwelt
4. *kommunikative Funktionen:* durch Sprache verständigen wir uns und koordinieren unsere Handlungen.
5. *poetische Funktionen:* durch Sprache („Poesie") erzeugen wir Wirklichkeiten eigener Art, z.B. durch ein lyrisches Gedicht.

Zwar ist der viel zitierte Aphorismus Wittgensteins („Die Grenzen unserer Sprache sind die Grenzen unserer Welt") übertrieben, aber zweifellos besteht eine enge Wechselwirkung zwischen Sprache, Denken und Welt. Wer „sprachlos" ist, ist orientierungslos, hilflos.

Sprache ist keine Abbildung, sondern ein Verweis, eine Metapher. Der schlichte Satz „Der Himmel ist blau" ist keineswegs eindeutig: Was ist für einen Physiker „Himmel"? „Blau" ist keine Eigenschaft des Objekts, sondern ein Konstrukt unseres visuellen Systems. Das Hilfsverb „sein" täuscht Objektivität lediglich vor. Und außerdem: der Spaziergänger freut sich über diesen Wetterbericht; der Landwirt, der auf Regen wartet, ist betrübt.

Sprache ist bedeutungsvoll, d.h. Sprache ist Ausdruck von Gefühlen, beruht auf Erfahrungen, verweist auf Hoffnungen und Befürchtungen, beinhaltet Intentionen. Hinter dem Satz „Ich bin für Sterbehilfe" verbirgt sich eine ganze Lebensgeschichte.

Bedeutungen sind also untrennbar mit einer Biografie verbunden, und diese Bedeutungen lassen sich nur eingeschränkt kommunizieren. Sprache ist also immer kontingent, d.h. mehr-deutig. Ein-deutige Sätze („die Ampel ist rot") sind zwar zur Koordination von Handlungen erforderlich, aber ansonsten trivial. Kommunikativ ergiebig sind vor allem kontingente, aber zugleich anschlussfähige Sätze. Kommunikation heißt: die Selbstreferenz des Gesprächspartners mitdenken.

Unsere Sprache ist *kulturhistorisch* geformt, *milieuspezifisch* pluralisiert und *biografisch* individualisiert.
Sprache ist kulturell überliefert, sie ist Teil kultureller Traditionen. Dies gilt für den Wortschatz und die Metaphorik unserer Umgangssprache (die meisten Verben enthalten Metaphern, z.B. „voraussetzen", „erfahren", „vermitteln", „überlisten", „überzeugen"...), das gilt für die Grammatik und die Syntax, also für Präpositionen und Konjunktionen, für die Konjugation und Deklination... . Kultursprachen sind in klimatischen und ökologischen „Räumen" entstanden: Eskimos verwenden zwanzig Begriffe für „Schnee", Polynesier ein Dutzend Varianten von „Blau", Bewohner der Färöer-Inseln 15 Begriffe für Nebel... Wir sagen heute „es donnert". Vor drei Jahrtausend hieß es *„er* (nämlich Zeus) donnert."

Mit den Begriffen, die wir verwenden, konstruieren wir uns, unsere Mitmenschen, die Gesellschaft.
„Der Buddhismus fordert folgerichtig den Verzicht auf Wörter wie ‚ich', ‚mein', ‚Selbst', ‚Person', ‚Persönlichkeit', ‚Mann', ‚Individuum', ‚einer, der etwas tut', weil erst solche Wörter uns zur Konstruktion jenes vermeintlich stabilen Ich veranlassen, das mit unseren unerfüllten Wünschen und Idealen in Konflikt gerät und deshalb leidet." (Bayer 1994, S. 138).

Die Grammatik und die Syntax ermöglichen Differenzierungen und Verbindungen und erzeugen dadurch Komplexität von Wirklichkeit. Je einfacher die Sprache, desto vereinfachter die Wirklichkeit – man denke nur an die Sprache der „Bild-Zeitung". Zwischen der Komplexität von Welt, Denken, Sprache besteht ein Zusammenhang. Mit den soziolinguistischen Aspekten dieser Wechselwirkung hat sich in den 1960er Jahren der Engländer *Basil Bernstein* beschäftigt. Bernstein unterscheidet eine *„formale Sprache"*, die er als *„elaboriert"* bezeichnet, von einer *„öffentlichen Sprache"* mit einem *„restringierten" Code*. Der etablierte Sprachgebrauch war typisch für die bürgerliche „Mittelklasse", der restringierte Code war in der „Arbeiterklasse" verbreitet – wobei dieser Zusammenhang von Bernstein später relativiert wurde.
Heftig umstritten war damals die Frage, ob der elaborierte Code überlegen sei, weil er der modernen wissenschaftlichen Welt angemessen sei und deshalb eine kompensatorische Spracherziehung für „Arbeiterkinder" erforderlich sei.

Unstrittig war die Eignung der Formalsprache für komplizierte begriffliche Sachverhalte. Merkmale des *elaborierten Codes* waren u.a.:
- hypotaktische Sätze mit Konjunktionen
- vielfältige Präpositionen
- unpersönliche Pronomina „es" und „man"
- differenzierende Adjektive und Adverbien
- viele Begründungen und Erläuterungen

Charakteristisch für den *restringierten* Code waren:
- kurze, einfache, parataktische Sätze
- immer dieselben Konjunktionen („dann", „und")
- traditionelle, stereotype Formulierungen
- soziale Vergewisserungen („nicht wahr?")

„Eine öffentliche Sprache ist in erster Linie ein Vehikel für die Schaffung von sozialen, nicht von individuierten Symbolen." (Bernstein 1970, S. 23).
Bernsteins Ergebnisse wurden später modifiziert: Die Differenziertheit der Sprache hängt nicht nur vom Sozialstatus, sondern auch von der Thematik ab. Je vertrauter das Gesprächsthema, desto differenzierter und elaborierter die Sprache. Dennoch bleibt weiterhin gültig: zwischen Komplexität der Wirklichkeit und Differenziertheit der Sprache besteht ein Zusammenhang.

Hans Tietgens hat auf der Grundlage der Codes von B. Bernstein eine Verbindung von Lernstil und Sprachgebrauch vermutet. Der restringierte Code korreliert mit einem *additiven, kasuistischen, konkretistischen Lernstil*. Der elaborierte Code ermöglicht demgegenüber ein *strukturierendes, sinnhaftes Lernen*.
Tietgens weist auf die prinzipielle Differenz von Sprache und Sprachgegenstand hin: „Innerhalb einer Sprache erfolgt eine unterschiedliche Transformation der Gefühlswelt, eine unterschiedliche Bezugnahme zur Sachwelt und eine unterschiedliche Ausbildung zwischenmenschlicher Kontakte." (Tietgens 1978, S. 139).
Sprache – so Tietgens – schafft und artikuliert eine *„sozialkulturelle Wirklichkeit"*. (ebda., S. 138).

Auf die Funktion der Sprache, soziale Wirklichkeiten zu erzeugen, machte auch Oskar Negt in den 1960er Jahren aufmerksam. Die Sprache der Arbeiter ist Ausdruck eines Arbeiterbewusstseins, das auf Erfahrungen der Unterdrückung und Entfremdung basiert. Diese Erfahrungen äußern sich in sozialen *Topoi,* d.h. Metaphern und Redewendungen, die Ungerechtigkeiten „aufbewahren". Ein solcher Topos ist z.B. „die da oben – wir hier unten".

„Die im Begriff der ‚sozialen Topik' zusammen gefassten sprachlich verfestigten, von der individuellen Erfahrung, ja von Alter, besonderer Berufsqualifikation usw. (relativ) unabhängigen Gebilde, die weder bloße Vorurteile und zufällige Meinungen noch Resultate wissenschaftlicher Einsichten sind, haben für den im Medium der ‚öffentlichen Sprache' Denkenden eine zentrale Bedeutung." (Negt 1971, S. 63). O. Negt spricht von einem „sprachbedingten Konservatismus der Arbeiter, ... der Schutz gegen die Integration in eine Ideologie egalitärer Konsumenten bietet." (ebda., S. 65).

Das Verhältnis zwischen Sprache und Wirklichkeit ist gebrochen. Das gilt auch für die Beschreibung unserer Innenwelt. Abstrakte Begriffe wie Trauer, Schmerz, Freude beschreiben nur unzulänglich, wie uns „zumute" ist. Häufig stellen wir fest: „ich bin sprachlos", „mir fehlen die Worte".

Kenneth Gergen schreibt: „Wie können wir unsere persönlichen Erfahrungen anderen vollständig mitteilen? ... Wie können Sie den komplexen und sich ständig verändernden Strom des Bewusstseins mit einem einzigen Wort wie ‚Traurigkeit' oder ‚Liebe' wiedergeben? ... Sie müssen auf das Vokabular zurückgreifen, das Ihre Kultur Ihnen vorgibt. Sind diese Wörter angemessen, um Ihre Zustände zu beschreiben?" (Gergen 2002, S. 34).

Doch diese fehlende Eindeutigkeit der Sprache ist zugleich ein kommunikatives Potenzial. Wäre eine mündliche Mitteilung „objektiv" und eindeutig, würde kaum ein Gespräch zustande kommen. Ein anregendes Gespräch erfordert keine Eindeutigkeit, sondern Anschlussfähigkeit. Ein Gespräch ist eine Annäherung auf der Grundlage von Selbstreferenzen. Ein Gespräch lebt von der wechselseitigen Anerkennung, aber auch von der Differenzwahrnehmung. Diese Homöostase erfolgt nicht nur verbal – durch Rückfragen, Einwände, Bestätigungen -, sondern auch nonverbal durch skeptische oder freudige Blicke, Stirnrunzeln, hochgezogene Augenbrauen, Lächeln, Nicken, Kopfschütteln ... Ein Gespräch ist ein konsensueller Prozess, zu dem unvermeidlich das Missverstehen gehört. Selbstreferenzielle, operational geschlossene „Systeme" sind allenfalls lose gekoppelt.

Bei Ortfried Schäffter habe ich das Bonmot gelesen:
„Weißer Mann, du wirst uns nie verstehen." „Aha, ich verstehe."

Sprache und Wirklichkeit

Ein Gespräch ist eine *Ko-Konstruktion* von Wirklichkeit. Die Perspektivität und die Missverständnisse verweisen darauf, dass Wirklichkeiten per se mehrdeutig, kontingent, widersprüchlich sind.

Eine kommunikative Variante des Gesprächs ist die *Erzählung*. Erzählungen sind ein unverzichtbares Medium *oraler* Kulturen.

„Handeln, Denken und Reden sind in oralen Kulturen von der Nähe zu täglichen Erfahrungen und Problemen geprägt, ohne über analytische Kategorien zur Strukturierung von Wissen aus der Differenz zur Erfahrung zu verfügen. Es besteht kein Interesse an der Anhäufung von Wissen... Orale Kulturen organisieren Wissen nur um Menschen bzw. um anthropomorphisierte Lebewesen herum... Orales Gedächtnis besitzt eine bedeutsame somatische Komponente, d.h. Erinnern wird unterstützt durch Körperbewegungen, Instrumentengebrauch und Ähnliches mehr... Erinnerte Wahrheit ist anpassungsfähig. Orale Kulturen operieren homöostatisch, nicht dogmatisch." (Schmidt 1998, S. 94 f.).

Erzählungen haben eine *kulturhistorische* und eine *biografische* Dimension. Kulturhistorisch werden so Traditionen hergestellt. Auch Märchen haben die Funktion, Deutungsgemeinschaften zu fördern. Biografische Erzählungen sind *Selbstkonstruktionen,* „Identitätsarbeit". Erzählungen sind keine objektiven Tatsachenbeschreibungen, sondern Deutungen, Probehandlungen „auf Widerruf".
Erzählungen sind kommunikative Situationen. Sie erfordern nicht nur „lebendige" ErzählerInnen, sondern auch interessierte, „aktive" ZuhörerInnen. Erzählungen sind aber auch in soziokulturelle Kontexte integriert. In ihnen leuchtet der Zeitgeist auf, auch dann, wenn von Protest, Widerstand, Nonkonformismus erzählt wird. Viele Erzählungen haben „Subversives" zum Inhalt: den Querdenker, den Außenseiter, den, der „aus der Rolle fällt".
Erzählt wird nicht nur Vergangenes, sondern das Erzählen selber ist eine soziale Konstruktion. Der Erzähler erwartet Zustimmung, oft aber auch Rückfragen. Zur Erzählsituation gehört der Zweifel, das Staunen, auch der Widerspruch.
Erzählungen sind fluide, flüssig, während Schrift „fest steht".

Sprichwörtliche Redensarten

Die gesellschaftliche Konstruktion von Wirklichkeit äußert sich insbesondere in sprichwörtlichen Redensarten. Solche populären Sprichworte und Redewendungen verweisen auf die Lebenswelten und Lebensgewohnheiten in verschiedenen Epochen, Milieus und Regionen (vgl. Röhrich 1995).

Redewendungen stammen aus unterschiedlichen Lebensbereichen, z.B.
- Körper („mir fällt ein Stein vom Herzen")
- Handwerk („alles über einen Leisten schlagen")
- Hausbau („lügen, dass sich die Balken biegen")
- Jagd („einem das Fell über die Ohren ziehen")
- Militär („ein grobes Geschütz auffahren")
- Landwirtschaft („leeres Stroh dreschen")
- Schifffahrt („im selben Boot sitzen")
- Wirtschaft („aus etwas Kapital schlagen")
- Technik („Gas geben")
- Sport („ein Eigentor schießen")
- Brauchturm („das Fell versaufen")
- Tierwelt („die Katze im Sack kaufen")
- Recht („auf die Folter spannen")
- Tod („das Zeitliche segnen")

Sprichwörtliche Redensarten verwenden eine anschauliche, lebendige Sprache. Die Sprache ist meist metaphorisch. Oft sind die Bilder drastisch, humorvoll, skurril:
- „ins Fettnäpfchen treten"
- „ins Gras beißen"
- „rutsch mir den Buckel runter"
- „etwas stinkt zum Himmel"
- „Maulaffen feilbieten"
- „Vorsicht ist die Mutter der Porzellankiste"
- „einen Besen fressen"

Zahlreiche sprichwörtliche Redewendungen stammen aus früheren Jahrhunderten, viele Wörter sind heute kaum noch bekannt:
„etwas ist gang und gäbe", „mit Kind und Kegel" (= uneheliche Kinder), „Fersengeld geben", „jemanden im Stich lassen"

Sprache und Wirklichkeit

Viele Sprachbilder verweisen auf die Einheit von Geist, Gefühl und körperlichen Empfindungen:
- „ihm stehen die Haare zu Berge"
- „es sträuben sich die Nackenhaare"
- „ihm ist eine Laus über die Leber gelaufen"
- „es dreht sich der Magen um"
- „etwas stößt uns sauer auf"
- „ihm bricht der Schweiß aus"
- „sie fühlt sich wie neu geboren"
- „rot werden vor Scham"
- „die Zähne fletschen vor Wut"
- „etwas beherzigen"

Die volkstümliche Sprache stellt oft durch Verfremdungen die Welt der Normalität infrage:
- „die Radieschen von unten ansehen"
- „es ist nicht alles Gold was glänzt"
- „jemandem Hals- und Beinbruch wünschen"
- „er sieht aus wie ein Pfingstochse"
- „dastehen wie ein begossener Pudel"

Die Sprache der sprichwörtlichen Redensarten ist oft surreal und grotesk:
- „den Kopf in den Sand stecken"
- „einen Besen fressen"
- „Krokodilstränen vergießen"
- „zum Teufel gehen"
- „des Teufels Großmutter"
- „er ist der Hahn im Korbe"

Die Welt wird auf den Kopf gestellt, die Welt ist „verkehrt".
Der „Volksmund" ist reich an Lebensweisheiten und – versteckten – Ratschlägen:
- „gleich und gleich gesellt sich gern", aber auch:
- „Gegensätze ziehen sich an"
- „gut Ding will Weile haben",
- „jung gefreit hat nie gereut"
- „quäle nie ein Tier zum Scherz",
- „einem geschenkten Gaul guckt man nicht ins Maul"
- „wer im Glashaus sitzt, soll nicht mit Steinen werfen"
- „ehrlich währt am längsten"
- „der Krug geht solange zum Wasser bis er bricht"
- „eine Hand wäscht die andere"

Die Vielfalt der Wirklichkeiten

Die Pädagogik des Volkes ist konservativ. Die Botschaft lautet „ora et labora", sei fleißig und gehorsam. Viele Sprichwörter und Redewendungen enthalten moralisch-erzieherische Appelle:
- „Früh übt sich, was ein Häkchen werden will"
- „Ein voller Bauch studiert nicht gerne"
- „Morgenstunde hat Gold im Munde"
- „Müßiggang ist aller Laster Anfang"
- „Was Hänschen nicht lernt, lernt Hans nimmermehr"
- „Man ist alt wie die Kuh und lernt immer noch dazu"
- „Schuster bleib bei deinem Leisten"

Die meisten Redewendungen enthalten indirekte erzieherische Konnotationen. Meist wird ein unerwünschtes Verhalten kritisiert oder zumindest negativ bewertet, z.B.
- „den Kopf in den Sand stecken"
- „das Gras wachsen hören"
- „wer anderen eine Grube gräbt, fällt selbst hinein"
- „Übermut tut selten gut"
- „sich benehmen wie der Elefant im Porzellanladen"
- „Hans Dampf in allen Gassen"
- „das Kind mit dem Bade ausschütten"
- „nicht alles über einen Leisten schlagen"
- „den Mantel nach dem Wind hängen"
- „jemanden an der Nase herumführen"
- „sich mit fremden Federn schmücken"
- „auf die schiefe Bahn geraten sein"

Es überwiegt eine Semantik der Ehrlichkeit, Aufrichtigkeit, Bescheidenheit.

Die neuzeitlichen Redewendungen stammen überwiegend aus der Welt des Sports, aber auch aus „respektlosen" Jugendkulturen und der Sponti-Szene. Diese Welt ist eher alternativ, anti-bürgerlich, gesellschaftskritisch:
- „Arbeit geh weg, wir kommen"
- „die Zukunft ist auch nicht mehr das, was sie mal war"
- „Arbeit adelt – wir bleiben bürgerlich"
- „Brot für die Welt – aber die Wurst bleibt hier"
- „lieber krankfeiern als gesund schuften"
- „alle wollen zurück zur Natur, aber niemand zu Fuß"

Die Welt der volkstümlichen Redewendungen ist bunt und vielfältig. Milieu-, berufs- und altersspezifische Redensarten lassen sich unterscheiden. Traditionelle Sprichworte und Redensarten haben eine integrative Funktion, sie enthalten Werte und Normen, auch Verhaltensregeln. Sie versuchen Ordnung zu stiften und soziale Systeme zu stabilisieren. Es überwiegt eine Welt, in der „niemand aus der Rolle fällt", in der überlieferte Konventionen und Traditionen nicht infrage gestellt werden, in der letztlich „alles beim Alten bleibt". Die Welt der volkstümlichen Redewendungen ist keineswegs „heil" und friedlich, aber die meisten Redensarten propagieren eine Gesellschaft, in der „Ruhe und Ordnung" herrscht.

Fazit
Sprache ist keine Abbildung außersubjektiver Realität, Sprache ist eine Konstruktion subjektiver, sozialer und kultureller Wirklichkeit. Sprache ist Ausdruck unserer Beobachtung der Welt.
Sprache und Handeln sind nicht identisch, aber Sprache ist handlungsrelevant. Wer Menschen anderer Kulturen feindlich beschreibt, wird sich ihnen gegenüber vermutlich feindlich verhalten. Wer Natur wie ein Warenlager beschreibt, wird sich nicht scheuen, Natur auszubeuten.
Sprachliche Verarmung begünstigt einen funktionalen Analphabetismus und ist Ausdruck eines dualisierenden Schwarz-Weiß-Denkens. Sprachliche Codes sind „Sprachhandlungsmuster" (Bayer 1994, S. 169). Sprachliche „Verfallsformen" verweisen auf eine restringierte Kommunikation. Wenn die grammatische und syntaktische Vielfalt unserer Sprache nicht mehr genutzt wird, so kann das als Zeichen eines Kulturverfalls gedeutet werden.

4.6 Empirie und Wirklichkeit

Auch Empirie ist theorie- und beobachtungsabhängig.

Viele Kritiker des Konstruktivismus vermissen empirische Forschungen. So der Erziehungswissenschaftler Dirk Rustemeyer: „Konstruktivisten laufen Gefahr, die interessantere Frage, wie Wirklichkeit von wem mit welchen Konsequenzen beschrieben wird und worin die Leistungsfähigkeit einer wissenschaftlichen Beschreibung besteht, aus dem Blick zu verlieren. Über qualitative Differenzen von Beschreibungen einer konkreten Welt sagt die Behauptung einer neurobiologischen Fundamentalstruktur der Kognition noch nichts aus. Wahrnehmung ist auf autologische Strukturen und neuronale Netze nicht ohne Verlust von Differenzierungsmöglichkeiten zu reduzieren." (Rustemeyer 1999, S. 480).

In der Tat konzentriert sich der neurobiologische Konstruktivismus auf den Nachweis, *dass* Wirklichkeiten autopoietisch erzeugt werden und *dass* Individuen als selbstreferenzielle Systeme sehr unterschiedliche Welten konstruieren, aber es fehlen Untersuchungen, warum sich die Wirklichkeitskonstruktionen – z.b. eines Pazifisten und eines gewalttätigen Neonazisten – unterscheiden. Gehen neurobiologische Erklärungen zu Deutungs- und Emotionsmustern über das hinaus, was wir von der Sozialisationsforschung wissen?

Empirie als objektive Erforschung der Realität passt in das Denkgebäude des Konstruktivismus nicht nahtlos hinein. Die Kernthese des Konstruktivismus lautet ja gerade, dass objektive Aussagen über die Welt nicht möglich sind. Die Idealvorstellung der Empirie ist es, die Welt so „abzubilden", wie sie „wirklich" ist. Die Trennung von *res cogitans* und *res extensa,* von erkennendem Subjekt und Erkenntnisgegenstand ist seit Descartes Grundlage jeder Wissenschaft (vgl. Simon 2006, S. 11). Für den Konstruktivisten ist dagegen jeder Forschungsgegenstand beobachtungsrelativ, d.h. Beobachter und Beobachtungsobjekt hängen untrennbar zusammen. Sie bilden eine „Einheit der Differenz", die durch Handeln zustande kommt (vgl. Schmidt 1998, S. 16ff.)

> *Ein Beispiel:*
> Ich sitze am Schreibtisch, auf dem Schreibtisch liegt ein weißes Blatt Papier. „Subjekt" und „Objekt" sind getrennt. Ich ergreife einen Kugelschreiber und schreibe diese Sätze. Durch diese Tätigkeit bilden „Schreiber" und „Schreibpapier" eine „Einheit der Differenz". Durch das Schreiben entsteht ein (mein) Manuskript, also eine neue Wirklichkeit.

Empirie und Wirklichkeit

„Der Konstruktivismus beschäftigt sich mit dem menschlichen Erkennen, Denken, Urteilen. Nur sieht er diese Vorgänge nicht getrennt von der zu erkennenden Welt, sondern als Teil von ihr, d.h. er versucht den Blick auf die Wechselbeziehungen zwischen beidem, Erkenntnis und Erkanntem, zu richten." (Simon 2006, S. 12).

Die Gütekriterien der klassischen Empirie – *Objektivität, Reliabilität, Validität* – basieren auf der prinzipiellen Trennung von Beobachter und Beobachtetem. Objektivität heißt: Beobachterunabhängigkeit. Reliabilität heißt: Wiederholbarkeit eines Resultats bei gleichen Rahmenbedingungen. Validität heißt: Messung des – unveränderlichen – Erkenntnisgegenstands. Alle drei Gütekriterien gelten für die konstruktivistische Forschung nicht oder nur eingeschränkt, ohne dass Forschung dadurch willkürlich oder beliebig wird. So müssen Forschungsinteressen, Forschungsdesigns, Forschungsergebnisse transparent, d.h. intersubjektiv nachprüfbar sein, Argumentationen müssen stimmig und plausibel sein ...
Es gibt kein empirisches Wissen, das nicht durch die Interessen, Unterscheidungen und Leitdifferenzen der Forscher sowie durch das Instrumentarium begrenzt wird. („Intelligenz ist das, was der Intelligenztest misst.") Bei qualitativen Interviews erfährt der Interviewer vor allem das, was er gerne hören möchte. Ein Interview besteht aus Erwartungserwartungen. Auch qualitative Forschung ist kontextabhängig, d.h. abhängig von Ort, Zeit, Atmosphäre, Stimmung, Verwendungszweck ...
Forschung ist relativ und relational, ein Geflecht von Wechselwirkungen und Beziehungen. Die traditionelle empirische Forschung unterscheidet zwischen abhängigen und unabhängigen Variablen, zwischen eindeutigen Ursache-Wirkung- Faktoren. Die systemisch-konstruktivistische Forschung beobachtet dagegen zirkuläre, rekursive Prozesse, Kausalnetze statt Kausalketten.
Konstruktivistische Empirie beschreibt möglichst viele Beobachtungsperspektiven. Empirie produziert keine Wahrheiten, sondern systematisch gewonnenes, „viables" Wissen. „Auch empirisches Wissen ist nur Wissen von der Welt, so wie wir sie erfahren und so wie wir dieses Wissen formulieren." (Schmidt 1998, S. 44).
Zu erwarten ist von dem konstruktivistischen Empiriker eine *Beobachtung II. Ordnung,* eine reflexive Beobachtung, *warum* und *wie* er beobachtet. Eine solche Selbstbeobachtung ist Voraussetzung für eine – anschlussfähige – wissenschaftliche Kommunikation. „Nimmt man das Postulat ernst, zu beobachten und zu begründen, mit Hilfe welcher Unterscheidungen man beobachtet, so gerät man rasch in hochkomplexe Zusammenhänge, die alle auf Kontingenz verweisen." (ebda., S. 130).

Exkurs:
Arno Bammé: Wissenschaftstheorie und Konstruktivismus
A. Bammé leitet einen „Arbeitsbereich Technik- und Wissenschaftsforschung" an der Universität Klagenfurt. Sein Thema ist der – bisher vernachlässigte – Zusammenhang zwischen Soziologie und Technikforschung. In einer Studie über wissenschaftstheoretische Positionen unterscheidet er objektvistische und konstruktivistische Strömungen. Objektivistische Theorien gehen davon aus, dass Wissenschaft objektive Wahrheiten „entdeckt", während nach einem relativistisch-konstruktivistischen Verständnis Wirklichkeiten „erfunden" werden. In diesem Wissenschaftsparadigma sind Theorien „empirisch unterdeterminiert" und empirische Beobachtungen sind theorieabhängig. Ein Verdienst konstruktivistischer Ansätze „besteht darin, deutlich gemacht zu haben, dass auch Technik durch und durch sozial vermittelt ist, dass sich in ihrer Entwicklung gesellschaftliche Vorstellungen und Praktiken materialisieren. Zugleich konnte gezeigt werden, dass auf der anderen Seite soziale Beziehungen technisch nominiert, von Sachtechnik durchsetzt sind und damit vorgegebenen Handlungszwängen unterliegen." (Bammé 2004 a, S. 165).
Technische Forschung ist also soziokulturell gerahmt, wie andererseits menschliche Beziehungen in technische Kontexte eingelagert sind.
„Es gibt kein absolutes, erst recht kein empirisches Kriterium, das ein für allemal über die Wahrheit einer theoretischen Aussage entscheidet." (ebda., S. 31).
Auch die Laborforschung ist nicht objektiv. A. Bammé verweist auf den „Laborkonstruktivismus" von Karin Knorr-Cetina. Demnach ist das Erzeugen experimenteller Forschungsergebnisse sozial und kommunikativ beeinflusst. Laboratorien sind soziale Arrangements, die Wirklichkeiten erzeugen, und zwar nicht nur durch Experimente, sondern auch durch Gespräche, Rivalitäten, Karrierewünsche, Ehrgeiz...
In wissenschaftlicher Forschung werden Gedanken nicht nur an die Welt, sondern die Welt auch an die Gedanken der Forscher „angepasst" (ebda., S. 43).
Die Konstruiertheit wissenschaftlicher Ergebnisse bedarf aber ständiger „Reflexion". Eine reflexive Beobachtung stellt nicht nur die Wahrheitsansprüche der anderen, sondern auch die eigenen in Frage. Allerdings führt diese Relativierung zu einem „reflexivistischen Regress, da jede Infragestellung sowohl eines fremden als auch des eigenen Standpunktes wiederum von einem Standpunkt aus erfolgt, der seinerseits in Frage gestellt werden kann." (ebda,, S. 69).
Die wissenschaftstheoretischen Kritiker des Konstruktivismus wehren sich gegen die Macht der Sprache über die Dinge. Sie kritisieren, dass vorhandene „Tatsachen" der außersubjektiven Welt in soziale und mentale Konstruktionen aufgelöst werden. Doch auch bei diesem Streit geht es nicht nur um „Wahrheit", sondern auch um Prestige, Interessen, Macht (ebda., S. 155).

Die Grenzen zwischen *Empirie* und *Theorie* sind fließend. Theorie stammt von griech. „theoran = beobachten". Auch Theorie ist „nur" eine Beobachtung. Gleichzeitig basiert jede Empirie auf Beobachtungsperspektiven, also auf Theorieelementen (oft jedoch, ohne dass der Empiriker sich dessen bewusst ist.)

Empirisch gehaltvolle Theorie ist Erweiterung der Blicke und der Möglichkeiten der Wirklichkeitskonstruktion. So sieht der „teilnehmende Beobachter" in einem Seminar nicht „die Wahrheit", wohl aber etwas anderes als Teilnehmer und Kursleiter. Ob die Beobachtungen der Beobachter an die der Teilnehmer und Kursleiter anschlussfähig sind, muss kommunikativ „verhandelt" werden.

Neben der Objektivitätsproblematik sieht sich die konstruktivistische Empirie mit einem *Individualisierungsproblem* konfrontiert. Wissenschaftliche Empirie hat verallgemeinerbares Wissen zum Ziel, zumindest aber Klassifizierungen und Typenbildungen. Eine konstruktivistische Kernthese lautet jedoch: Menschen sind selbstreferenziell, biografisch geprägt und damit höchst individuell. Da Bedeutungen aufgrund eigener Erfahrungen konstruiert werden, sind Generalisierungen allenfalls auf einer hohen Abstraktionsebene möglich (z.b. „Alle Menschen suchen viable Problemlösungen"). Wenn aber Wirklichkeitskonstruktionen konkret beschrieben werden, liefert empirische Forschung „lediglich" Einzelfallstudien. Allerdings können solche Einzelfallstudien mehr über „das Leben" aussagen als viele Zahlenkolonnen. Überspitzt formuliert: Beschränkt sich der Forscher auf Oberflächendaten, ist Typenbildung möglich. Je intensiver aber ein Forscher in eine Biografie „eintaucht" (was ethische Folgeprobleme mit sich bringen kann), desto einmaliger ist ein „Fall".

Das „System Forschung" muss sich seiner eigenen Selbstreferenzialität bewusst bleiben. Dazu gehört auch die selbstkritische Vergewisserung, ob die Erforschung menschlicher Lebenswelten letztlich nur oder primär der Selbsterhaltung des eigenen Systems dient.

Empirische Forschung ist ein „Beschreibungssystem" neben anderen. Auch wenn die Objektivität und der „Wahrheitsgehalt" der Empirie hier relativiert werden, so sind doch mehr konstruktivistisch inspirierte Lehr-Lernforschungen wünschenswert. Professionelles pädagogisches Handeln benötigt anregende Fremdbeobachtungen, gelegentlich auch verfremdende und provokative Blicke. Es kann auch ergiebig sein, ältere empirische Untersuchungen mit einer konstruktivistischen Brille zu reinterpretieren. Dazu werden im Folgenden einige Beispiele genannt:

a) Die Beobachtung der Beobachter

Bei diesem Forschungsprojekt handelt es sich um eine „Interpretationswerkstatt", organisiert von Rolf Arnold, Ingeborg Schüßler u.a. an der Universität Kaiserslautern (Arnold u.a. 1998). Zugrunde liegt das wörtliche Protokoll einer Seminareinheit zur Ausbildung von „Tagesmüttern". Diese Mitschrift sowie weitere Informationen und Interviewtexte wurden Wissenschaftlern der Erwachsenenbildung mit der Bitte um Interpretationen und Kommentare zugeschickt. Diese *Lesarten* werden in einer Veröffentlichung mit dem Titel *„Lehren und Lernen im Modus der Auslegung"* abgedruckt. Diese Publikation ist Hans Tietgens gewidmet, von dem die Idee einer Interpretationswerkstatt „als Möglichkeit der Annäherung von Forschung und Praxis" stammt. Thema der protokollierten Seminareinheit ist „Komplimente annehmen", das Seminar wird als „Selbstsicherheitstraining" bezeichnet. Die Teilnehmerinnen nennen Beispiele für den Umgang mit Komplimenten im Alltag, und es werden Rollenspiele durchgeführt. Doch dann kommt ein Beispiel – Adoption eines Kindes – zur Sprache, von dem eine Teilnehmerin sehr betroffen ist. Das Seminar nimmt eine ungeplante Wendung. Es setzt sich – von der Kursleiterin unbeabsichtigt – ein neues „ernstes" Thema durch, nämlich familiäre Konflikte. Der heimliche Lehrplan wird zum Hauptthema. Alle Versuche der Kursleiterin, wieder „ihrem" didaktischen Konzept Geltung zu verschaffen, bleiben erfolglos.

Wie vielschichtig und kontingent eine solche Seminareinheit ist, zeigen die Lesarten der wissenschaftlichen „Interpreten". Alle Interpretationen sind beobachtungsabhängig. Jeder Wissenschaftler verfügt über seine Leitdifferenz und Unterscheidungen. Nichts erweist sich als eindeutig, alles als mehrdeutig.

Wissenschaftliche Beobachter nehmen in einem Seminar der Erwachsenenbildung das wahr, was sie aufgrund ihrer Theorie und ihrer Ausbildung wahrnehmen können. Der „Gender-Blick" ist ein anderer als der eines Psychoanalytikers, eines symbolischen Interaktionisten, eines Milieuforschers, eines Systemtheoretikers oder eines Didaktikers.

Die Fremdbeobachtung macht deutlich, wie schwierig es für eine Kursleitung ist, die Mehrdimensionalität eines solchen Seminars zu erkennen und zu „managen". Dieser Seminarverlauf veranschaulicht die Entkopplung von Lehrsystem und Lernsystem, mehr noch: die Schwierigkeit, in einer solchen Gruppe „Anschlussfähigkeiten" herzustellen. Die Teilnehmerinnen setzen selbstreferenziell ihre eigenen Lernthemen durch – ohne Rücksicht auf das offizielle Seminarthema.

R. Arnold und I. Schüßler schreiben einleitend: „Über das Transkript als Praxisbeispiel, die Reflexion des eigenen lehr-lern-biographischen Zugangs sowie der verschiedenen erwachsenenpädagogischen Fragestellungen aus den Interpretationsbeiträgen lassen sich Praxis und Theorie der Erwachsenenbildung sinnvoll miteinander verbinden." (Arnold 1998, S. 2)

b) Asymmetrie der Referenzsysteme

Mitte der 1970er Jahre hat die Heidelberger „Arbeitsgruppe für empirische Bildungsforschung" 52 Seminare eines *„Bildungsurlaubsversuchs- und Entwicklungsprogramms (BUVEP")* beobachtet, protokolliert und evaluiert. Die Untersuchungsverfahren und -ergebnisse sind in 8 Endberichten ausführlich dargestellt worden. Besonders berücksichtigt wurden z.b. „Problemfelder" der Seminarleitungen im pädagogischen Prozess, Verständigungsprobleme in den Seminaren, die Thematisierung von Deutungsmustern.
Das Verfahren kann als hermeneutische Mikroanalyse bezeichnet werden.

Als Einzelfallstudie wird ein Bildungsurlaubsseminar mit Industriearbeiterinnen ausgewertet und veröffentlicht (Kejcz u.a. 1979).
Die Seminarthemen werden gemeinsam mit den „Teamern" vereinbart, z.b. Akkordlohn, gesundheitliche Probleme, Betriebsarzt, Mitsprache des Betriebsrats, Betriebskindergärten, Fließbandarbeit…

Trotz der Verständigung über diese Themen verbergen sich hinter diesen Begriffen sehr unterschiedliche Inhalte. „Kindergarten" ist affektiv und kognitiv unterschiedlich „besetzt", je nachdem ob das eigene Kind diese Einrichtung besucht oder ob man nicht „betroffen" ist. Das Thema wird also unterschiedlich bewertet, lebensgeschichtlich konkretisiert und in eine spezifische „Affektlogik" eingebettet.

Das sozialwissenschaftliche Team und die Arbeiterinnen nehmen die Themen unterschiedlich wahr: Die Teamer argumentieren analytisch, systematisch verallgemeinernd. Die Teilnehmerinnen verknüpfen das Thema mit ihren Erfahrungen und Situationen. Das Forscherteam schreibt: „Das Team will in der Diskussion ein ‚Übel bei der Wurzel packen', das von den Teilnehmerinnen noch gar nicht als Übel begriffen wird." (Kejcz 1979, S. 134).
Das didaktische Konzept dieses Seminars ist erfahrungs- und problemorientiert. Aber: die Erfahrungen der Teamer sind andere als die der Teilnehmerinnen. Die Probleme der Teilnehmerinnen (zwischen denen es erhebliche Beobachtungsdifferenzen gibt) ähneln nicht annähernd denen der Teamer. Die *Referenzsysteme* beider Seiten sind kaum wechselseitig anschlussfähig.
Häufig laufen die Themen der Lehrenden und die der Lernenden „nebeneinander her". Gelegentlich versuchen die Teilnehmerinnen, das angebotene Wissen der Teamer zu verstehen, manchmal sind die Wissensinputs aber auch nur „kognitives Rauschen". Die Themen der Lehrenden und der Lernenden stimmen nur scheinbar überein; Lehrinhalte und Lerninhalte unterliegen unterschiedlichen Logiken. Lehrsysteme und Lernsysteme sind allenfalls lose gekoppelt. Das Forscherteam spricht von einer „Verdopplung" der Inhalte.

Die Teilnehmerinnen sind pragmatisch an einer konkreten Verbesserung ihrer betrieblichen Situation interessiert. Den Teamern geht es dagegen um verallgemeinerbare Analysen und um langfristige Veränderungsperspektiven.

Wissenschaftliches Wissen und Erfahrungswissen lassen sich nur schwer vernetzen. Wenn die Teamer ihre (gewerkschaftlichen) Themen vermitteln, verhalten sich die Teilnehmerinnen meist „kontemplativ", oft aber auch – aufgrund der befremdlichen Sprachcodes – „desorientiert". Allerdings war bei dieser Teilnehmergruppe die Aufgeschlossenheit für das Referenzsystem der Teamer relativ groß. „Sie haben es verstanden, auf dieser nicht erfahrungsbezogenen Ebene zu diskutieren..., indem sie diesen für sie abstrakten Gegenstand als abstrakten Gegenstand akzeptieren." (ebda., S. 134).

Das Forscherteam formuliert den Titel dieser Fallstudie als Frage: „Lernen an Erfahrungen?". In der Tat bleiben in doppelter Hinsicht Zweifel: Lernen die Teilnehmerinnen tatsächlich an ihren Erfahrungen oder berufen sie sich auf angebliche Erfahrungen als „gesichertes" Wissen? Und andererseits: Lernen die Teamer tatsächlich von den Erfahrungen der Teilnehmerinnen? „Team und Teilnehmerinnen leben zu Beginn eines Seminars in einer permanenten ‚Missverständnis-Situation', die gerade dann besonders problematisch ist, wenn eine scheinbare Eindeutigkeit in der Bestimmung des Gegenstandes besteht." (ebda., S. 141).

c) Subjektive Lerntheorien

Ein Großteil der bildungspolitischen und erwachsenenpädagogischen Literatur ist Legitimationsliteratur. Es wird begründet, warum lebenslanges Lernen gesellschaftlich und ökonomisch notwendig ist. Es werden viele Argumente vorgetragen, warum Erwachsene lernen *sollen;* seltener wird die Frage behandelt, ob und warum sie lernen *wollen* und wie sie tatsächlich lernen.

Erwachsene entscheiden selber, wann und was sie in der Erwachsenenbildung lernen wollen. Ausschlaggebend ist weniger, was Wissenschaftler über Lernen schreiben, sondern was die Adressaten der Erwachsenenbildung über Lernen denken. Alle Erwachsenen verfügen über eine implizite Lerntheorie – aufgrund von angeblichen Erfahrungen. Dieser Lernbegriff ist ein Katalysator, der die Wahrnehmung von Lernherausforderungen und das eigene Lernverhalten prägt. Der Lernbegriff ist Bestandteil des personalen Selbstkonzepts. Erwachsene konstruieren ihr biografisches Ich, und Lernen ist ein wichtiger Baustein dieser Selbstkonstruktion.

Ich habe – gemeinsam mit Studierenden der Universität Hannover – 74 fokussierte Interviews mit Teilnehmern und Nichtteilnehmern der Erwachsenenbildung über ihre Lerngeschichte und ihre Lernpraktiken ausgewertet. (Siebert 2006, S. 48ff.) Einleitender Gesprächsimpuls war das Sprichwort „Was Hänschen nicht lernt, lernt Hans nimmermehr". Die Frage nach den eigenen Lernaktivitäten war für alle Befragten relevant und anschlussfähig. Lernerfahrungen sind – positiv wie negativ – Teil der eigenen Biografie und Identität. Dabei versuchen die Befragten, Kohärenz, Kontinuität und Plausibilität ihrer Lernbiografie herzustellen. Sie definieren Lernen so, wie es für sie viabel erscheint, wie es in ihr Selbstkonzept passt.

Die 74 Interviews lassen sich auf einer Skala mit den Polen „offensive Lernverweigerung" und „lebenslanges Lernen als Habitus" verorten. Der Versuch einer Typologisierung – z.b. Teilnehmer/Nichtteilnehmer, extrinsisch/intrinsisch motiviert, berufsbildend/allgemeinbildend – erwies sich als „unterkomplex". Jede Lernbiografie ist letztlich ein „Unikat".

Dennoch lassen sich einige Trends und Schwerpunkte formulieren:
- Lernherausforderungen – z.b. am Arbeitsplatz – werden sehr unterschiedlich und selektiv wahrgenommen. Die politisch viel zitierte Globalisierung wird subjektiv kaum als Lernaufgabe registriert.
- Der Lernbegriff polarisiert. „Lernen" ruft bei den meisten Befragten entweder Vermeidungsreaktionen oder Annäherungstendenzen hervor.
- Der Lernbegriff wird eher emotional als kognitiv konnotiert, d.h. Lernen weckt emotionale Erinnerungen und aktiviert Empfindungen.
- Lernerfahrungen kumulieren: Negative Erfahrungen rufen weitere negative Erfahrungen hervor. Es entsteht ein Selffulfilling-prophecy-Effekt.
- Auch eine Nichtbeteiligung an Erwachsenenbildung kann „gute Gründe" haben und verweist nicht unbedingt auf eine Lernverweigerung.
- Als Hauptgrund für eine Nichtteilnahme werden selten Zeit und Geld sondern meistens geringer Nutzeffekt der Lerninhalte genannt.
- Für viele ist Weiterbildungsbeteiligung Lebensinhalt und nicht nur „Lerngelegenheit".
- Negative Schulerfahrungen beeinträchtigen häufig die Selbstwirksamkeitsüberzeugung.
- Das Angebot der Erwachsenenbildung wird so konstruiert, dass es mit dem Selbstbild in Einklang steht (z.B.: „Die Volkshochschule ist nur etwas für die anderen").
- Subjektive Lerntheorien sind eingebettet in alltägliche Lebensphilosophien. Sie sind das Ergebnis von Handlungen und zugleich handlungsleitend.

Viele Widerstände gegen eine Weiterbildung lassen sich als Ausdruck von Unsicherheit und Verunsicherungen interpretieren. Lernen im Alter heißt auch: Gewohnte und scheinbar bewährte Denk- und Verhaltensmuster in Frage stellen. So kann nicht nur Weiterbildung, sondern auch Weiterbildungsresistenz als Coping-Strategie gedeutet werden.

d) Konstruktion sozialer Milieus

Die Erforschung sozialer Milieus ist ein aktuelles Thema der Weiterbildungswissenschaft. Milieus beinhalten nicht nur – wie die traditionelle Schichtforschung – Sozialstatus, Beruf, Schulbildung, sondern auch Normen und Werte, Interessen und Lebensstile, Sozialästhetik und Lernthemen.

Heiner Barz und Rudolf Tippelt beziehen sich ausdrücklich auf die konstruktivistischen Theorie:
„In der hier vorliegenden Analyse von Weiterbildungsverhalten und -interessen wird ein sozialkonstruktivistischer Ansatz empirisch realisiert, der davon ausgeht, dass die subjektiven Kognitionen, also die individuellen Überzeugungen der Menschen, deren Handeln elementar bestimmen." (Barz/Tippelt 2004, Bd. 2, S. 11).

Konstruktivistisch ist diese Forschung in mehrfacher Hinsicht:
- Das soziale Milieu schafft den Rahmen für individuelle Wirklichkeitskonstruktionen.
- Umgekehrt hängt es von den Wirklichkeitskonstruktionen ab, zu welchem Milieu man gehört. So kann ein Milieu als ein Zusammenhang kohärenter Wirklichkeitskonstrukte definiert werden.
- Milieus sind beobachtungsabhängige Wirklichkeitskonstrukte der Forscher, keine objektiven Realitäten. So ist es zu erklären, dass es unterschiedliche Typologien gibt, dass die Zahl und die Etikettierung der Milieus sich häufig ändert. Das heißt selbstverständlich nicht, dass die Unterscheidungen beliebig sind.

H. Barz und R. Tippelt unterscheiden 10 Milieus in 4 Gruppen:
1. gesellschaftliche Leitmilieus: Etablierte, Postmaterielle, Moderne Performer
2. traditionelle Milieus: Konservative, Traditionsverwurzelte, DDR-Nostalgische
3. Mainstream-Milieus: Bürgerliche Mitte, Konsum-Materialisten
4. Hedonistische Milieus: Experimentalisten, Hedonisten

Diese Milieus unterscheiden sich hinsichtlich der Weiterbildungsbeteiligung, der Akzeptanz von Bildungseinrichtungen, der thematischen Interessen, der methodischen Präferenzen, der Erwartungen an das Ambiente, der Lernstile, der Semantik...
Pädagogische Schlüsselbegriffe wie Bildung, lebenslanges Lernen, selbstgesteuertes Lernen rufen unterschiedliche Erinnerungen wach und lösen unterschiedliche Assoziationen aus. Pädagogische Angebote können in unterschiedlichen Milieus aus unterschiedlichen Gründen akzeptiert oder abgelehnt werden. Dies sei am Beispiel *„Persönlichkeitsbildung"* verdeutlicht:

„So zeigen sich erwartungsgemäß Differenzen zwischen modernen und traditionellen bzw. Mainstream-Milieus: Erstere betonen stärker Individualität, Selbstständigkeit und Unabhängigkeit als zentrale Persönlichkeitsmerkmale; Letztere Anpassung, Pflichtbewusstsein, äußerliches Erscheinungsbild und Disziplin." (ebda., S. 122).

Traditionelle Milieus betonen soziale und familiäre Persönlichkeitswerte. Leitmilieus heben Führungsqualitäten und soziales Auftreten hervor. Traditionelle Milieus kritisieren „Vermarktungsaspekte" der Persönlichkeit (z.B. „Persönlichkeitsmarketing", Training von Selbstdarstellungen). „Die hedonistischen Milieus teilen diese Ablehnung von Karriere- und Aufstiegsstreben aufgrund ihres Strebens nach stärkerer immaterieller Selbstverwirklichung." (ebda.).

Das Interesse an Kursen der Persönlichkeitsentwicklung ist abhängig von Wertvorstellungen, Menschen- und Gesellschaftsbildern. Die Teilnahme an solchen Kursen kann sehr unterschiedlich motiviert sein.

„Unterdurchschnittliches Interesse an Kursen zur Persönlichkeitsbildung äußern hingegen die Milieus, die auch die Entwicklung von Persönlichkeit im Erwachsenenalter als größtenteils abgeschlossen begreifen (Traditionsverwurzelte, Etablierte, Konservative, DDR-Nostalgische). In diesen Milieus finden sich auch die stärksten Ressentiments." (ebda. S. 123).

Am größten ist das Interesse an persönlichkeitsbildenden Kursen bei den Modernen Performern. Für sie ist „Persönlichkeit" eine „Zukunftskompetenz". Die Experimentalisten und die Hedonisten kritisieren dagegen eine „Verschulung" der Persönlichkeitsbildung.

An esoterischen Inhalten sind allenfalls postmoderne Milieus interessiert. „Milieus, die sich traditionellen Werten verpflichtet fühlen, erscheint das gesamte Themengebiet befremdlich... Den mangelnden Schutz der Intimsphäre befürchten die Konservativen, die besonderen Wert auf die Rückzugsmöglichkeit in Vertrautheit und Privatheit legen." (ebda. S. 124).

H. Barz und R. Tippelt erörtern die Konsequenzen der Milieustudien für ein Weiterbildungsmarketing. Für die Erwachsenenbildung ist ferner interessant:
- Was und wie lernen Angehörige unterschiedlicher Milieus in Seminaren mit- und voneinander?
- Ist es für Erwachsene ein (sekundäres) Teilnahmemotiv, in der Erwachsenenbildung andere (kulturelle) Milieus kennen zu lernen?
- Trägt Erwachsenenbildung zum „transformativen Lernen", d.h. zur Erweiterung und Überschreitung der Milieugrenzen bei?

Generell ist zu fragen: Gibt es auch ein Milieu der „Grenzgänger", die sich im Urlaub hedonistisch, im Beruf „etabliert", in der Familie „konservativ" verhalten? Wo bleiben die interkulturellen Milieus? War das ökologische Milieu nur eine vorübergehende Zeiterscheinung?

Fazit
In diesem Kapitel wurden drei Formen empirischer Bildungsforschung vorgestellt:
a) Unterrichtsforschung (= Erforschung von Lehr-Lernsituationen)
b) Biografieforschung (= Erforschung von Lern- und Motivationsbiografien)
c) Milieuforschung (= Bildungsinteressen sozialer Milieus)

Zentrale konstruktivistische Interpretationskategorie ist *Anschlussfähigkeit:*
a) Sind die Kursleiter- und Teilnehmerbeiträge wechselseitig anschlussfähig?
b) Sind neue Lerninhalte und Lernherausforderungen anschlussfähig an frühere Lernerfahrungen?
c) Dienen Lernaktivitäten der sozialen Inklusion, fördern sie die Anerkennung durch das soziale Milieu?

Um diese Anschlussfähigkeit herzustellen, wird die Wirklichkeit so konstruiert, dass sie viabel erscheint und in den Lebensentwurf „passt". Eine solche Passung erfolgt auch durch selektive Wahrnehmungen und Rekonstruktionen.

Lernintensive Perturbationen und ein Wechsel der Beobachtungsperspektiven („Reframing") werden gefördert, wenn die bisherigen Deutungsmuster sich nicht mehr als viabel erweisen (z.B. am Arbeitsplatz oder in der Familie) oder wenn sich das soziale Umfeld ändert (z.B. neue Bezugspersonen) oder wenn kritische Lebensereignisse eine Neuorientierung nahe legen.

4.7 Die Wirklichkeit der Politik

*Wir sehen nicht –
was wir nicht sehen*

Politik ist in der Konstruktivismusdiskussion bisher vernachlässigt worden. Dabei hat es für eine Gesellschaft weitreichende Konsequenzen, wie PolitikerInnen die Welt konstruieren. Politische Systeme unterliegen eigenen Handlungslogiken, Erfolgskriterien und Referenzsystemen. Überwiegt die Selbstreferenzialität und werden die strukturellen Koppelungen mit der Gesellschaft vernachlässigt, so ist das politische System in Gefahr, primär an der eigenen Machtsicherung interessiert zu sein. Politische Systeme werden dann zu operational geschlossenen Systemen, deren Selbsterhaltung zum Selbstzweck wird. Sie sind dann überwiegend mit sich selbst beschäftigt.

Schlüsselkategorien und Leitdifferenzen politischer Systeme sind Macht, Interessen, Kompromiss, Konfliktmanagement.

Der Soziolinguist John Searle hat ein Buch geschrieben mit dem Titel „Die Konstruktion der gesellschaftlichen Wirklichkeit" (1997). Er entwickelt hierin Grundlagen einer politischen Konstruktivismustheorie. Searle unterscheidet zwischen „rohen", „objektiven" Tatsachen und „beobachtungsrelativen", „institutionellen" Tatsachen. Rohe Tatsachen – z.b. physikalische oder geografische Wirklichkeiten sind von menschlichen Meinungen und Bewertungen unabhängig. Z.B. die Feststellung: „Auf dem Mount Everest liegt Schnee". Beobachterrelative institutionelle Tatsachen sind dagegen mit Bewertungen und Interessen verbunden, z.b. „die Ehe ist heilig". Diese beobachterrelative Wirklichkeit ist gesellschaftlich konstruiert. Solche institutionellen Wirklichkeiten erfüllen (politische) Funktionen, die auf Interessen basieren und deren Gültigkeit keine Wahrheits- sondern Machtfrage ist. Beispiele: Was ist ein Mindesteinkommen? Wann herrscht Frieden? Wann ist ein Krieg gerecht? Wer ist ein Ausländer? Wer ist arbeitslos? Dies sind beobachterrelative politische Wirklichkeiten. Wer über die politische Mehrheit verfügt, besitzt meist auch die Macht, diese Wirklichkeiten zu definieren. Ob politische Entscheidungen wünschenswert oder unerwünscht sind, ist eine beobachterrelative, interessenabhängige Frage. Allerdings müssen auch politische Wirklichkeiten kommuniziert werden; sie müssen auf Dauer mehrheitsfähig sein, damit die Partei „an der Macht" bleibt. Politik besteht in einer Demokratie wesentlich darin, unterschiedliche Wirklichkeitskonstruktionen zu koordinieren und zu vermitteln.

Das politische System neigt zu Machbarkeitsillusionen. Es unterstellt, dass durch Gesetze, Verordnungen, Programme Probleme gelöst werden.
Diese Regulationsinstrumente schaffen eine Wirklichkeit eigener Art. Eine wichtige Funktion erfüllt dabei die politisch-bürokratische Sprache, die für den Laien häufig bewusst unverständlich ist, da das politische System damit seinen Expertenstatus demonstriert.

Wirklichkeitsdefinitionen sind Machtfragen. Wer über Macht verfügt, definiert die Wirklichkeit verbindlich für andere. Was als Problem, als Konflikt, als Fortschritt, als Wachstum, als Erfolg definiert wird, hängt von Machtverhältnissen und Interessen ab.

Wenn G. W. Bush von der „Achse des Bösen" spricht, so schafft er damit Wirklichkeit. Wenn bei militärischen Angriffen im Irak oder in Afghanistan hunderte Zivilisten getötet werden, spricht man verschleiernd und verharmlosend von „Kollateralschaden". „Kollateral" heißt wörtlich, „seitlich nebenher laufend". Es wird der Eindruck erweckt, als seien die Zivilisten an ihrem Tod selber schuld, weil sie neben den Panzern herlaufen.

Begriffe werden affektiv besetzt, d.h. mit abwertenden oder aufwertenden Emotionen gekoppelt. So gelten DDR-„Seilschaften" als unanständig, westliche „Netzwerke", „Bündnispartner", „Lobbying" als ehrenwert.

Politik ist zu einem beträchtlichen Teil *symbolische Politik,* die aus „Rhetorik & Optik" besteht.

Politik wird vermittelt als demonstratives Händeschütteln und Umarmen, als „Gruppenbild mit Dame" auf Gipfeltreffen, Weltkonferenzen, Parteitagen, als Minister unterm Weihnachtsbaum in Afghanistan, als Bundestagsabgeordnete, die in Feriengebieten Urlaubern jovial auf die Schulter klopfen und Kleinkinder am Strand ungefragt auf den Arm nehmen, die sich mit Spitzensportlern und Filmstars fotografieren lassen, die gerne in Talkshows auftreten, die überhaupt bevorzugt dort erscheinen, wo Fernsehkameras in der Nähe sind, die Orden verleihen und sich zum „Doktor honoris causa" küren lassen, die komplizierte Gesetze zur Vereinfachung der Gesetzgebung verabschieden…

Das politische System konstruiert seine Wählerschaft, den angeblich „mündigen Bürger". Dabei entsteht ein Dilemma: Das politische System muss einerseits den Wähler als kompetent, informiert und rational handelnd akzeptieren. Gleichzeitig aber neigt die Politik dazu, den Bürger zu tadeln, wenn er nicht von seinem Wahlrecht Gebrauch macht oder die „falsche" Partei wählt.

Der „kritische Bürger" wird in der politischen Rhetorik begrüßt, de facto aber als Nörgler und Querulant kritisiert, der die Politik eher stört.

Wähler und Nichtwähler sind Konstrukte derer, die ihre Stimme benötigen. Vor allem der Nichtwähler perturbiert das politische (demokratische) System. Und gleichzeitig empfinden die Bürger das politische System als fremdes System, dem sie nicht angehören. Dabei urteilen die Bürger meist aufgrund des medial vermittelten Bildes der Politik. Sie achten auf das Outfit der Politiker, auf ihre Gestik, Mimik, Kleidung, kurz: auf die Inszenierung. Und Politiker stellen sich so dar, wie das Medium Fernsehen es erfordert und wie sie sich für publikumswirksam halten. Die Grenzen zwischen Politik und Show, Politik und Entertainment werden fließend. Die Massenmedien vermitteln nicht nur politische Botschaften, sie erzeugen politische Wirklichkeiten.

Damit wird keineswegs bestritten, dass Politik ein anstrengender, verantwortungsvoller und intellektuell anspruchsvoller Beruf ist und dass viele Politiker „ihr Bestes geben". Dennoch, Politik ist der Kampf um „erfolgreiche" Wirklichkeitskonstruktionen.

Vor allem kleine Parteien profilieren sich dadurch, dass sie auf vernachlässigte Wirklichkeitsbereiche aufmerksam machen oder vergessene Wirklichkeiten wiederentdecken. So haben die „Grünen" in den 1970er Jahren das Umweltthema für sich reklamiert. Parteien sind nicht unbedingt Erfinder solcher Themen, aber sie können zur öffentlichen Aufmerksamkeit für diese „Sorgethemen" beitragen. In den USA wird diese Wirklichkeitskonstruktion als „agenda setting" bezeichnet.

Parteien unterscheiden sich also insbesondere durch ihre Wirklichkeitskonstruktionen, die als Wahlkampfthemen veröffentlicht werden. Sie erreichen dann die Wählerschichten, die von diesen Wirklichkeiten besonders betroffen sind und denen diese Themen wichtig sind. Dabei ist oft wahlentscheidend, welche Partei als erste und am wirksamsten ein Thema „besetzt".

Dabei werden zugleich andere Wirklichkeitsausschnitte „invisibilisiert", d.h. unsichtbar gemacht, vernachlässigt. Oft sind es dann die Massenmedien, die diese verborgenen Themen wieder ins öffentliche Bewusstsein rufen.

Politische Systeme neigen zur Selbstinszenierung und Selbstgefälligkeit, solange sie „erfolgreich" sind. Perturbiert werden etablierte Systeme durch neue Parteien, durch Medienberichte über Skandale, durch beunruhigende Wahlniederlagen, gelegentlich auch durch öffentliche Proteste.

Politische Bildung hat – aus Sicht des Systems – vor allem eine affirmative, integrative Funktion. Die Bürger sollen motivational in das politische System mit einbezogen werden, sie sollen das Gefühl haben, beteiligt zu sein, auch, indem sie Kritik üben können. „Politikverdrossenheit" wird gelegentlich als Versagen der politischen Bildungsarbeit interpretiert.

Sind BürgerInnen politisch manipulierbar, d.h. gegen ihren Willen beeinflussbar? Im Normalfall nicht. Selbstreferenzielle, denkende „Systeme" lassen sich nicht „umerziehen" oder manipulieren. Sie entscheiden selber, welche Politik für sie vernünftig und viabel ist. Sie wissen, wen sie wählen und wen nicht, sie wissen auch, warum sie auf ihr Wahlrecht verzichten.

Auch die jüngere deutsche Geschichte widerlegt die These der „Manipulationsresistenz" nicht. Die Nazis sind nicht deshalb von der Mehrheit der Bevölkerung gewählt worden, weil sie diese so erfolgreich manipuliert haben, sondern weil die meisten Deutschen sich von diesem Regime eine Befriedigung ihrer nationalistischen und rassistischen Höherwertigkeitsbedürfnisse versprochen haben. Auch W. Ulbricht und E. Honecker sind nicht von 99% der SED-Funktionäre zu Parteisekretären gewählt worden, weil sie manipuliert worden sind, sondern weil diese sich von dieser Wahl Karrierevorteile versprachen.

Andererseits entstehen Wirklichkeitskonstruktionen in sozialen und politischen Kontexten. die Logiken und Strukturen der politischen Systeme wirken sich auf die Dauer auf das Denken und Verhalten der „Betroffenen" aus. So verfügt der Kapitalismus über eine eigenen Systemrationalität, die sich gleichsam „hinter dem Rücken" der Menschen durchsetzt. Die Individuen denken und fühlen im Beruf und im Privatleben kapitalistisch, oft ohne sich dessen bewusst zu sein.

Richard Sennett, der bekannte amerikanische Soziologe, hat ein Buch über den „flexiblen Menschen" mit dem Untertitel „die Kultur des neuen Kapitalismus" geschrieben (2006). Seine Kernthese: Flexibilität ist die alles beherrschende Maxime des globalen Kapitalismus. Dieses System erfordert den flexiblen Menschen, der mobil und anpassungsfähig ist; der ohne zu murren ständig neue Aufgaben übernimmt und uneingeschränkt lernfähig ist. Der berufliche und private Erfolg hängt von der Anpassungsbereitschaft und -fähigkeit ab. Das allgemeine Merkmal dieses neuen Kapitalismus ist Gleichgültigkeit. „,Wer braucht mich?' ist eine Frage, die der moderne Kapitalismus völlig zu negieren scheint. Das System strahlt Gleichgültigkeit aus." (Sennett 2006, S. 201). Vertrauen, Anerkennung, Solidarität spielen keine Rolle mehr. Der flexible Mensch ist austauschbar.

Allerdings – so Sennett – ist dieses System auf die Dauer nicht „viabel", da es den menschlichen Grundbedürfnissen nach Stabilität und Sicherheit widerspricht. „Die Menschen spüren das Fehlen anhaltender persönlicher Beziehungen und dauerhafter Absichten… Die Menschen, die ich hier beschrieben habe, sind von der Oberflächlichkeit ihres Lebens, von ihrer Unzufriedenheit mit ihrem gegenwärtigen Status zu einer Suche nach Tieferem getrieben worden." (ebda., S. 131 f.).

Ist also ein neuer Systemkonflikt zwischen Selbstreferenz und Fremdreferenz zu erwarten, ja, zu erhoffen? Konstruktivisten beantworten diese Frage optimistisch, denn die Suche der Menschen nach Sinn kann auf Dauer nicht frustriert werden.

Fazit

Der Konstruktivismus kann als Plädoyer für eine Demokratisierung verstanden werden. Demokratie ist die Anerkennung der Andersdenkenden, der Vielfalt der Wirklichkeitskonstruktionen und Perspektiven, aber auch der kritischen Selbstbeobachtung.

Viele Konstruktivisten haben negative Erfahrungen mit totalitären Systemen gemacht: H. Maturana mit dem Pinochet-Regime in Chile, E. v. Glasersfeld, H. v. Foerster, P. Watzlawick mit dem Nationalsozialismus. Totalitäre Systeme misstrauen der Mündigkeit des Bürgers, sie versuchen – meist erfolglos – die Eigendynamik komplexer Systeme durch bürokratische und militärische Überregulierung zu reduzieren, sie argumentieren dualisierend und dogmatisch und unterdrücken Meinungsfreiheit. Sie versuchen nicht nur, das Handeln der Bürger zu kontrollieren, sondern auch ihre Gedanken und Gefühle. Totalitäre Systeme sind nicht nur inhuman, sie haben in globalen Informationsgesellschaften längerfristig keine Überlebenschance. Nicht nur die Politik, auch das Menschenbild totalitärer Systeme ist anachronistisch geworden.

5. Handlungsfelder

5.1 Handlungsfeld Lehre

> *„Lehre ist wirkungsunsicher."*
> *(R. Arnold)*

Die pädagogisch-konstruktivistische Literatur behandelt Lehre und Unterricht eher beiläufig. Die konstruktivistische Erkenntnistheorie legt eine Desillusionierung pädagogischen Handelns nahe.

Vor allem zwei Thesen begünstigen eine solche Ernüchterung:
1. Selbstreferenzielle, operational geschlossene und strukturdeterminierte „Systeme" lassen sich nicht „belehren".
2. Bedeutungsvolles Wissen lässt sich nicht übertragen, sondern wird im Gehirn jedes einzelnen „erzeugt" (vgl. Roth 2006, S. 49).

Erwachsenen sind somit zwar lernfähig, aber unbelehrbar.

Doch auch Kinder lassen sich nicht ohne weiteres erziehen. Dieter Lenzen hält es für eine revolutionäre Erkenntnis des Konstruktivismus, „dass man sich von dem Gedanken freimachen muss, es sei möglich, mit Hilfe von Unterricht bestimmte Lernziele beim Lernenden durchzusetzen." (Lenzen 1999, S. 156). Auch „zu einer bestimmten Moral kann man nicht erziehen. Moralerziehung kann also allenfalls Wissen über Moralität vermitteln." (ebda.). Die Bedeutung dieses Wissens ist für jeden Schüler höchst unterschiedlich. Die Annahme, Schule könne junge Menschen gezielt so beeinflussen, dass sie ihr Verhalten ändern, „lässt sich heute nicht mehr halten." (ebda., S. 157).

Auch die unterrichtsmethodischen Konsequenzen sind weitreichend: „Wenn nämlich jedes individuelle Gehirn seine Wirklichkeit auf individuelle Weise konstruiert, dann ist der Glaube, man könne Kinder beispielsweise in Jahrgangsklassen mit ein und derselben Methode unterrichten, ein fataler Irrtum." (ebda., S. 155).
Korrigiert werden muss auch die Auffassung, die Komplexität des Unterrichtsstoffs müsse möglichst reduziert werden: „Es ist sehr wahrscheinlich, dass gerade ein in seiner Komplexität nicht reduziertes Wissen die beste Grundlage für eine neuronale Ausdifferenzierung des Bewusstseinssystems liefert." (ebda., S. 156).

D. Lenzen fasst die zentrale Aussage konstruktivistischer Erziehungswissenschaft wie folgt zusammen: „Sie nimmt Abschied von der Vorstellung, Erziehung und Unterricht könnten zielgerichtete, von Normen bestimmte Vorgänge sein, mit deren Hilfe man Menschen erziehen oder gar manipulieren kann." (ebda, S. 157). PädagogInnen – so D. Lenzen – sind keine „Menschenmacher".
Siegfried Schmidt spricht von einem *„Interventionsparadox"* der Pädagogik (Schmidt 2005, S. 111). Doch diese Paradoxie lässt sich entschärfen, denn Lernen ist immer auch ein sozialer Prozess, und zwischen Lehrenden und Lernenden existiert eine „strukturelle Koppelung".
So kann die These einer Unmöglichkeit von Erziehung durch eine Antithese ergänzt werden: Lehrer können „nicht nicht erziehen" (Arnold 2007 a, S. 22).
Zwar kann Lernen pädagogisch angeregt und unterstützt werden, aber Wissen und Werte können nicht linear vermittelt werden. Lernerfolge können nicht kausalanalytisch auf didaktische Maßnahmen zurückgeführt werden.
Lernende – als selbstreferenzielle Systeme – entscheiden autonom, welche Wissensangebote des Lehrens sie verarbeiten wollen und / oder können.
Lehr-Lernsituationen sind – im Sinne LUHMANNS – durch *doppelte Kontingenz* gekennzeichnet: Beide Seiten können nur vermuten, was der andere sagen will und welche *„Erwartungserwartungen"* bestehen.

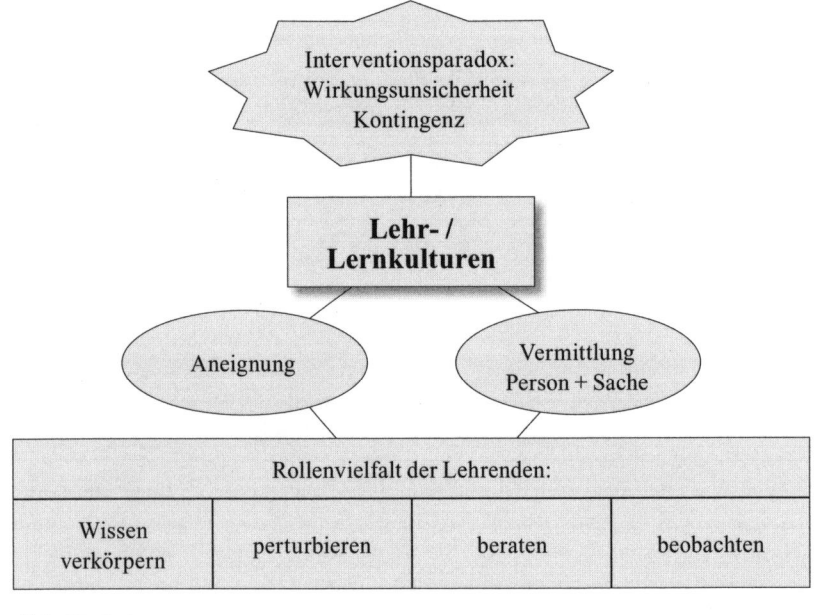

Interventionsparadox: Wirkungsunsicherheit Kontingenz
Lehr- / Lernkulturen
Aneignung — Vermittlung Person + Sache
Rollenvielfalt der Lehrenden:
Wissen verkörpern	perturbieren	beraten	beobachten

Abb. 11: *Lehre*

Siegfried Schmidt beschreibt diese wechselseitige Kontingenz wie folgt:
„Wenn man argumentiert, dass Lehrende und Lerner beim funktionalen Lernen ein reflexives soziales Lernsystem bilden, innerhalb dessen sie partiell gemeinsame Geschichten und Diskurse ausbilden, in denen – wie in allen sozialen Konstellationen – doppelte Kontingenz herrscht, und dass Lehrende und Lerner kognitiv autonome, also in allen Handlungen an ihre Systemspezifik gebundene Aktanten sind, dann wird deutlich, dass bei der Modellierung von Lernprozessen nur zirkuläre bzw. reflexive Kausalitätsverhältnisse im Sinne von *Ermöglichungsverhältnissen* relevant sein dürften, die aufseiten der Beschreibung und Erklärung Selbstorganisationsmodelle erforderlich machen." (Schmidt 2005, S. 111).

Das technizistische Modell – der Lehrer als „Sender" instruiert den Lerner als „Empfänger" von Informationsinputs – wird der Systemik und Dynamik der Lehr- Lernsituation nicht gerecht. Lehrende „vermitteln" nicht Wissen – das ist nicht möglich, wie alle pädagogisch Tätigen ständig erfahren. Lehrende *„verkörpern"* Wissen, sie strahlen Überzeugungen aus. Altdeutsche Wörter wie *Verkörperung* und *Ausstrahlung* charakterisieren diese pädagogische Kompetenz am ehesten. Schüler und Erwachsene lernen nicht den Stoff von einer Lehrperson, sie lernen diese Person mit ihrem Thema.

Der Gehirnforscher Gerhard Roth betont die „Glaubhaftigkeit" und „Motiviertheit" der Lehrenden:
„Schüler stellen schnell und zumindest im ersten Schritt unbewusst fest, ob der Lehrer motiviert ist, seinen Stoff beherrscht und sich mit dem Gesagten auch identifiziert. Dem Lehrer sind die von ihm ausgesandten Signale meist überhaupt nicht bewusst." (Roth 2006, S. 53).
Der Lehrer signalisiert, ob ihm das Thema wichtig ist. Der Schüler spürt, ob der Lehrer bei der Sache ist. In diesem Fall springt „ein Funke über", es findet eine „strukturelle Koppelung" statt. Gelangweilte Lehrer „bewirken" gelangweilte Schüler – und umgekehrt.

Gerald Hüther, ebenfalls Gehirnforscher, macht auf die Bedeutung des *Vertrauens* aufmerksam:
„Wie bei uns Erwachsenen ist auch die Bereitschaft von Kindern, sich auf etwas Neues einzulassen, etwas Neues auszuprobieren umso größer, je sicherer sie sind und je größer das Vertrauen ist, mit dem sie sich in die Welt hinauswagen." (Hüther 2006, S. 45).
Lehrer sind Vertrauenspersonen, und zwar in mehrfacher Hinsicht; Sie stärken das Selbstvertrauen der Schüler, das Vertrauen in die „Selbstwirksamkeit", das Vertrauen in die Sinnhaftigkeit der Welt, sie „trauen den Schülern etwas zu", sie signalisieren, dass die Schüler ihnen trauen können, dass sie vertrauenswürdig sind.

„Vertrauen ist das Fundament, auf dem alle unsere Entwicklungs-, Bindungs- und Sozialisierungsprozesse aufgebaut werden." Und: „Nur so kann im Frontalhirn ein eigenes, inneres Bild von Selbstwirksamkeit stabilisiert und für die Selbstmotivation in allen nachfolgenden Lernprozessen genutzt werden." (ebda., S. 46 f.).

Der Konstruktivismus ist eine Theorie, die Pluralität befürwortet. Sie ist skeptisch gegenüber Wahrheitsansprüchen und Deutungsmonopolen. Der Konstruktivismus distanziert sich deshalb von einer *normativen Pädagogik,* die für sich in Anspruch nimmt, verbindlich zu entscheiden, was Lernende zu denken, zu tun und zu unterlassen haben. Normative Pädagogen wollen die Welt und die Menschen verbessern, wobei sie selber zu wissen beanspruchen, was und wer besser und schlechter ist. „Normative Pädagogik ist nicht nur disfunktional, sondern tendiert dazu, politischem Missbrauch Tor und Tür zu öffnen." (Lenzen 1999, S. 29).

Zwar hat jede Bildungsarbeit einen normativen Hintergrund. Schon die Maxime des „lebenslangen Lernens" ist normativ. Auch kann eine Bildungseinrichtung nicht auf Grundwerte wie Freiheit und Gleichheit verzichten. Doch die Realisierung allgemein anerkannter Werte ist stets strittig und muss diskursiv geklärt und nicht doktrinär entschieden werden. Selbstverständlich müssen in Schule und Erwachsenenbildung Fragen des Umweltschutzes, der sozialen Gerechtigkeit, des Rechts auf Arbeit thematisiert werden, aber Pädagogen sind weder legitimiert noch in der Lage, *ihre* Wirklichkeitskonstruktionen zu privilegieren.

Eine *appellative Pädagogik* des „du sollst..." ist wenig Erfolg versprechend, oft sogar kontraproduktiv. „Du sollst zuhören", „du sollst dich konzentrieren", „du sollst dich für das Thema interessieren" – solche Appelle dienen allenfalls zur Selbstberuhigung der Pädagogen. Wenn ein Lehrer etwas bewirkt, dann eher durch sein eigenes Interesse am Thema. Zur professionellen Lehrerrolle gehört weder ein missionarischer oder moralisierender Habitus noch ein quasi – politischer Überzeugungsauftrag.

Welche pädagogischen Profile werden in der konstruktivistischen Literatur vorgeschlagen?

Kersten Reich plädiert für eine *Doppelrolle* des Lehrers: einerseits „Mehrwisser", andererseits Moderator, aber auch Visionär (Reich 2002, S. 205). Und er schlägt vor, dass der Lehrer seine Funktion als Didaktiker zumindest teilweise an den Lerner delegiert. Reich betont, „dass es im Lernen für jeden Lerner erforderlich ist, sich in seinen Lernprozessen zugleich eine Didaktik zu erfinden oder entdecken zu können, die auf seine Lernsituation passt." (Reich 2005, S. 187). Dieser Vorschlag erinnert an das Konzept des selbstgesteuerten Lernens, das bisher vor allem in der Erwachsenenbildung diskutiert wird. Der traditionelle Begriff der „Autodidaktik" erhält einen neuen Akzent, denn „Didaktik als eine Lernerqualifikation wird immer wichtiger" (ebda.). „Für die Lehrenden wird es zur didaktischen Aufgabe, solche Didaktik des Lernens zu ermöglichen." (ebda., S. 188).

Auch Holger Lindemann betont die Rollenvielfalt des Lehrers und den Bedeutungszuwachs moderierender Tätigkeiten:
„Das konstruktivistische Selbstverständnis von Pädagoginnen als Coach, Facilitator, Lernprozessbegleiterin, Lernberater, Provokateurin, Perturbator oder Moderatorin erfordet entsprechende Prozessfähigkeiten der Gesprächsführung, Kooperation, Konfliktklärung, Dokumentation und Evaluation." (Lindemann 2006, S. 210).
H. Lindemann schließt wissensvermittelnde Lehrmethoden, auch Frontalunterricht nicht aus: Der jeweilige Kontext entscheidet, welche Methoden jeweils viabel sind (ebda., S. 223). Er favorisiert einen methodischen *Eklektizismus:* „Mit seiner Auffassung von Wissen als subjektiver Konstruktion legt der Konstruktivismus seine eklektische Natur offen und fordert zu einer unvoreingenommenen, interdisziplinären und vernetzten Betrachtungsweise auf." (ebda. S. 225).

Auch Rolf Arnold verweist darauf, dass selbstreferenzielle Systeme gegenüber einer direkten Wissensvermittlung immun sind (Arnold 2007 a, S. 19). Eine pädagogische Schlüsselqualifikation sieht Arnold in dem Verstehen der Selbstreferenz der Teilnehmer (wobei sich Lehrende und Teilnehmer immer wechselseitig „kontingent" bleiben.) Er plädiert für eine Methodenvielfalt. „Nicht jede Gruppen- und Partnerarbeit dient der selbst gesteuerten Wissensaneignung. Und auch das Umgekehrte gilt: Nicht jeder Frontalunterricht verhindert selbstständige Wissensaneignung." (ebda., S. 73). Entscheidend sind die *„selbstschließenden Lernimpulse",* die von unterschiedlichen Methoden ausgehen können (ebda.).

R. Arnold lehnt den Begriff *„Intervention"* nicht ab, sondern versucht, ihm eine neue Facette abzugewinnen, indem er den Begriff wörtlich nimmt: Intervention heißt: „dazwischen gehen". Didaktik ist so die Kunst, „zwischen die Erfahrungen zu gehen". „Lehrerinnen und Lehrer müssen intervenieren, selbst wenn wir wissen, dass sie dabei andere kaum nachhaltig intentional beeinflussen und steuern können. Die Vielfalt, Eigendynamiken und Wechselbezüglichkeiten der dabei aktivierten Systemiken schließen zudem ein standardisiertes Vorgehen aus." (ebda., S. 110).
Eine Interventionsdidaktik ist deshalb eine *„Ermöglichungsdidaktik":* Es werden Lehr-Lernsituationen arrangiert, die selbst gesteuerte Lernprozesse wahrscheinlich machen.

Lehrer sind *Beobachter,* sie beobachten sich selbst und ihre Umwelt. Beobachtend konstruieren sie ihre eigene Rolle, ihr Unterrichtsfach, die „Klasse". Sie reduzieren die Komplexität einer Schulklasse durch binäre Unterscheidungen: fleißige/faule, intelligente/dumme, freundliche/unfreundliche SchülerInnen.

Sie beobachten auch die Unterrichtsatmosphäre: wie ist die Stimmung, das Interesse, die Aufmerksamkeit? Sind die Schüler „bei der Sache", überfordert oder unterfordert sie der Lerngegenstand, ist das Thema für sie „anschlussfähig"? Welche Unterrichtsdramaturgie ist jetzt viabel? Der Kanadier David Hunt unterscheidet zwei basale Lehraktivitäten: „reading and flexing" (Hunt 1986, S. 9). Lehrer müssen die Lerngruppe „lesen", d.h. differenziert beobachten können. Und sie müssen den Unterricht flexibel und situationsangemessen gestalten können. Beobachtung ist die Grundlage pädagogischen Handelns. Wer Lernende als „defizitär" beobachtet, handelt anders, als wer sie als „kompetent" wahrnimmt. Es erscheint erforderlich, individuelle Unterschiede zu beobachten und anzuerkennen. Der Konstruktivismus ist eine *Differenztheorie,* die die Einmaligkeit der Individuen betont und als Quelle für lernintensive „Differenzerfahrungen" nutzt.

Rolf Werning stellt aus Sicht der Sonderpädagogik fest:
„Schülerinnen und Schüler werden jedoch im schulischen Kontext sehr schnell als Trivialmaschinen gesehen, die auf einen gleichen Input mit immer demselben Output reagieren sollen. Schulische Homogenisierungsversuche, ‚untermauern und reproduzieren' solche Trivialisierungsbemühungen: Es wird davon ausgegangen, dass eine möglichst leistungsähnliche Lerngruppe – quasi im Gleichtakt – die von Lehrkräften präsentierten Lerninhalte in konvergenter Form aufnehmen kann." (Werning 2003, S. 125 f.) Eine solche Homogenität aber ist eine Illusion, und eine entsprechende „Gleichschaltung" ist auch nicht wünschenswert. „Unterrichten ist vielmehr der Versuch, autonome psychische Systeme, die nach ihrer eignen Logik operieren, anzuregen." (ebda., S. 125).

Unterricht ist keine Einbahnstraße. Wissen wird nicht von A nach B transportiert. Systemisch betrachtet ist Unterricht ein Geflecht von unterschiedlichen Beobachtungsperspektiven und Wirklichkeitskonstruktionen. Jeder bringt ein unterschiedliches biografisches Gepäck mit, unterschiedliche Erfolgs- und Misserfolgserlebnisse. Nicht nur die *Leitdifferenzen* der Unterscheidungen sind vielfältig, auch die *Erwartungserwartungen:* Der Schüler vermutet, dass der Lehrer ein bestimmtes Verhalten von ihm erwartet. Der Schüler antizipiert die Erwartungen des Lehrers (oder auch nicht). Schüler spielen das Spiel Unterricht mit, um dem Lehrer einen Gefallen zu tun. Spielen sie nicht mit, sind Lehrer oft enttäuscht, auch verärgert. Umgekehrt stellen Lehrer Hypothesen auf, was die Schüler von ihnen erwarten, was für sie interessant ist.
Unterricht ist ein zirkulärer Prozess, wobei die Verhaltensweisen meist mehrdeutig sind. Die Beobachtungen der Beteiligten bestehen aus vielen selektiven Wahrnehmungen. Durch teilnehmende Beobachtungen in Seminaren der Erwachsenenbildung haben wir herausgefunden, dass 1. Kursleiter häufiger und länger reden als sie es selber wahrnehmen und dass sie 2. überzeugt sind, mehr Personen hätten sich an der Diskussion beteiligt, als es der Fall war.

Oft entsteht in der Erwachsenenbildung unterhalb des offiziellen Lehrplans ein *„heimlicher Lehrplan"* („hidden curriculum"). Die Teilnehmer entfernen sich von dem „eigentlichen" Thema. Sie diskutieren „ihre" Themen – gegen den Willen des Kursleiters oder auch mit seiner Duldung. Oft wird an der Oberfläche das vorgegebene Thema behandelt, aber insgeheim sind die Teilnehmer mit ganz anderen Themen beschäftigt.

Unterricht ist nicht nur durch Perspektivenvielfalt, sondern auch durch Mehrdimensionalität gekennzeichnet. Nicht selten diskutieren alle über dasselbe Thema, aber mit unterschiedlichen Codes, Deutungsmustern, Relevanzkriterien, Systemreferenzen (vgl. Kejcz u.a. 1979).

Unterricht lässt sich wie ein Eisberg darstellen: das manifeste Verhalten, die „offiziellen" Redebeiträge machen nur die Spitze des Eisbergs aus Auch teilnehmende Beobachter beobachten nur das, was sie beobachten wollen und können.

Unterricht ist mehr als „Kompetenzerwerb" und „Wissensaneignung". Seminare der Erwachsenenbildung sind *Inszenierungen.* Wie auf einer Theaterbühne spielen Kursleiter und Teilnehmer ihre Rollen, und zwar relativ unabhängig vom Thema. Wie bei einem Theaterstück stellen sich die Beteiligten selbst dar, sie wollen gehört, gesehen und anerkannt werden. Teilnehmer sind nicht nur als Lernende anwesend, sondern sie probieren ihren Identitätsentwurf aus. Entsprechendes gilt für die Kursleiter. Der Reiz einer Veranstaltung der Erwachsenenbildung besteht für viele darin, sich anders darstellen zu können als zu Hause oder am Arbeitsplatz.

R. Arnold und C. Gomez Tutor schlagen als „Kern pädagogischer Professionalität" eine *„systemische Achtsamkeit"* vor (2007, S. 188). Damit ist eine Haltung der Gelassenheit, aber auch eine Sensibilität für die Vielschichtigkeit von Lehr-Lernsituationen gemeint. Diese Achtsamkeit schließt eine Urteilsvorsicht ein, ebenso eine Zurückhaltung mit monokausalen Schlüssen und Erklärungen. Interventionen sind erforderlich, aber sie sollten reversibel sein. Systemische Achtsamkeit schließt das Bewusstsein ein, dass auch andere Beobachtungsperspektiven und Deutungen denkbar sind. Außerdem gehört zu dieser Achtsamkeit eine *Selbstbeobachtung,* d.h. die Wahrnehmung, dass wir als Lehrende in jedem Fall Bestandteil des Systems sind. Um mit Watzlawick zu sprechen: Wir können nicht nicht kommunizieren. Auch Selbstbeobachtung ist eine pädagogische Schlüsselkompetenz.

Unterricht lässt sich systemisch und konstruktivistisch beschreiben. Der *systemische Blick* interpretiert das Verhalten der Beteiligten in sozialen Kontexten, z.B. soziale Herkunft, Milieu, Familie. In diesen Kontexten sind die Deutungsmuster, die kognitiven und emotionalen Stile, die „Verhaltensskripts" verankert (vgl. Palmowski 2006,

S. 195). Ohne Berücksichtigung des biografischen, des kulturellen und lebensweltlichen Kontextes lassen sich viele Verhaltensweisen nicht angemessen beurteilen. In diesen Kontexten haben wir Spielregeln gelernt, die sich als viabel erweisen.

Systemisch ist ferner die Wahrnehmung von Regelkreisen und zirkulären Kausalitäten in Lerngruppen. Linear-kausale Erklärungen sind meist unterkomplex. Genauso wenig wie ein Lehrer Lerneffekte „bewirken" kann, ist er allein verantwortlich für Misserfolge oder Disziplinstörungen. Lernwiderstände haben viele verschiedene Ursachen und Gründe, die sich häufig kumulieren.

Der *konstruktivistische Blick* registriert die „inneren Landkarten", die Muster der Wirklichkeitskonstruktion. Konstruktivistisch wird deutlich, dass und warum Lehrer und Schüler die Dinge unterschiedlich betrachten und bewerten, dass und warum wechselseitiges Verstehen allenfalls als Annäherung möglich ist, dass und warum Schüler etwas anderes lernen als der Lehrer zu lehren versucht, dass und warum auch die Lehrinhalte von den Beteiligten sehr unterschiedlich (und oft auch gar nicht) konstruiert werden, dass und warum Lehrer und Schüler verschiedene Unterscheidungen vornehmen.

Unterricht ist ein hochgradig emotionaler Prozess (Arnold 2005). Emotionen – Trauer, Schmerz, Neid, Freude – können noch weniger gelehrt werden als kognitive Inhalte. Emotionen der Gruppenmitglieder müssen wahrgenommen, respektiert und akzeptiert, vielleicht auch vorsichtig thematisiert werden.

Fazit
Lehre als Wissensvermittlung ist zwar nicht wirkungslos, aber doch „wirkungsunsicher" (Arnold 2007 a, S. 15). Lehre wird nicht überflüssig, aber ihre Funktionen haben sich verändert. Lehre hat vor allem anregende Lernsituationen zu arrangieren. Die Lehrpersonen bleiben „Schlüsselfiguren" des lebenslangen Lernens.

Konstruktivistisch betrachtet werden außer fachlichen, fachdidaktischen und methodischen Kompetenzen überfachliche *Haltungen* gefordert, z.B.:
- *Selbstbeobachtung,* d.h. eine reflexive Beobachtung II. Ordnung: wie beobachten wir als Lehrende uns selbst, die Lernenden und die Lerninhalte?
- *Gelassenheit,* d.h. die Bereitschaft, andere Perspektiven und Deutungen zuzulassen und aufgeschlossen für andere zu sein.
- *Motiviertheit,* d.h. für Lernthemen begeistert sein, wobei sich diese Motivation oft auf die Lernenden überträgt.

5.2 Handlungsfeld Lernen

„*Das Gehirn kann nicht nicht lernen.*" *(Spitzer)*

Lernen ist lebensnotwendig. Auch gattungsgeschichtlich hat die Menschheit fehlende Instinkte durch Lernfähigkeit kompensiert. Das Gehirn lernt lebenslang, es kann gar nicht anders. Nicht nur die Neugier ist angeboren, sondern auch die Suche nach Bedeutungen. Neurowissenschaftlich ist Lernen die Verbindung von Synapsen und die Vernetzung neuronaler Assoziationsareale. Konstruktivistisch ist Lernen die *Konstruktion, Rekonstruktion* und *Dekonstruktion* von Wirklichkeiten (vgl. Reich 2002, S. 141). In der systemisch-konstruktivistischen Terminologie ist Lernen ein autopoietischer, selbstreferenzieller, strukturdeterminierter, operational geschlossener Prozess, der von außen angeregt, aber nicht reguliert werden kann. Lernen wird also durch Lehre nicht „instruiert", sondern allenfalls „perturbiert".

Lernen

Konstruktion   Rekonstruktion   Dekonstruktion
von Wirklichkeit

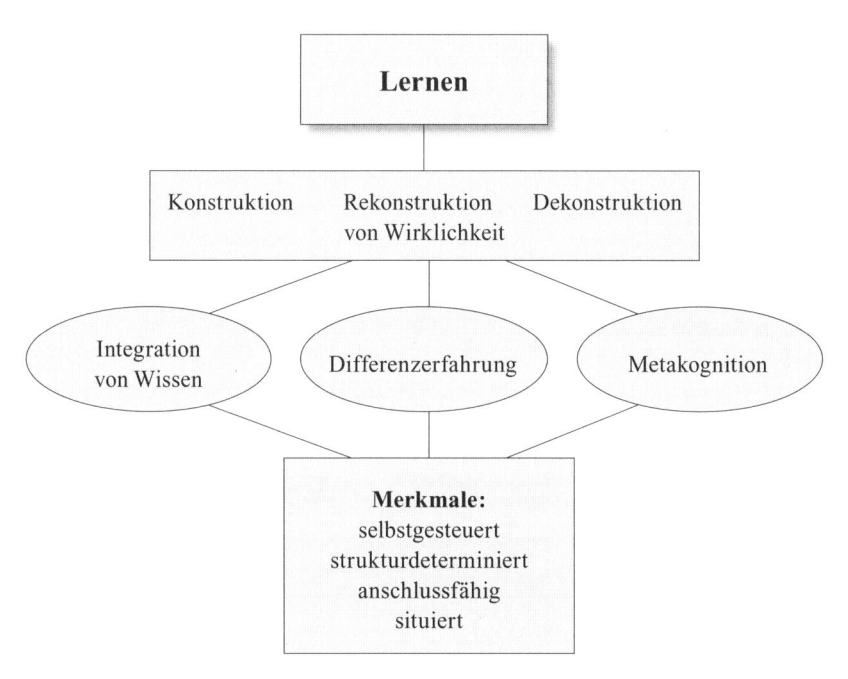

Integration von Wissen   Differenzerfahrung   Metakognition

Merkmale:
selbstgesteuert
strukturdeterminiert
anschlussfähig
situiert

Abb. 12: Lernen

Die pädagogische Diskussion über Lernen ist durch die Neurowissenschaften belebt und bereichert worden. Ulrich Herrmann fasst das Anregungspotenzial der Gehirnforschung wie folgt zusammen: „Erstens in der *Neurobiologie,* was durch die Evolution bewirkt worden ist; zweitens durch die *Neuropsychologie,* was das Gehirn an autonomer Selbstorganisation zustande bringt, wobei die Entdeckung der Funktion des limbischen Systems eine grundlegend neue Einsicht bildet, drittens durch die *Entwicklungsneurologie,* wie sich aus endogen und exogen modellierbaren Prozessen die ‚Individualität' des einzelnen Gehirns und seiner Funktionsweisen aufbaut; viertens das Funktionieren des Gehirns in Netzwerken und nicht nur in einzelnen Arealen." (Herrmann 2006, S. 14).

Eine Schaltstelle des Lernens ist der *Hippokampus.* Der Hippokampus speichert Erfahrungen und identifiziert Neuigkeiten. Deshalb wird er auch als Neuigkeitsdetektor bezeichnet. „Hat der Hippokampus eine Sache als neu und interessant bewertet, dann macht er sich an ihre Speicherung, d.h. bildet eine neuronale Repräsentation von ihr aus." (Spitzer 2003, S. 34).
Der Hippokampus wächst, je mehr er beansprucht wird, je mehr Erfahrungen verarbeitet werden.

Die dynamische, selbstorganisierende Lernaktivität des Gehirns kann am besten durch den Begriff *„Emergenz"* gekennzeichnet werden. Emergenz verweist auf die Eigendynamik und Selbstorganisation des Gehirns. Das Gehirn interagiert mit sich selbst: es aktiviert Erinnerungen, verknüpft Neues mit Bekanntem, verbindet Gefühle mit Wissensinhalten, erinnert sich an Situationen und Personen. Diese Aktivitäten des Gehirns laufen überwiegend unbewusst ab. Unsere Gedanken „flottieren", sie lassen sich nur bedingt steuern oder bremsen. Gleiches gilt für unsere Gefühle; auch sie lassen sich rational kaum regulieren, begleiten aber hemmend oder fördernd alle mentalen Prozesse.

Zur Emergenz gehört auch der *„sleeper effect"* des Lernens: Neues Wissen, das momentan nicht anschlussfähig und nicht verwertbar ist, wird oft nicht abgewehrt oder ignoriert, sondern „auf Vorrat" gespeichert. Es bleibt zunächst latent, bildet aber ein Reservoir, das zu einem späteren Zeitpunkt in einem anderen Kontext aktiviert und genutzt wird.
Wir kennen alle solche plötzlichen Einsichten, „Aha-Erlebnisse", bei denen „der Groschen gefallen ist" und es uns „wie Schuppen von den Augen fällt". Häufig legen wir ein Buch als nichts sagend und langweilig beiseite; einige Wochen später sind wir begeistert von dem Buch und entdecken faszinierende Deutungen, die wir bei der ersten Lektüre völlig übersehen haben.
Thomas Ziehe schreibt: „Identitätsrelevanz erhalten diese Reservoire erst in Phasen biografischer Brüche und biografischer Verdichtung... Zunächst wird man sich den

Handlungsfeld Lernen

Bildungsprozess so vorstellen müssen, dass die Reservoire sich *neben* dem bewährten Wissen und den konservativen Besetzungen ablagern... Ob und wann ‚das Alte' in der Psychodynamik und in der Kognition so erschüttert wird, dass die Reservoire aktiviert werden, sich ausbreiten, vielleicht sogar die Herrschaft übernehmen, ist nicht pädagogisch planbar!" (Ziehe/Stubenrauch 1982, S. 179).

Ein wichtiger Zwischenschritt in der Emergenz der Kognition sind *Ahnungen* und *Intuitionen*. Ahnungen sind keine Phantasien, keine Spekulationen sondern Vorformen des Wissens. Sie basieren auf einem latenten Hintergrundwissen, auf früheren Erfahrungen, an die wir uns ungenau erinnern. „Ahnungen sind also epistemische Zustände, die Vorgriffscharakter haben, vage Repräsentationen für etwas, was epistemisch anders noch nicht zugänglich ist." (Hogrebe 1996, S. 21). In Ahnungen ist implizites Wissen eingebettet. Ahnungen werden durch explizites Wissen nicht ersetzt, sie umgreifen als Hypothesen über Zukünftiges unser Bewusstsein.
Ahnungen können Warnsignale enthalten, sie können den Horizont erweitern.

Während sich Ahnungen auf die Zukunft richten, sind *Intuitionen* aktuelle Problemlösungspotenziale. Auch Intuitionen „emergieren" aus Vergessenem und aus implizitem Wissen. Intuition entsteht aus der Eigendynamik und der Selbstorganisationsfähigkeit des Gehirns.
Ahnungen und Intuitionen müssen erspürt werden, wir müssen in uns hinein horchen. Ahnungen „stellen sich ein", sie werden nicht bewusst erzeugt, Ahnungen und Intuitionen sind „mitlaufende" mentale Prozesse. Beide Erkenntnisformen sind kreativ, aber gedanklich unstrukturiert, sie sind gefühltes Wissen.

Exkurs:
Träges Wissen und kognitives Rauschen
Für pädagogisch Tätige sind „träges Wissen" und „kognitives Rauschen" permanente Herausforderungen. Träges Wissen bleibt äußerlich, es kann für Problemlösungen nicht genutzt werden (Weinert/Mandl 1997, S. 325), es wird in die eigene Wirklichkeitskonstruktion nicht integriert. Welches Wissen jedoch „träge", also funktionslos bleibt, entscheidet jeder Einzelne und nicht der Lehrende.
Träges Wissen bewirkt kognitives Rauschen. Man hört zu, ist aber mit den Gedanken „nicht bei der Sache". Das vermittelte Wissen wird nicht als interessant und nicht als relevant empfunden oder es wird nicht verstanden.
Erfahrene PädagogInnen können kognitives Rauschen beobachten. Im Sinne eines „reading and flexing" kann das „Rauschen" metakommunikativ erörtert werden oder das Thema und die Methode werden variiert. Meist bleibt ein Wissen träge, das nicht an die Lebenswelt der Beteiligten anschlussfähig ist.

Gerhard Roth definiert Lernen als einen „aktiven Prozess der *Bedeutungserzeugung"*, der individuell sehr unterschiedlich verläuft (Roth 2006, S. 55). Lernen als Konstruktion von Bedeutungen unterscheidet sich wesentlich von einer Betrachtung des Lernens als reine „Informationsverarbeitung" nach dem Sender – Empfänger – Modell.

Bedeutungen können nicht von einer Person auf eine andere übertragen werden. Bedeutungen entstehen eigensinnig und emergent.

Das Gehirn verfügt – metaphorisch gesprochen – über drei Detektoren:
- Neuigkeitsdetektor
- Anschlussdetektor
- Bedeutungsdetektor

Das Gehirn testet und tastet Wissen ab hinsichtlich des Neuigkeitswertes. Ist eine Mitteilung bekannt, beschäftigt sich das Gehirn nicht weiter damit. Der Anschlussdetektor prüft, ob die Mitteilung anschlussfähig ist, ob sie an vorhandenes Wissen und Erfahrungen angekoppelt werden kann. Der Bedeutungsdetektor prüft den subjektiven Sinn, die Viabilität und Verwertbarkeit eines kognitiven Inhalts.

Das Gehirn ist also ein biografisches Organ.

Lernen ist ein selbstreferenzieller, selbsttätiger Prozess, der aber in *Kontexten* stattfindet. Vor allem für das episodische Gedächtnis ist es wichtig, wann, wo und mit oder von wem etwas gelernt wurde. „Dieser Kontext ist ‚mitentscheidend' für den Lernerfolg und wird zusammen mit dem Wissensinhalt ‚abgespeichert'." (Roth 2006, S. 58).

Das Gehirn ist zwar individuell und einmalig – jeder nimmt eine Situation anders wahr –, aber zugleich ist Lernen sozial geprägt. In verschiedenen Kulturen und Milieus wird jeweils unterschiedlich gelernt. Wir lernen so, wie wir es von unseren Bezugspersonen gelernt haben.

Gerald Hüther beschreibt sogar das Gehirn als „soziales Konstrukt". Die frühen „Bindungserfahrungen" beeinflussen das Gehirn nachhaltig. Lernen erfolgt in den ersten Lebensjahren vorrangig als Imitationslernen, als „Lernen am Modell". „Ohne erwachsene Vorbilder hätte ein Kind womöglich noch nicht einmal aufrecht zu gehen gelernt, es wäre nicht in der Lage, sich in einer bestimmten Sprache auszudrücken, es wüsste nicht, was essbar und was giftig und gefährlich ist." (Hüther 2006, S. 44).

So sehr also einerseits die Selbststeuerung des Lernens betont wird, so wichtig ist andererseits die Lernumgebung, das Lernsetting.

Dass die Nachhaltigkeit des Lernens von der emotionalen Verankerung des Lerninhaltes abhängt, ist in den vergangenen Jahren in seiner ganzen Tragweite erkannt worden (vgl. Roth 2001, Ciompi 2003, Arnold 2005, Damasio 2005).

Handlungsfeld Lernen

Doch die Erkenntnis, dass „lustbetontes" Lernen besonders effektiv ist, sollte nicht als Plädoyer für eine „Spaßpädagogik" missverstanden werden. Die Erfolgserlebnisse hängen wesentlich von dem Schwierigkeitsgrad einer Aufgabe ab. Lernende wollen sich einer Herausforderung stellen, sie wollen lieber leicht überfordert als ständig unterfordert werden. Das gilt für Grundschulkinder ebenso wie für Senioren.
Emotional befriedigend ist es meist nicht, irgendein bangloses Wissen gelernt zu haben, sondern Zusammenhänge begriffen zu haben. „Emotionen spielen bei dieser Musterbildung eine entscheidende Rolle." (Braun / Meier 2006, S. 107).
Solche „Muster" sind lebenswichtig: Sie schaffen Ordnung und ermöglichen eine Orientierung in einer unübersichtlichen Welt. Musterbildung ist also die Konstruktion von Zusammenhängen und Sinn.
Der Schweizer Psychologe L. Ciompi bezeichnet diese lebenswichtigen Muster als „affektiv-kognitive Bezugssysteme" oder *„Fühl-Denk-Verhaltensprogramme".* (Ciompi 2003, S. 62) Diese Programme sind hierarchisch angeordnet und bilden das Gerüst unserer Wirklichkeitskonstruktion.
Soviel scheint festzustehen: die neuronalen Vernetzungen des Gehirns ermöglichen Lernen. Und: „Lernen verändert das Gehirn. Die Struktur des Gehirns wandelt sich, weil die Qualität und die Anzahl der Verknüpfungen sich ändert." (Gropengießer 2003, S. 35).

Exkurs:
Wittgensteins Sprachspiele
Wir leben im Medium der Sprache. Mit Hilfe unserer Sprache konstruieren wir unsere Wirklichkeit. Sprache bildet die Welt nicht ab, sondern verweist auf den Zusammenhang von Ich und Welt („Ich sehe dich").
Einer der prominentesten Sprachphilosophen ist Ludwig Wittgenstein und einer der meist zitierten philosophischen Sätze lautet:
„Dass die Welt meine Welt ist, das zeigt sich darin, dass die Grenzen der Sprache (der Sprache, die allein ich verstehe) die Grenzen meiner Welt bedeuten." (in: Macho 2001, S. 54). Sprachlich erzeugen wir Welten, ohne die wirkliche Welt zu kennen. Wir konstruieren einen sprachlichen Weltzusammenhang, ohne zu wissen, was die Welt zusammen hält. Insofern haben unsere Sprachspiele etwas Spielerisches. Jeder spielt ein anderes Spiel.
Wittgensteins Philosophie enthält mystische Elemente: „Nicht wie die Welt ist, ist das Mystische, sondern dass sie ist... Das Gefühl der Welt als begrenztes Ganzes ist das mystische." (ebda.,S. 60).
Wir können die außersubjektive Welt nicht erkennen, aber wir haben ein Gefühl des In-der-Welt-Seins, das aber bei Wittgenstein immer wieder durch Gefühle der Einsamkeit, der Heimatlosigkeit und Fremdheit irritiert wurde.

Wie kann die Lernfähigkeit verbessert werden?
1. durch Motivation und Interesse (unmotiviertes Lernen bleibt „äußerlich")
2. durch Übung (Lernerfolge wirken ebenso wie Lernbarrieren kumulativ)
3. durch anregende und ermutigende Kontexte (soziale, aber auch räumlich – ökologische Umgebungen)
4. durch vielfältige Differenzerfahrungen (d.h. auch: überraschende Perspektiven)
5. durch Metakognition (Lerntechniken, Lernstrategien, Selbstevaluation)
6. durch die gesellschaftliche Anerkennung von Lernbemühungen

„Menschen lernen dauernd. Aber manches Lernen hat auch seine Zeit. Dies gilt insbesondere beim Sprachenlernen. Manches, was da in der Jugend nicht gelernt wurde, kann im Erwachsenenalter nicht nachgeholt werden." (Gropengießer 2003, S. 36).

Fazit
Die Zahl der Definitionen des Lernens ist unübersehbar. Aus konstruktivistischer Sicht seien noch einmal wenige Aspekte hervorgehoben:
- Lernen erfordert das Bewusstsein, dass unsere Welt beobachtungsabhängig ist und dass wir unsere Welt verändern, wenn wir unsere Beobachtungen ändern
- Beobachtungen beruhen auf Unterscheidungen. Lernen heißt: Unterscheidungen differenzieren, dualisierendes Denken durch differenzierendes Denken ersetzen
- Sinnvolles Lernen meint: Zusammenhänge herstellen, sich um Vernetzungen bemühen (Vergangenheit – Zukunft, Emotion – Kognition, Erfahrung – Wissenschaft, Eigennutz – Gemeinwohl)
- Lernen ist immer auch sozial: Wir lernen mit anderen und von anderen, d.h. Differenzen wahrnehmen, Perspektiven wechseln, unterschiedliche Sichtweisen „aushalten"
- Lernen heißt, sich seiner Stärken und Schwächen bewusst werden, mit Nicht-Wissen umgehen
- Lernen erfordert nicht nur eine kognitive, sondern auch eine emotionale Intelligenz, d.h. Lernen als positives Lebensgefühl „genießen".

5.3 Handlungsfeld Didaktik

„Wir haben es nie mit
der Sache an sich zu tun."
(K. Gergen)

Didaktisch entzündet sich der Konstruktivismusstreit vor allem an der Frage der *Inhaltlichkeit* des Lernens. Insbesondere die Schulpädagogik betont die Fachdidaktiken, die Vermittlung des Fachwissens. Dieses – meist wissenschaftlich basierte – Wissen wird als *Abbild* objektiver Realitäten und nicht als Konstruktion von Lehrplankommissionen, Kultusministerien, Schulbuchautoren, Fachwissenschaftern interpretiert.

Ewald Terhart, prominenter Didaktiker, Schulpädagoge und Kenner des Konstruktivismus, vertritt diese sachorientierte Position:
„Dieser Anspruch der Sache ist für schulisch organisiertes Lehren und Lernen m. E. konstitutiv und insofern unabweisbar... Die Sache der Schule ist die Sache. Dies heißt nicht, dass ‚die Schule' ewig, unwandelbar und unbezweifelbar im Raum steht." (Terhart 1999, S. 642).

Die radikal- konstruktivistische Didaktik – so E. Terhart – „entmaterialisiert" und „virtualisiert" schulisches Lernen. Dieser Ansatz verzichtet auf „eine nicht – subjektivistische Form der Auseinandersetzung mit Sachansprüchen" (ebda). „Schüler und Lehrer träfen ohne die neutralisierende Wirkung einer dazwischen stehenden Sache gleichsam ‚unmittelbar' aufeinander." (ebda.)

Kersten Reich, der wohl bekannteste konstruktivistische Schulpädagoge akzentuiert in dem Spannungsfeld „Inhalts- und Beziehungsaspekt" deutlich die Interaktionsdimensionen. Reich vertritt einen interaktionistischen, von John Dewey beeinflussten Konstruktivismus:
„Eine wesentliche Annahme der konstruktivistischen Didaktik ist ihre Begründung des Vorrangs der Beziehungs- vor der Inhaltsdidaktik. Beziehungen bilden den Rahmen und Kontext jeglicher Inhaltsvermittlungen... In der menschlichen Kommunikation wirken sich Beziehungen bestimmend auf gelingende oder misslingende Aktionen, auf gelingendes oder gestört erscheinendes Verhalten aus." (Reich 2002, S. 10 f.)

Auch K. Reich plädiert nicht dafür, dass die Schüler alles neu erfinden und entdecken sollten. Zur Klärung trägt seine Unterscheidung in Konstruktion, Rekonstruktion und Dekonstruktion bei.

Konstruktion heißt: eigene Wirklichkeiten erzeugen, handelnd umsetzen, evaluieren. *Rekonstruktion* meint: vorhandenes kulturelles und wissenschaftliches Wissen verarbeiten, mit eigenen Erfahrungen konfrontieren, in seine Deutungsmuster integrieren. *Dekonstruktion* ist die Notwendigkeit, die eigenen Praktiken und Wirklichkeiten zu prüfen, zu korrigieren, u.U. auch zu dekonstruieren (Reich 2002, S. 141 ff.).

Im schulischen Fachunterricht ist vor allem ein Rekonstruktionslernen gefragt: Das Fachwissen wird nicht direkt an die Schüler vermittelt, sondern die Lernenden eignen sich dieses Wissen an, indem sie es rekonstruieren, biografisch assimilieren, ihm Sinn und Bedeutung zuweisen.

In einem jüngeren Beitrag argumentiert K. Reich radikalkonstruktivisch, indem er die *Autodidaktik* neu interpretiert: Die Krise der gegenwärtigen Didaktik – so K. Reich – besteht darin, dass mehr vom Lehrer als vom Lerner aus gedacht wird. Charakteristisch für die herrschende Didaktik sind
- die Inhaltsdominanz
- die Methodenarmut
- die zu frühe Selektion der Schüler.

Nach der konstruktivistischen Wende der Didaktik ist nicht nur der Lehrer Didaktiker, sondern auch der Lerner. Der Lernende selber kann am besten entscheiden, welche Didaktik für ihn viabel ist.
Auch im Alltag „benötigen wir ein durchgehend didaktisches Geschick, um nicht in Unmengen von Daten und unaufbereiteten Informationen zu ersticken... Didaktik als eine Lernerqualifikation wird immer wichtiger." (Reich 2005, S. 187). Bei der Suche nach einer passenden Didaktik können und sollten die Lernenden jedoch unterstützt werden. Lehrende und Lernende „haben nach Möglichkeit dialogisch auszuhandeln, welche konstruktiven Wege und Mittel ihnen als Ressourcen bereitstehen." (ebda., S. 188).

E. Terhart und K. Reich argumentieren als Schulpädagogen. Für das „System Schule" sind der Bildungskanon, die Unterrichtsfächer und der Fachlehrer strukturbildend. Dies ist in der Erwachsenenbildung anders, und auch die „Inhaltlichkeit" muss in diesem Bildungssektor anders akzentuiert werden.

Rolf Arnold stellt fest, dass es in der Erwachsenenbildung „‚den Stoff an sich' nicht gibt" (Arnold 2007 a, S. 70). Er verbindet den Lerninhalt mit dem konstruktivistischen Wissensbegriff. Wissen ist demnach kein Reservoir, das pädagogisch vermittelt werden kann, sondern subjektives Wissen wird in einem Prozess der Emergenz erzeugt, wobei selbstverständlich auf vorhandene Wissensbestände zurückgegriffen wird.

Für Erwachsene ist Wissen primär als Ressource für Kompetenzentwicklung interessant. Ein „zweckfreies" Wissen ohne Anwendungsbezug ist im Normalfall irrelevant. Ein „dekontextualisiertes" Daten- und Faktenwissen ist nur für Bewerber an Günther Jauchs Quiz-Sendung von Interesse.

Diese Verwendungsorientierung des Wissens ist in der Erwachsenenbildung vielfältig nachgewiesen worden (Kejcz u.a. 1979, Arnold u.a. 1998, Nolda 1996): Lerninhalte werden höchst individuell, biografieabhängig und kontextbezogen konstruiert. So empfiehlt es sich, zwischen dem *Thema* und den *Lerninhalten* zu unterscheiden. Das Thema ist meist institutionell vorgegeben, z.b. Spanisch für Anfänger, moderne Kunst, asiatische Heil- und Meditationsverfahren... Die Lerninhalte Erwachsener ergeben sich nicht aus der Sachlogik der Unterrichtsfächer, sondern aus lebensweltlichen Problemen und Verwendungssituationen. Man interessiert sich für einen Spanischkurs, um mit einem spanischen Freund korrespondieren zu können oder weil man einen Urlaub in Spanien plant oder um sich mit spanischen Geschäftspartnern verständigen zu können oder weil man spanische Musik liebt...
Lerninhalte werden entweder in ein Seminar „im biografischen Gepäck" mitgebracht, oder sie entstehen im Verlauf des Seminars – sei es angeregt durch den Seminarplan des Kursleiters, sei es „subversiv" als heimlicher Lehrplan – oder man findet seinen Lerninhalt nicht und die seminaristische Kommunikation bleibt „kognitives Rauschen".

Ein Beispiel aus eigener Erfahrung:
Ich habe an einem Volkshochschulkurs „Spanisch für Fortgeschrittene" teilgenommen. Drei Kapitel des Lehrbuchs behandelten das Thema „Mit dem Auto durch Spanien". Drei lange Seminarabende lernten wir Zündkerzen, Stoßstange, Reparaturwerkstatt, Geschwindigkeitsbegrenzung, Überholverbot... Nach drei Abenden fragte der Kursleiter, wer schon einmal mit dem Auto durch Spanien gefahren war. Niemand. Eine Teilnehmerin fragte, wer denn beabsichtige, mit dem eigenen PKW nach Spanien zu reisen. Auch niemand. Aber wir wussten endlich, was es heißt: „Wechseln Sie mir die Reifen, bitte."

Lerninhalte Erwachsener entstehen emergent und situiert in dem Spannungsviereck von Psychologik (d.h. die kognitiv-emotionale Vorstruktur), Soziologik (d.h. die Dynamik und Systematik einer Seminargruppe), Sachlogik (d.h. die curriculare Struktur des Lerngegenstands) und Verwendungslogik (d.h. die Erfordernisse der Handlungssituation).

Didaktik

Vermittlungsdidaktik	—	Ermöglichungsdidaktik
Inhaltsaspekt	—	Beziehungsaspekt
Instruktionsmethoden	—	Konstruktionsmethoden
Stofforientierung	—	Teilnehmerorientierung
wissenschaftliches Wissen	—	Erfahrungswissen
selbstorganisiert	—	fremdorganisiert
situiert	—	situationsunabhängig
individuell	—	sozial

Abb. 13: Didaktik

Das Lernen Erwachsener ist biografisch verankert und dadurch individuell höchst unterschiedlich.
Rolf Arnold hat dementsprechend das Konzept „*Ermöglichungsdidaktik*" publik gemacht (Arnold/Gomez Tutor 2007, Arnold 2007a, S. 45). Gemeint ist eine Lehr-Lernkultur, die eine Vielfalt von Lernstilen berücksichtigt und verschiedene Lernwege ermöglicht, die den Lernbiografien und kognitiven Strukturen Rechnung trägt, die die Reflexion und Erweiterung der Wirklichkeitskonstruktionen anregt, die metakognitive Fähigkeiten fördert. Der Wissenserwerb wird nicht vernachlässigt, aber es wird ein Wissen angeeignet, das Handlungskompetenzen unterstützt. Soziales Lernen ist erwünscht, vor allem in Gruppen, in denen „Differenzerfahrungen" möglich sind. Generell wird das Erfahrungslernen aufgewertet: Frühe Erfahrungen werden aktualisiert und evaluiert und neue Erfahrungen werden angeregt. Angestrebt wird eine Verflüssigung von Erfahrungen, sofern sie sich als entwicklungshemmend erweisen.

> *Exkurs:*
> *John Dewey: Erfahrungslernen*
> *Der Amerikaner John Dewey (geb. 1859, gest. 1952) ist der bekannteste Vertreter des pädagogischen Pragmatismus.* Pragmatisten halten nur solche Theorien für sinnvoll, die die Praxis verändern. Dementsprechend ist Praxisrelevanz auch für Pädagogik das entscheidende Kriterium. Wesentlich ist die Bedeutung, die den Dingen und Ereignissen für die subjektive Lebenswelt des einzelnen beigemessen wird. Diese Bedeutungen kommen durch menschliche Erfahrungen zustande. Dabei geht es Dewey auch um politische, demokratische Erfahrungen.
>
> *Erfahrungen werden nicht einfach „gemacht", sie müssen auch reflektiert werden.* Denn Erfahrungen sind meist ambivalent:
> *„Eine Erfahrung kann etwa von solcher Art sein, dass sie unempfindlich macht; sie kann einen Mangel an Aufnahmefähigkeit und Reaktionsbereitschaft bewirken. Dann ist die Möglichkeit, weitere Erfahrungen zu machen, beschränkt… Jede einzelne Erfahrung mag für sich lebendig, kraftvoll und interessant sein und doch kann ihre Zusammenhangslosigkeit desintegrierte, zerstreuende Verhaltensformen entstehen lassen" (Dewey 1966, S. 38f.)*
> *Pädagogisch betrachtet bilden Erfahrungen das Rohmaterial des Lernens. Der Lehrer unterstützt die Reflexion von Erfahrungen, die Erschließung einer Erfahrungskontinuität, den Zusammenhang von Erfahrungen und Umwelt. Dieser Zusammenhang wird von Dewey als „Wechselwirkung" beschrieben (ebda.,S. 53). Erfahrungen konstruieren den Lerngegenstand; Erfahrungen generieren Wissen, und Wissen ermöglicht neue Erfahrungen. Erfahrungen machen heißt „In-der-Welt-sein" (ebda., S. 55).*
> *Sowohl E. v. Glasersfeld als auch R. Arnold und K. Reich beziehen sich auf J. Dewey.*

Erfahrungen basieren auf Erlebnissen, sie sind emotional gefärbt. Erfahrungen sind das Fundament für „Fühl-Denk-Verhaltensprogramme" (Ciompi 2003, S. 62), die die Matrix für unsere Wahrnehmungen und Beobachtungen bilden. Rolf Arnold spricht von einer „systemischen Logik des Emotionalen als der tragenden Basis von Welterleben und Weltdeutung" (Arnold 2007a, S. 51).
Ermöglichungsdidaktik schließt – so R. Arnold – didaktische Interventionen der Lernenden nicht aus. Didaktik wird definiert „als die Kunst, zwischen die Erfahrungen zu gehen"(ebda. S. 108), also nicht nur an Erfahrungen anzuknüpfen, sondern sie zu perturbieren, zu reflektieren, u.U. auch zu „dekonstruieren".

Didaktik war lange Zeit eine Domäne der Erziehungswissenschaften. Doch seit einigen Jahren häufen sich die *kognitionspsychologischen Beiträge* zur Didaktik. Vor allem die Münchener Forschergruppe um Heinz Mandl beschäftigt sich mit dem Verhältnis von Lehren und Lernen Erwachsener und vertritt dabei einen „gemäßigten" Konstruktivismus:
„Unabhängig vom Alter der Lernenden lässt sich Lernen entsprechend einer gemäßigt konstruktivistischen Auffassung generell als aktiver, selbstgesteuerter, konstruktiver, situativer und sozialer Prozess beschreiben. D.h. Lernen ist nur über die aktive Beteiligung des Lernenden (einschließlich Motivation und Interesse) möglich; kein Lernen ist ohne *selbstgesteuerten* Anteil denkbar; über kontinuierlich ablaufende individuelle Wahrnehmungs-, Erfahrungs- und Interpretationsprozesse ist Lernen in jedem Fall *konstruktiv;* eingebettet in jeweils spezifische Kontexte verläuft Lernen stets *situativ,* und schließlich ist Lernen immer auch *sozial* in dem Sinne, dass Lernen zum einen ein interaktives Geschehen darstellt und zum anderen soziokulturellen Einflüssen ausgesetzt ist." (Reinmann-Rothmeier/Mandl 1997, S. 356).

G. Reinmann-Rothmeier und H. Mandl unterscheiden *Instruktions- und Konstruktionsmethoden.* Instruktionsmethoden überwiegen in stoffvermittelnden, lehrerdominierten Lehr- und Lernsituationen. Die Rolle der Lerner ist eher rezeptiv. Charakteristisch ist der „Mangel an Aktivität, intrinsischer Motivation und Eigenverantwortung" (ebda., S. 363).

Konstruktionsmethoden wie Gruppenarbeit, Projektunterricht, entdeckendes Lernen betonen das situative, kontextabhängige Lernen. Als Vorläufer dieser konstruktivistischen Methoden wird erneut J. Dewey genannt.

Reinmann-Rothmeier und Mandl plädieren zwar für eine Aufwertung der konstruktiven Methoden, allerdings mit Einschränkungen: Wenn die Lernenden über keine Erfahrungen mit solchen aktiven Methoden verfügen, wenn nur geringe Vorkenntnisse vorhanden sind und ein Überblickswissen fehlt, sind strukturierende instruktive Methoden „erfolgreicher". Außerdem haben einige neuere amerikanische Instruktionsmethoden („instructional design") konstruktivistische Anregungen verarbeitet. So hat der Amerikaner David Merrill Theorien und Modelle des instructional design ausgewertet.

Die meisten Methoden sehen fünf Phasen vor, die die Lernerperspektive berücksichtigen:
1. Lerner werden in die Problembeschreibung einbezogen.
2. Die Vorkenntnisse der Lernenden werden aktiviert.
3. Neues Wissen wird teilnehmerorientiert präsentiert.
4. Das neue Wissen wir von den Lernern angewendet.
5. Das neue Wissen wird in die Wirklichkeitskonstruktionen der Lerner integriert. (Merrill 2001, S. 2).

G. Reinmann-Rothmeier und H. Mandl warnen davor, Instruktion und Konstruktion als Gegensätze zu begreifen. Allerdings kritisieren sie ein Übergewicht der Instruktions- und eine Vernachlässigung der Konstruktionsmethoden in der pädagogischen Praxis.

Sie plädieren für eine Förderung des situierten Lernens, d.h. eine Einbettung der Lerninhalte in konkrete, lebensweltliche Verwendungssituationen. Gegenüber einer solchen situierten Kognition wird geltend gemacht, dass polyvalente Kompetenzen gerade ein situationsunabhängiges Lernen erfordern (vgl. Terhart 1999, S. 643).

Reinmann-Rothmeier und Mandl schlagen vor, dass beim situierten Lernen der Transfer des Gelernten durch „multiple Kontexte" und „multiple Perspektiven" geübt wird (ebda., S. 380). Sie empfehlen, komplexe Lernumgebungen mit unterschiedlichen Kontexten zu arrangieren und soziales, kooperatives Lernen zu fördern.

Exkurs:
Paulo Freire: generative Themen
Paulo Freire war ein brasilianischer Erwachsenenpädagoge, der wegen seines emanzipatorischen Engagements viele Jahre im Exil leben musste. Der Titel seines bekanntesten Buches ist sein Programm: „Pädagogik der Unterdrückten".
Grundlage dieser Pädagogik ist ein dynamischer Wirklichkeitsbegriff: Wirklichkeit ist nicht ein für alle Mal vorgegeben, Wirklichkeit ist veränderbar, Wirklichkeit entsteht in den Köpfen der Menschen. Die Welt der Unterdrückung besteht nicht nur aus der Herrschaft der Unterdrücker, sondern auch aus der Resignation der Unterdrückten, die ihre Situation widerstandslos akzeptieren. Der erste Schritt zur Veränderung ist eine Bewusstwerdung, die Dialoge erfordert, um die Welt anders zu beobachten und zu „benennen": „Weil Dialog Begegnung zwischen Menschen ist, die die Welt benennen", darf Pädagogik nicht als „Instrument zur Beherrschung von Menschen durch andere dienen". (Freire 1973, S. 72).
Pädagogik – so Freire – ist politisch nie neutral. Bildung ist nur als Praxis der Freiheit denkbar. Diese Praxis besteht aus befreienden Aktionen und kritischen Reflexionen. Die beherrschende Pädagogik ist jedoch die Pädagogik der Unterdrücker.

Deren Methode nennt Freire Bankiers-Methode, bei der die Lernenden mit Wissen gefüllt und „gefüttert" werden. Die Lernenden werden wie „Container" behandelt:
„ a) Der Lehrer lehrt, und die Schüler wissen nichts.
b) Der Lehrer weiß alles, und die Schüler wissen nichts.
c) Der Lehrer denkt, und über die Schüler wird gedacht.
d) Der Lehrer redet, und die Schüler hören brav zu." (ebda. S. 58).

Freires befreiende Pädagogik – insbesondere seine Methode der Alphabetisierung. Erwachsener – ist radikal teilnehmerorientiert. Bereits die Curriculumentwicklung erfolgt in den Lebenswelten der Zielgruppen. Freire und seine Mitarbeiter lebten einige Wochen in den Dörfern ihrer Zielgruppen, um deren Alltagsthemen und Umgangssprachen zu erfahren. Auf diese Weise ermitteln sie einen Katalog „generativer Themen". Dies sind Themen, die die Menschen beschäftigten und die ihre Welt ausmachen. Die Gesamtheit dieser Themen wird als „thematisches Universum" bezeichnet. Generative Themen beziehen sich auf „Grenzsituationen", auf kritische, existenzielle Lebensereignisse.

Die Lerninhalte dieser Erwachsenenbildung sind also nicht fremdbestimmt, sondern ergeben sich aus den alltäglichen Lebenswelten der Lernenden. Diese Themen sind keineswegs „beliebig", da der Alltag von strukturellen politökonomischen Faktoren beeinflusst wird.

Freire ist bemüht, die „Kultur des – ohnmächtigen – Schweigens" durch eine Kultur des Dialogs zu ersetzen. Dialog aber erfordert Sprachkompetenz. Bewusstseinsbildung und Sprachschulung gehören deshalb eng zusammen. Das Sprachmaterial der Alphabetisierung sind generative Wörter, also Schlüsselbegriffe, die zur Lebensbewältigung wesentlich sind. Diese Wörter werden in Silben zerlegt, aus denen neue Wörter gebildet werden. Außerdem werden diese generativen Wörter bildlich codiert, so dass sie anschaulich werden und nachhaltig gespeichert werden.

Generative Themen sind durchaus nicht nur Themen des alltäglichen Lebens, sondern auch philosophische Themen: „Das anthropologische Konzept der Kultur ist ein solches Scharnierthema. Es klärt die Rolle des Menschen in der Welt und mit der Welt als ein Wesen, das sich eher verändert als sich anpasst." (ebda., S. 101).

Die traditionelle Sicht der Wirklichkeit bezeichnet Freire als mechanistisch, d.h. als determiniert, abhängig, fremdbestimmt. Er befürwortet ein Welt- und Menschenbild, das den Menschen als selbstgesteuert und autopoietisch begreift. Freires Philosophie beinhaltet viele Elemente, die mit dem Konstruktivismus kompatibel sind.

Fazit
Mit der konstruktivistischen Erkenntnistheorie lassen sich pädagogisch radikale oder moderate Konsequenzen begründen. Die radikale Position begreift jedes Lernen als selbstgesteuert, für das Didaktik allenfalls unterstützende Lernarrangements bereitstellen kann.

Auch eine moderate Position besteht darauf, dass beim institutionalisierten Lernen die subjektiven Welten mit (wissenschaftlichen und kulturellen) Wissensbeständen in Beziehung gesetzt werden. Eine solche Wechselwirkung kann der Lehrer anregen, wobei sein Sachwissen ein Angebot ist, von dem die Lernenden Gebrauch machen können. „Wissensvermittlung" ist so kein Transport des Wissens, sondern ein „Vermitteln" zwischen Sachwissen und Erfahrungswissen.

Lerninhalte sind nicht vorgegeben, nicht vorhanden – weder durch Lehrpläne noch durch Lehrbücher oder Volkshochschulprogramme. Lerninhalte werden individuell erzeugt, und zwar in einem Prozess der Emergenz. Es ist denkbar, dass Teilnehmer „ihren" Lerninhalt mitbringen. Es ist aber auch denkbar, dass Teilnehmer im Verlauf eines Seminars ihren Lerninhalt finden. Es ist drittens denkbar, dass „mitgebrachte" Lerninhalte verloren gehen, durch andere ersetzt werden oder von neuen Inhalten überlagert werden. Lerninhalte sind also nichts Feststehendes.

5.4 Handlungsfeld Methodik

*Man kann ein Pferd zur Tränke führen,
aber nicht zum Trinken zwingen.
(engl. Sprichwort)*

Es gibt keine speziell konstruktivistischen Methoden der Bildungsarbeit. Dennoch bleibt in der pädagogischen Praxis nicht „alles beim Alten". Der Konstruktivismus ist eine veränderte Beobachtungsperspektive und ein anderes Beschreibungssystem von Lehr-Lernsituationen. Mit einem anderen Blick auf eine Situation ist – unvermeidlich – ein anderes Handeln verbunden.

Aus konstruktivistischem Beobachten und Erkennen entsteht eine *„Haltung"*, die die Einstellung zu sich selber, zu anderen, zu den Lerninhalten prägt. Vereinfacht gesagt: Konstruktivistische Lehrer erkennt man weniger an ihrem Wissen über Konstruktivismus als an ihrer Haltung.

Konstruktivistische Praxis heißt nicht: auf Lehrervorträge verzichten und Kleingruppenarbeit bevorzugen. Auch ein Vortrag kann nachhaltige Lernprozesse auslösen – wie andererseits Gruppenarbeit langweilig und unergiebig sein kann.

Gelegentlich wird konstruktivistischer Unterricht als „lebendig" bezeichnet. In der Tat ist das Lebendige ein pädagogischer Schlüsselbegriff, den der Konstruktivismus jedoch nicht für sich gepachtet hat. Lebendiges Lehren und Lernen (vgl. Arnold/Schüßler 1998) ist ein Programm, das auf zukunftsfähige Lehr-Lernkulturen verweist.

Die Metapher des lebendigen Lernens lässt sich mit H. v. Foersters Unterscheidung von *trivialen* und *nicht trivialen Maschinen* verdeutlichen. (v. Foerster 1993, S. 135).

Triviale Maschinen lassen sich programmieren, regeln, kalkulieren, auch reparieren. Triviale Maschinen funktionieren nach einer linearen Kausalität, nach Ursache-Wirkung-Mechanismen. Für sie gelten eindeutige Unterscheidungen in richtig/falsch. Wirkungen können quantitativ gemessen werden, Störungen lassen sich beheben.

Nicht triviale Maschinen sind komplexe, selbstreferenzielle, eigendynamische Systeme. Solche „Maschinen" operieren selbstgesteuert, unkalkulierbar, spontan. Sie sind nicht determinierbar, sie können nicht programmiert oder instruiert werden. Die Kausalität wird nicht außer Kraft gesetzt, Handlungen erfolgen nicht willkürlich. Aber dem Handeln liegen vielschichtige Kausalnetze – und keine linearen Kausalketten zugrunde – Handeln basiert nicht nur auf Ursachen, sondern auch auf subjektiven Gründen und auf Intentionen.

Was bedeutet nun diese Unterscheidung von Trivialität und Nicht-Trivialität für die Methodendiskussion? Methoden sind keine „wirkungssicheren" Wege zu eindeutigen Zielen. Mit der Methode X (z.b. Gruppenarbeit) wird nicht ohne weiteres das Ziel Y (z.b. Konfliktfähigkeit) bewirkt. Auch zwischen Zielgruppen und Methoden besteht keine eindeutige Relation. Die Wirksamkeit von Methoden ist abhängig von Kontext, von der Situation, von der Stimmung, von den Lehrenden... Methoden sind Bestandteil eines dynamischen Netzwerks vielfältiger Faktoren. Eine Methode, die gestern bei einer Gruppe „ankam", kann heute bei derselben Gruppe Vermeidungsreaktionen hervorrufen.

Methoden dürfen nicht schematisch gehandhabt werden, sie müssen modifiziert, variiert, situationsangemessen eingesetzt werden.

In der Literatur besteht Übereinstimmung darin, dass „*aktivierende Methoden*" zu bevorzugen sind. Was „aktiv" und „aktivierend" meint, scheint selbstverständlich zu sein und wird meist nicht näher erläutert. Aktiv ist eine Gruppe offenbar dann, wenn sie sich „bewegt", wenn viel geredet, gelacht, gemalt, gespielt wird. Aber wird bei diesen Aktivitäten auch gelernt? Uns was wird gelernt, wenn miteinander gespielt wird? Und ist es bereits „teilnehmerorientiert", wenn es allen Spaß macht? Und überhaupt: Lernen diejenigen, die viel reden, mehr als diejenigen, die überwiegend zuhören? Ist Zuhören nicht „aktiv"?

Manfred Spitzer begründet die Alltagsweisheit, dass der Lernerfolg von der Aufmerksamkeit abhängt, neurowissenschaftlich: „Die Aufmerksamkeit auf einen bestimmten Ausschnitt dessen, was gerade unsere Sinne erregt, bewirkt die Aktivierung genau derjenigen neuronalen Strukturen, die für die Verarbeitung eben dieses Ausschnitts zuständig sind." (Spitzer 2003, S. 146).

So gesehen steuern Methoden nicht den Lernprozess (der verläuft bei nicht-trivialen Maschinen immer selbstgesteuert), aber Methoden beeinflussen die Aufmerksamkeit der Lernenden. „Mit Aufmerksamkeit sind zwei Prozesse gemeint, erstens die allgemeine Wachheit oder Vigilanz und zweitens die selektive Aufmerksamkeit auf einen bestimmtem Ort, Aspekt oder Gegenstand der Wahrnehmung." (ebda. S., 155).

Eine lernintensive Aktivierung unseres Gehirns erfolgt also nicht nur durch die Erinnerung an frühere Erfahrungen, sondern auch durch die Begeisterung für ein Thema. Dies kann ein Thema mit einer langen biografischen Geschichte sein, dies kann ein vergessenes Thema sein, das nach einer längeren Unterbrechung wiederentdeckt wird, dies kann aber auch ein völlig neues Thema sein.

Handlungsfelder

```
                    aktivierende Konstruktionsmethoden
biografische    Visualisierung    Perspektiven-       Reflexion
Methoden                          wechsel
```

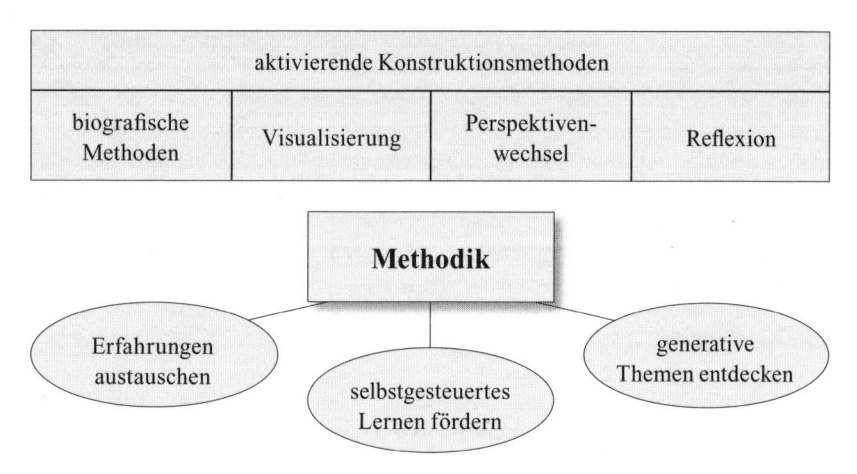

Methodik

- Erfahrungen austauschen
- selbstgesteuertes Lernen fördern
- generative Themen entdecken

Abb. 14: Methodik

Themenorientierung und Subjektorientierung sind keine Gegensätze. Wenn wir uns für ein Thema „begeistern", so hat das immer auch mit unserer Identität zu tun. Themen sind der Person nicht äußerlich, Themen werden affektiv besetzt, sie ermöglichen Identifikationen, eröffnen neue Horizonte und gehören so zu unserem Selbstverständnis. Aktivierende Themen geben uns Halt, sie sind Bestandteil unseres Ich.

„Aktivieren" heißt konstruktivistisch betrachtet:
Vorhandene Ressourcen für weitere Lernprozesse nutzen, Vorkenntnisse verbalisieren, Erinnerungen wachrufen, frühere Erfahrungen mit der Thematik verbinden. Neurowissenschaftlich gesehen ist unser Gehirn aktiv, wenn neuronale Netzwerke neu verknüpft werden, wenn Assoziationsareale aktiviert werden.
Aktives Lernen meint auch: Kognitionen emotional verankern und Emotionen für kognitives Lernen fruchtbar machen.
Aktives Lernen ist aber auch Transferlernen: Neues Wissen auf praktische Aufgaben und konkrete Verwendungssituationen übertragen.

Die Lernaktivität kann durch Kommunikation intensiviert werden: Eigene Gedanken anderen mitteilen, mit den Gedanken anderer vergleichen, Differenzerfahrungen machen, Streitgespräche führen, sich in die Lage anderer versetzen.

Mentale Aktivität wird stimuliert durch (didaktische) Überraschungen, durch Perturbationen, auch durch provokative Fragen oder Thesen, durch ungewöhnliche Lernorte.

Konstruktionsmethoden gehen von vorhandenen Wirklichkeitskonstrukten der Beteiligten aus, um diese Konstrukte in Lerngruppen zu kommunizieren, zu problematisieren, zu differenzieren.
Prinzipiell können alle Methoden einen Beitrag zu einem solchen Lernprozess leisten, da die Lernenden ohnehin selber entscheiden, von welchen Methoden sie sich anregen lassen. Dennoch gibt es einige Methoden, die aus konstruktivistischer Sicht zu bevorzugen sind, nämlich
- biografische Methoden
- visualisierende Methoden
- perturbierende Methoden
- reflexive Methoden

Biografische Methoden

Lernen Erwachsener ist in dreifacher Hinsicht biografieorientiert:
1. Unsere Biografie ist eine unerschöpfliche Ressource des Lernens, ein Reservoir an Erfahrungen, Situationen, implizitem und explizitem Wissen, an das neue Lerninhalte angeschlossen werden können.
2. Unsere Biografie ist Lerninhalt, eine reflexive Vergewisserung unserer Lebensgeschichte kann dazu beitragen, dass wir Frieden mit uns schließen.
3. Unsere Lernstile und Lernmethoden sind biografisch „gespurt"; wir haben Lerngewohnheiten erworben, die vieles erleichtern, die aber manchmal ein Umdenken und Verlernen erschweren.

Biografische Methoden der Bildungsarbeit berücksichtigen diese drei Aspekte. Wichtig erscheint, dass Erwachsene in Seminaren nur das von sich erzählen, was sie preisgeben wollen. Teilnehmer und Kursleiter sollten nicht aufdringlich sein, sie sollten die Intimität des anderen respektieren. Der Einzelne sollte entscheiden, welche biografischen Themen ihm für die Gruppe geeignet und für diese Situation passend erscheinen. Biografische Erzählungen sollten thematisch fokussiert werden. „Geschichten aus dem Leben", die nichts oder wenig zur Klärung der Thematik beitragen, sollten vermieden werden.
Vor allem in der Anfangsphase ist es für die Kursleitung und die Gruppe wichtig, die unterschiedlichen biografischen Lernerfahrungen mit dem Thema, biografische Zugänge zum Thema und mögliche Verwendungssituationen kennen zu lernen.

Wie intensiv und in welcher Form haben sich die Teilnehmer mit der Thematik beschäftigt? Was hat sie dazu motiviert? Welche Lernschwierigkeiten sind entstanden?
Gelegentlich bieten sich indirekte Verfahren an. So können Photos oder Karikaturen kommentiert werden. Die Teilnehmenden wählen die Bilder aus, die sie besonders ansprechen, und sie erläutern ihre Auswahl. Dabei kommen fast immer biografische Erfahrungen und Motive zur Sprache, und es entwickeln sich zwanglos erste Gespräche.
Im Verlauf eines Seminars sind *themenzentrierte biografische Interviews* (guided autobiography) denkbar. Teilnehmer werden nach ihren Erfahrungen mit der Thematik im Lauf des Lebens und im gesellschaftlichen Wandel der Zeit befragt. Solche Themen können sein: „Erziehung früher und heute", gesunde Ernährung, Techniken im Alltag, Umgang mit dem Computer, interkulturelles Zusammenleben, Natur und Naturschutz, Geschlechterverhältnisse...
Anregend und aufschlussreich sind auch *Zeitzeugenbefragungen*. Geschichte wird aus Sicht von Betroffenen geschildert, nacherlebt, erfahrbar gemacht. Dabei sollte bewusst bleiben, dass die Beteiligten nicht berichten, wie es damals „wirklich" war, sondern dass diese Berichte Rekonstruktionen sind, oft emotional getönt und gerade dadurch authentisch. (Übrigens können uns auch Historiker nicht sagen, wie die Geschichte „wirklich" verlaufen ist; auch historische Forschung basiert auf Beobachtungen.)
Narrative biografieorientierte Bildungsarbeit hat einen besonderen pädagogischen Charme. Sie ist ganzheitlich, anschaulich, lebhaft.

Visualisierung

Visualisierung ist die Veranschaulichung eines kognitiven Inhalts durch ein Bild oder eine grafische Darstellung. Der Brasilianer Paulo Freire hat diese Codierung bei seiner Alphabetisierungsmethode verwendet: Ein neues Wort wird zusammen mit einem Bild präsentiert und dadurch doppelt gespeichert.
Diese Methode lässt sich neurophysiologisch begründen. Beim Lernen fertigt das Gehirn ein inneres Bild von einem Gegenstand an. M. Spitzer spricht von „neuronalen Repräsentationen". Diese Repräsentationen stärken entsprechende Synapsen und bilden neuronale Netzwerke. Diese Netzwerke sind „plastische Karten", unser Gehirn „kartiert" seine Welt. Unsere Welt besteht also aus neuronalen „Landkarten".
Dabei ist bekannt, „dass kortikale Landkarten nicht nur erfahrungsabhängig entstehen, sondern einer beständigen erfahrungsabhängigen Umorganisation unterliegen. Man spricht von Neuroplastizität. Damit wird der Sachverhalt ausgedrückt, dass Nervenzellen untereinander beständig Verbindungen knüpfen und entknüpfen." (Spitzer 2003, S. 105).

Handlungsfeld Methodik

Lernen kann als Herstellung kortikaler Landkarten interpretiert werden. Vorhandene Karten werden bewusst gemacht, durch neue Erfahrungen verstärkt, differenziert, mit benachbarten Arealen vernetzt. In der pädagogischen Praxis entsprechen diesen neuronalen Repräsentationen *mind maps,* kognitive Landkarten: Einem Schlüsselbegriff oder einem Thema werden Merkmale, Eigenschaften, Unterbegriffe zugeordnet, auch Emotionen und Handlungen können notiert werden, Zusammenhänge können durch Verbindungen angedeutet werden. Es werden unterschiedliche Schriftgrößen, aber auch Farben und Symbole (z.B. Fragezeichen, Blitz) verwendet. Mind maps können verbessert, ergänzt und neu geordnet werden. Sie können individuell, aber auch in Kleingruppen erstellt werden. Unterschiedliche mind maps lassen sich vergleichen, sie verweisen auf verschiedene Erfahrungen, aber auch auf divergierende Wirklichkeitskonstruktionen. Werden mind maps zu Beginn und am Ende eines Seminars gezeichnet, lassen sich Lernfortschritte erkennen.

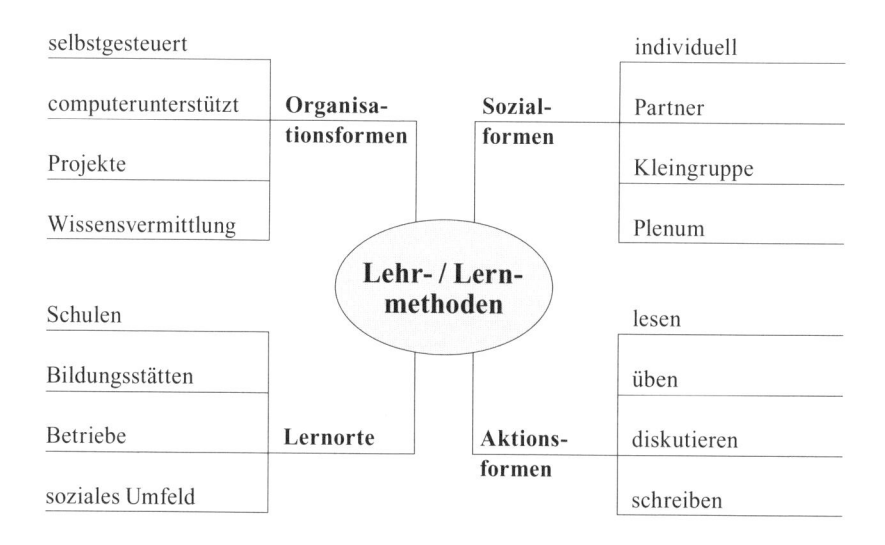

selbstgesteuert				individuell
computerunterstützt	**Organisa-**		**Sozial-**	Partner
	tionsformen		**formen**	
Projekte				Kleingruppe
Wissensvermittlung		**Lehr- / Lern-**		Plenum
Schulen		**methoden**		lesen
Bildungsstätten				üben
Betriebe	**Lernorte**		**Aktions-**	diskutieren
			formen	
soziales Umfeld				schreiben

Abb. 15: Lehr- / Lernmethoden

Perspektivenwechsel

Soziales Lernen in Gruppen ermöglicht es, die Welt von einem anderen Standpunkt aus zu beobachten und ungewohnte Perspektiven kennen zu lernen. Gelegentlich kann eine neue Perspektive ausprobiert werden. Oft wird die gewohnte Perspektive durch neue Sichtweisen ergänzt. Eine Flexibilisierung und Erweiterung der Beobachtungsperspektiven kann gelernt und – in Grenzen – geübt werden. Dazu eignen sich folgende Methoden:

Kopfstandmethode
Das scheinbar Selbstverständliche wird in Frage gestellt. Es wird das Gegenteil des Üblichen behauptet, z.B.:
- Niemand muss lebenslang lernen.
- Es wäre kein Verlust, wenn die Schule abgeschafft würde.
- Die Schule kann auf Zeugnisse und Noten verzichten.
- Unterrichtsfächer sind überflüssig.

Die Seminarteilnehmer sammeln Argumente für diese „Antithesen". Die Kopfstandmethode regt dazu an quer zu denken, gegen den Strich zu argumentieren. Oft zeigt sich dabei, dass die scheinbar absurden Thesen gar nicht so unvernünftig sind. Auch Nonsens-Fragen fördern Phantasie und Kreativität, z.B.:
- Warum sollten Nilpferde rosa Schleifen tragen?
- Warum sollte der Chef in Badehose ins Büro kommen?

Pro- und Contra-Debatte
Teilnehmer sammeln Argumente für ihre eigene Position und anschließend für die Gegenposition. Dadurch wird der Blick für Ambivalenzen und Mehrdeutigkeiten geschärft. Fast immer kann ein Problem von verschiedenen Seiten aus betrachtet werden, fast immer gibt es mehrere Lösungen.
Ein Pro- und Contra-Denken verhindert Dogmatismus und trägt zur Vermeidung von Positionsbehauptungen und Überheblichkeit bei.
Außerdem wird durch diese Methode gelernt, kompromissorientiert zu argumentieren, aber auch eigene Überzeugungen differenziert und unter Berücksichtigung von Einwänden zu vertreten.

Zirkuläres Fragen
Zirkuläres Fragen ist in der systemischen Therapie gebräuchlich. Ein Klient wird befragt, wie andere, nicht anwesende, aber zum sozialen Umfeld gehörende Personen das Problem oder ein Verhalten vermutlich beurteilen. Zweck dieser Fragen ist eine Sensibilisierung für den Kontext, für die Beobachtungsperspektiven anderer. Auch in Seminaren kann ein solches Fragen eine Erweiterung der Perspektiven fördern.

So kann bei politischen Themen gefragt werden:
- Wie würde ein Politiker der Partei X, der Gewerkschaft Y, die Frauenbeauftragte, der Ausländerbeauftragte diese Frage beantworten?
- Was würde ein Hartz IV-Empfänger, eine alleinerziehende Mutter, ein Rentner von diesem Gesetzentwurf halten?
- Welche Auswirkungen hat ein neuer Erlass auf die Schüler, die Eltern, die Lehrer, die Schulleitung?

Reflexionsmethoden

Menschen sind für ihr Denken und Handeln verantwortlich, weil sie zur Beobachtung II. Ordnung in der Lage sind. Beobachtung II. Ordnung ist Selbstbeobachtung: wir beobachten, wie und warum wir so und nicht anders beobachten. Ein solcher Selbstbezug ist reflexiv, und reflexives Lernen ist eine Voraussetzung für ein selbstgesteuertes, nachhaltiges Lernen.
Innerhalb der Kognitionswissenschaften beschäftigt sich ein eigener Forschungsbereich mit Verfahren der Metakognition. Durch Metakognition wir die Selbstevaluation der eigenen Lernstile und Lernstrategien, der Lernstärken und Lernschwächen, der Motivationen und Barrieren möglich.
Ein metakognitives Instrument ist das Lerntagebuch. Ein Lerntagebuch ist ein Lernbericht, in dem Lernfortschritte, aber auch Lernprobleme registriert werden. Während ein „Protokoll" vor allem die behandelten Inhalte notiert, konzentriert sich das Lerntagebuch auf Kompetenzfortschritte. Welche neuen Erkenntnisse, welche neuen Perspektiven werden festgestellt? Ist neues Wissen an vorhandene Erfahrungen anschlussfähig? Welche Fragen sind noch ungeklärt? Was möchte ich noch genauer kennen lernen?

Aus der systemischen Therapie kann das Konzept des „reflecting team" für Seminare übernommen werden. Zwei Teilnehmer werden gebeten, den Seminarverlauf gezielt zu beobachten und ihre Beobachtungen der Gruppe mitzuteilen.
Möglich Fragestellungen sind:
- Werden die Lernziele erreicht? Hat sich die Gruppe von dem Thema entfernt? Sind gemeinsame Ergebnisse zustande gekommen?
- Beteiligen sich alle gleichermaßen an der Diskussion? Wie sind die Rollen verteilt? Kommen alle zu Wort?
- Werden die Erfahrungen der Gruppe genutzt? Wird ein Praxistransfer erörtert und geübt?

Die Beobachterteams sollten im Verlauf eines Seminars ausgewechselt werden. Ggf. sollten in der Gruppe neue Vereinbarungen aufgrund der Berichte getroffen werden.
Relativ neu sind Modellversuche zur „Zertifizierung informell erworbener Kompetenzen". Dabei handelt es sich um Kompetenzen, die im Beruf, in der Familie, in der Freizeit erworben wurden, z.b. Fremdsprachenkompetenzen, technische Fähigkeiten, soziale Kompetenzen der Erziehung und „Menschenführung". Diese Zertifizierung beruht großenteils auf Selbstbeschreibungen und Selbstevaluationen.
Das in Deutschland bekannteste Projekt ist der „ProfilPASS".

Die Teilnehmer evaluieren ihre Tätigkeitsfelder, z.B.
- Hobbies und Interessen.
- Haushalt und Familie.
- Schule und Berufsausbildung
- Wehrdienst, Zivildienst
- Arbeitsleben
- Politisches und soziales Engagement

Vorgesehen sind 4 Schritte: 1. Benennen der Kompetenzfelder, 2. Beschreiben der Tätigkeiten, 3. Analyse der Kompetenzen, 4. Bewertung des Kompetenzniveaus.

Fazit
Gegenüber den bisher dominierenden Vermittlungsmethoden werden jetzt Konstruktionsmethoden bevorzugt. Diese Methoden sind lernerzentriert, sie verbinden die Thematik mit den biografischen Erfahrungen. Im Vordergrund steht die aktive Aneignung der Wirklichkeit. Die Lernenden reflektieren dabei ihre Wirklichkeitskonstruktion und erweitern ihr Selbst- und Weltverständnis. Dadurch verbessern sie ihre Lernfähigkeit und erwerben Techniken des selbstgesteuerten Lernens.
Methoden der Bildungsarbeit sind allerdings keine Rezepte, sondern Suchbewegungen. Methoden sollten nicht nur teilnehmerorientiert, sondern auch situationsangemessen variiert werden.

5.5 Handlungsfeld Gruppendynamik

Selbstreferenzielle Systeme sind operational geschlossen und können von außen nicht direkt beeinflusst werden. Bedeutungsvolles Wissen wird aufgrund von Erfahrungen individuell erzeugt und kann nicht von einem zum anderen vermittelt werden. Jeder bringt sein biografisches Gepäck mit in ein Seminar und verfügt über einen spezifischen Zugang zu der Thematik. Menschen sind „sinnkonstituierende Systeme". N. Luhmann spricht deshalb von der Unwahrscheinlichkeit menschlicher Kommunikation und von „doppelter Kontingenz". Was A hört und versteht, ist nicht identisch mit dem, was B sagt oder sagen will.

Die Frage ist deshalb: Wie können selbstreferenzielle Systeme miteinander und voneinander in Seminargruppen lernen?

Auch der Konstruktivismus behauptet keinen uneingeschränkten Individualismus. Individualität setzt soziale Kontexte voraus, und Selbstreferenz entsteht nicht unabhängig von Fremdreferenzen. Alle Konstruktivisten verweisen auf die Sozialität als Existenzbedingung.

Hier einige Beispiele:
- F. Varela bezeichnet Intelligenz als die „Fähigkeit, in eine mit anderen geteilte Welt einzutreten" (Varela 1990, S. 111).
- E. v. Glasersfeld spricht von einer „Viabilität zweiter Ordnung", die Intersubjektivität ermöglicht. Intersubjektives Erleben ist „realer" als „alles, das nur von einem selbst erlebt wird" (v. Glasersfeld 1997, S. 197 f.).
- H. v. Foerster ergänzt Maturanas These „Alles Gesagte wird von einem Beobachter gesagt" durch einen sozialen „Folgesatz Nr. 1": „Alles Gesagte wird zu einem Beobachter gesagt." (v. Foerster 1993, S. 85).
- Nach H. Maturana entsteht „Sinn" in sozialen Kontexten. Gedanken erhalten „ihren Sinn erst im Raum der sozialen Beziehungen" (Maturana 1996, S. 107).
- Für Siegfried Schmidt sind „kognitive Autonomie und soziale Orientierung" die zentralen Bezugspunkte unserer Wirklichkeitskonstruktion (Schmidt 1994).
- Paul Watzlawick definiert Wirklichkeit als „das Ergebnis von Kommunikation" (in Pörksen 2002, S. 212).
- Am nachdrücklichsten vertritt der „Sozialkonstruktionist" K. Gergen die These, dass wir unsere Welt „gemeinschaftlich" konstruieren. „Wir geben den Texten ihre Bedeutung durch ihre Funktion innerhalb von Beziehungen" (Gergen 2002, S. 59).
- Der Naturwissenschaftler Gerald Hüther definiert das Gehirn als „Sozialorgan": „Unser Gehirn ist ein soziales Produkt und als solches für die Gestaltung von sozialen Beziehungen optimiert." (Hüther 2006, S. 43).
- Die Soziologin Godela Unseld sammelt eine Fülle von Beispielen, die die „soziale Situiertheit" des Erkennens belegen (Unseld 1997, S. 225).

Handlungsfelder

```
                    Gruppendynamik
                   /              \
         Inhaltsaspekt  —   Beziehungsaspekt
              |                   |
         Kommunikation  —    Inszenierung
              |                   |
           Differenz    —    Perspektiven-
                              verschränkung
              |                   |
          Konkurrenz   —      Vertrauen
                    \         /
                Anschlussfähigkeit
                         |
                  Ko-Konstruktion
                         |
                      Synergie
```

Abb. 16: Gruppendynamik

Wenn aus konstruktivistischer Sicht von Lerngruppen und Gruppendynamik die Rede ist, muss beides im Blick behalten werden: die biografisch geprägte Selbstreferenz und die soziale Situiertheit des Lernens. Das heißt konkret: Seminarteilnehmer sind sich fremd und vertraut zugleich. Sie können sich nicht gegenseitig „verstehen", sie können sich aber um Verständnis bemühen. Sie können die Andersartigkeit der anderen akzeptieren und sich davon anregen lassen. Sie können eine Perspektivenverschränkung als Lernchance begreifen und Beobachtungsdifferenzen als Lernimpulse nutzen. Die Sichtweisen können sich annähern und zugleich differenziert werden. Indem die konsensuellen Bereiche erweitert werden, entwickelt sich die Gruppe zu einer „Deutungsgemeinschaft".

Gemeinsames Lernen in Gruppen kann *Synergieeffekte* bewirken. In einem solchen Fall ist der kollektive Lernerfolg größer als die Summe der individuellen Lernresultate. Synergieeffekte entstehen durch *Koevolution*. Damit ist eine gemeinsame, koordinierte Entwicklung mehrerer Personen gemeint. Koevolution kommt zustande, wenn eine Übereinstimmung inhaltlich relevanter Perspektiven einerseits und unterschiedliche, sich ergänzende Erfahrungen und Kenntnisse andererseits ausbalanciert werden. Koevolution setzt eine wechselseitige Akzeptanz und Wertschätzung und einen Verzicht auf Überlegenheitsansprüche voraus.

Für eine erfolgreiche Gruppenarbeit lassen sich folgende Bedingungen begründen:
1. Die Driftzonen, d.h. die thematischen und emotionalen Spielräume der Beteiligten, müssen große Schnittmengen aufweisen.
2. Die Selbstreferenz der anderen muss respektiert werden.
3. Die Erfahrungen und Beiträge müssen wechselseitig anschlussfähig sein.

Wir haben zwei Bildungsurlaubsseminare zum Thema „Klimawandel" verglichen. Nicht nur die Thematik, auch die Rahmenbedingungen (Ort, Dauer, Medien...) waren ähnlich. Aber die Gruppenzusammensetzung war unterschiedlich. Gruppe A war relativ homogen und bestand aus ökologisch engagierten Erwachsenen mittleren Alters. Gruppe B war eher heterogen, verschiedene Berufe, politische Orientierungen, Alterskohorten waren vertreten. Die Gruppenprozesse unterschieden sich in beiden Seminaren. Gruppe A war sehr schnell arbeitsfähig, „Perturbationen" waren eher selten, Gegenargumente wurden schnell widerlegt. Aufgrund dieses hohen Grades an Übereinstimmung ließen Spannungen und Interesse in der zweiten Seminarhälfte deutlich nach.
Gruppe B benötigte längere Zeit, um sich auf einen Arbeitsplan zu einigen. Die Diskussionen verliefen zuerst sehr kontrovers, auch chaotisch. Es gelang der Kursleitung aber mit viel Empathie, die unterschiedlichen Erfahrungen und Positionen gruppendynamisch zu nutzen, so dass die Gruppenarbeit im Verlauf des Seminars immer produktiver und perspektivenvielfältiger wurde.

Gruppenprozesse haben – mit P. Watzlawick gesprochen – einen *Inhalts- und einen Beziehungsaspekt;* anders formuliert: eine kognitive und eine emotionale Dimension.

Handlungsfelder

Die Teilnahme an einem Seminar ist mit sozialemotionalen Erwartungen verknüpft. Man erwartet, von anderen wahrgenommen, akzeptiert, anerkannt, bestätigt zu werden. Einer Seminarteilnahme liegen oft narzisstische Bedürfnisse zugrunde. Man möchte sich selbst darstellen, man hofft auf aufmerksame Zuhörer, auch auf Applaus.

Eine Seminargruppe besteht aus *Erwartungserwartungen*. Man stellt Hypothesen auf – als Kursleiter und als Teilnehmer – welches Verhalten die anderen von einem erwarten. Kursleiter und Teilnehmer möchten Enttäuschungen vermeiden. Teilnehmer antworten auf Fragen des Kursleiters, um ihm einen Gefallen zu tun.

Emotionen werden in eine Seminargruppe „mitgebracht", sie werden gelegentlich geäußert, oft aber verschwiegen. Neue Emotionen entwickeln sich im Verlauf des Seminars – Ärger, Eifersucht, Sympathie, Antipathie, Freude, Neugier...
Diese oft widersprüchlichen und mehrdeutigen Emotionsprozesse gehören meist zu dem verborgenen Teil des „Eisbergs" Seminargruppe.

Während Sympathien und Antipathien gelegentlich zur Sprache kommen, bleibt die emotionale Färbung der Lerninhalte häufig unausgesprochen. Widerspruch, Lernverweigerung, gewollte Missverständnisse sind meist biografisch-emotional verwurzelt.

Trotz dieser Ambivalenzen und emotionalen „Störungen" entwickelt sich in den meisten Gruppen ein „Wir-Gefühl". Die Gruppe bildet eine Selbstreferenz aus, sie grenzt sich von anderen Gruppen ab, sie akzeptiert die Stärken und Schwächen, die Eigenarten und Gewohnheiten der Gruppenmitglieder.

Konstruktiv ist eine Gruppe in sozialemotionaler Hinsicht, wenn mit unterschiedlichen Erfahrungen, Sichtweisen und Bewertungen produktiv und verständigungsorientiert umgegangen wird.

Der Inhaltsaspekt betrifft die Leistungsfähigkeit der Gruppe, eine Aufgabe oder ein vorgegebenes Thema zielgerichtet zu bearbeiten. Doch in der Erwachsenenbildung muss die Gruppe „ihr" Thema überhaupt erst finden und definieren. Vor allem in Seminaren zur Förderung personaler und sozialer Kompetenzen, aber auch bei manchen berufsbezogenen Kursen ist das Thema keineswegs eindeutig. Oft sind es scheinbare Zufälle, die dazu führen, dass Gruppen autopoietisch die offiziellen Themen umformulieren oder neu erfinden.

In Seminargruppen finden keine „herrschaftsfreien Diskurse" statt. Nicht alle Teilnehmer können gleichberechtigt auf Themenwahl und Seminarverlauf Einfluss nehmen. Nicht nur Kursleiter, sondern auch einzelne dominante Teilnehmer eignen sich die Definitionsmacht an, üben Sanktionen aus, gewinnen den Kampf um Wortbeiträge. Einige vermögen sich mehr Gehör zu verschaffen als andere. Wer sich auf Autoritäten – z.B. wissenschaftliche Koryphäen – beruft, verschafft sich dadurch Prestige und wehrt Zweifel und Einspruch ab.

Seminargruppen sind soziale Inszenierungsräume. Man inszeniert sich, bemüht sich um Koalitionen. Gelegentlich werden Machtkämpfe mit der Kursleitung ausgetragen. Mit rhetorischen Tricks werden Positionen verteidigt. Gruppendynamik kann dann bedeuten, dass die Gruppe arbeitsunfähig wird. Vorzeitiger Kursabbruch wird häufiger, die Anwesenden nehmen nur noch aus Höflichkeit gegenüber dem Kursleiter teil.
Seminargruppen sind zwar Schonräume, in denen ein Probedenken und Probehandeln risikolos möglich ist. Aber Seminare sind auch Spiegelbild normaler Alltagskonflikte und Machtkämpfe.
Erkennen ist „sozial situiert". Das heißt für Seminargruppen: Es entwickeln sich gruppenspezifische Normen und Werte, Rituale und Deutungen. Unterschiede werden oft nivelliert, Minderheitsperspektiven gleichen sich den Mehrheitsmeinungen an. Opinion leader werden anerkannt und sind meinungsbildend. Es entsteht ein Gruppenkonsens, eine relativ homogene Wirklichkeitskonstruktion.
Häufig ist diese kollektive Deutung „progressiv":
In Gesundheitskursen ist man sich einig, gesünder leben zu wollen. In Ökologiekursen besteht Übereinstimmung, dass mehr Energie gespart werden muss. In interkulturellen Seminaren ist man entschlossen, sich für mehr soziale Integration zu engagieren.
Doch meist ist ein „Badewanneneffekt" zu beobachten. In der Badewanne wird man erhitzt; verlässt man die Wanne, wird der Körper abgekühlt. So auch in der Bildungsarbeit: Verlässt man das „Subsystem Seminargruppe" und kehrt in die gewohnten familiären und beruflichen „Systeme" zurück, so setzen sich meist auch die alten Systemzwänge wieder durch. Die innovative Wirklichkeitskonstruktion der Seminargruppe bleibt eine Episode.

> Gruppendynamik als pädagogisches Programm kann bedeuten:
> inhaltlich: die thematische Perspektivenvielfalt vermehren
> emotional: das Wir-Gefühl der Gruppe stärken

In der Literatur zur Gruppendynamik liest man, dass die Prozesse der Gruppenentwicklung in geregelten Phasen ablaufen (1. forming, 2. storming, 3. norming, 4. performing, 5. informing). Aus systemischer Sicht sind Zweifel an solchen Gesetzmäßigkeiten anzumelden. Gruppenprozesse verlaufen genauso ungeregelt und nichtlinear wie individuelle Lernprozesse. Seminargruppen sind störanfällige Systeme. Wie bei meteorologischen Schmetterlingseffekten können geringfügige Ursachen nachhaltige Wirkungen haben.

In Anlehnung an die Chaos-Theorie lässt sich die These begründen: In Gruppen entsteht Ordnung durch Bewegung. „Bewegung" ist hier weniger motorisch sondern vor allem kognitiv und emotional gemeint. Bewegung kann nicht „von oben" organisiert, aber doch – z.B. durch Methodenwechsel – gefördert werden.
Gruppendynamik ist somit eine Form von *Emergenz*. Emergenz (von neuronalen Systemen, aber auch von sozialen Systemen) entsteht durch Vernetzung von Einzelteilen, also im Fall der Seminargruppe von Erfahrungen, Wissensbeständen, Perspektiven. F. Varela spricht von „emergierenden Mustern": einzelne Komponenten fügen sich zu sinnvollen Einheiten zusammen (Varela in Pörksen 2002, S. 128).
Gruppenprozesse emergieren, auch Stimmungen, Lernfortschritte, gemeinsame Erkenntnisse entstehen. Für solche Emergenzen können förderliche Rahmenbedingungen (Ort, Zeit, Ambiente, Ausstattung der Räume, Freizeit) geschaffen werden, aber lernintensive Emergenz von Gruppen kann kaum didaktisch kalkuliert werden. Emergenz wird durch eine situationsangemessene Dramaturgie gefördert: intensive Phasen wechseln sich mit entspannenden Situationen ab. Die Dynamik einer Gruppe lebt von solchen Highlights, von Überraschungen und Aha-Erlebnissen.
In kooperativen Gruppen entsteht eine *Emergenz des Vertrauens*. Es entwickelt sich eine Zuversicht, dass die eigenen Beiträge wohlwollend interpretiert werden, dass man nicht absichtlich missverstanden wird. Vertrauen ist die Voraussetzung dafür, Gefühle äußern zu können, mehr von sich preis zu geben als unter Bedingungen von Rivalität und Konkurrenz. Vertrauen ist also mehr als Anerkennung und Respekt.

Fazit
Eine Seminargruppe besteht – trotz aller Verständigungsprobleme – aus *Kommunikation*. Kommunikation setzt *Anschlussfähigkeit* voraus, andernfalls reden alle aneinander vorbei. Anschlussfähigkeit ist dann möglich, wenn *strukturelle Koppelungen* zwischen den Beteiligten bestehen. Strukturelle Koppelungen entstehen durch eine gemeinsame Sprache, durch nachvollziehbare Erfahrungen, durch ähnliche Lernmotive.
Gelernt wird in solchen Gruppen insbesondere dann, wenn relevante *Differenzwahrnehmungen* möglich sind, wenn die Diskussionsbeiträge nicht nur Bekanntes bestätigen, sondern neue interessante Perspektiven eröffnen. Dadurch wird eine *Ko-Evolution*, eine gemeinsame Horizonterweiterung aufgrund der *sozialen Situiertheit* des Erkennens, möglich.

5.6 Handlungsfeld Beratung

Beratung boomt. Als Hilfe zur Selbsthilfe wird Beratung als polyvalentes Instrument eines Krisenmanagements angepriesen. Die Varianten der institutionalisierten Beratung sind kaum noch zu überblicken: Organisations-, Politik-, Steuer-, Lebens-, Lifestyle-, Familien-, Ehe-, Erziehungs-, Berufs-, Schulden-, Kompetenz-, Bildungs-, Lernberatung, ...
Unterscheiden lassen sich personen- und organisationsbezogene, institutionalisierte und informelle Beratung, Einzel- und Gruppenberatung.
Lern- und Bildungsberatung ist zu einem expandierenden Sektor der Erziehungswissenschaften geworden. Die Zahl der Veröffentlichungen – insbesondere zur Lernberatung Erwachsener – steigt.
Allerdings: „Eine klare Verortung der Lernberatung in Theorie und Praxis gelingt momentan nicht... Es gibt jedoch durchaus verschiedenartige Praxisprojekte sowie spannende theoretische Ansätze und ein sie verbindendes Handlungsmotiv, die Selbstkompetenzen von Individuen durch lernberaterische Aktivitäten... verbessern zu wollen." (M. Schmidt 2006, S. 3).
Arist von Schlippe und Jochen Schweitzer schreiben in ihrem „Lehrbuch der systemischen Therapie und Beratung": „Da Systeme ohnehin tun, was ihrer Selbstorganisation entspricht, da Weiterentwicklung unvermeidbar ist und da Therapeuten ihre Klientensysteme weder objektiv beschreiben noch instruktiv lenken können, verändern sich auch die Bilder über die Rolle der Therapeuten und Berater. Sie sind nun weniger Experten für die Ingangsetzung hilfreicher Prozesse, sie sind eher diejenigen, die Dialoge ermöglichen, in denen unterschiedliche Wirklichkeitskonstruktionen beschrieben werden und in denen mit alternativen Konstruktionen gespielt wird." (v. Schlippe/Schweitzer 2003, S. 52).

Exkurs:
Luigi Pirandello: Sechs Personen suchen einen Autor
Gespielt wird ein Theaterstück in einem Theaterstück. Eine Familie – Vater, Mutter und vier Kinder – betritt unangemeldet eine Theaterbühne während einer Probe. Der Vater und die Stieftochter bitten den Theaterdirektor und die Schauspieler, ihre Familiengeschichte zu spielen. Sie suchen einen Autor (einen Therapeuten), der ihnen ihr von Kränkungen und Missverständnissen geprägtes Familienleben erklärt, der Ordnung in ihrer Welt der Irrungen und Wirrungen stiftet. In dieser Welt vermischen sich Tragik und Komik, Wirklichkeit und Illusion. Die Beteiligten verstehen sich gegenseitig nicht, und sie verstehen sich selber nicht. Die Wirklichkeit löst sich in eine Vielzahl von Konstruktionen und Impressionen auf.
Der Direktor versucht, „wieder Ordnung herzustellen".

„Der Vater: Aber hierin liegt doch das Übel! In den Worten! Wir tragen alle eine Welt von Dingen in uns; jeder seine eigene Welt! Doch wie sollen wir einander verstehen, Herr Direktor, wenn ich in die Worte, die ich spreche, den Sinn und die Bedeutung der Dinge lege, die in mir sind, während jener, der sie hört, sie unweigerlich mit dem Sinn und der Bedeutung auffasst, die sie in seiner inneren Welt haben. Wir glauben einander zu verstehen, doch wir verstehen uns nie!... Sehen Sie, meiner Überzeugung nach hält sich jeder von uns für ‚einen'! Aber das ist nicht richtig; er ist ‚viele', Herr Direktor, ‚viele', all den Seinsmöglichkeiten entsprechend, die in uns sind: ‚einer' für diesen und ‚einer' für jenen – immer anders!"

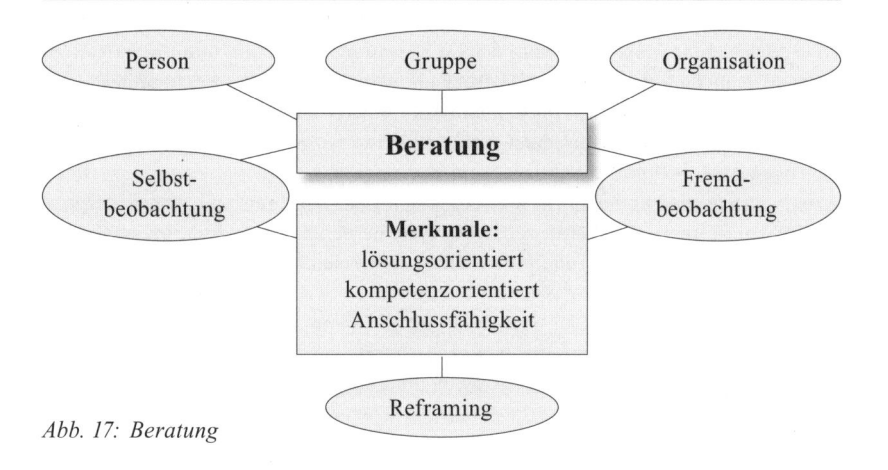

Abb. 17: Beratung

Folgende Annahmen liegen einem konstruktivistischen Ansatz zugrunde:
1. Auch Ratsuchende sind selbstreferenzielle, strukturdeterminierte „Systeme", die nicht „von außen" gesteuert oder programmiert werden können.
2. Erziehungs- und Lernprobleme sind in sozialen Kontexten entstanden, und Problemlösungen haben Auswirkungen auf das soziale Umfeld.
3. Wirklichkeiten – auch die Wirklichkeit des Beraters – sind beobachtungsrelativ. Problemlösungen erfordern fast immer veränderte Perspektiven.
4. Jede Situation ist so, wie sie wahrgenommen wird, und jede Situation beinhaltet mehrere Möglichkeiten. Beratung ist „Erweiterung von Möglichkeiten" (v. Foerster).
5. Systemisch-konstruktivistische Berater gehen lösungs- und ressourcenorientiert vor: Sie beschäftigen sich nicht ausgiebig mit einer Analyse der Problemursachen, sondern fragen nach pragmatischen Handlungen. Sie nutzen und aktivieren die „Ressourcen" der Ratsuchenden.

6. Konstruktivistische Beratung ist nicht defizit-, sondern kompetenzorientiert. Deshalb werden gemeinsam die vorhandenen Kompetenzen aufgedeckt und bewusst gemacht, auf denen Lernprozesse aufbauen können. Ein solcher Ansatz ist meist Erfolg versprechender als ein Abbau vermeintlicher Defizite.
7. Beratung sollte die „Selbstorganisationskompetenzen" stärken. Dazu sind in der Regel metakognitive Kenntnisse und Strategien (z.B. auch der Selbstevaluation) erforderlich.
8. Lösungen müssen biografisch verankert und das heißt: kognitiv und emotional „anschlussfähig" sein und müssen als „viabel" empfunden werden.

Versuchen wir, diese Thesen an einem *Fallbeispiel* zu konkretisieren:
Frau M. 36 Jahre alt, verheiratet mit einem Ingenieur, zwei 14 und 16 Jahre alte Jungen, Frau M. hat Abitur, hat aber nach dem Schulabschluss geheiratet, keine Berufsausbildung und kein Studium. Sie überlegt, ein erziehungswissenschaftliches Studium zu beginnen, ist aber unsicher, ob sie den wissenschaftlichen Anforderungen „gewachsen" ist. Sie hat Angst zu scheitern und sich zu „blamieren".

In dem Beratungsgespräch wird zunächst die *Motivationslage* erörtert. Überwiegen Gefühle der Leere, auch der Vereinsamung? Welche Rolle spielen die Freundinnen, die überwiegend studiert haben? Wird der Plan von dem Ehemann unterstützt? Welche Auswirkungen hat ein Studium auf die Kinder?

In einem weiteren Schritt wird ein *Kompetenz- und Ressourcenprofil* erstellt, Über welche Stärken und Schwächen, über welche Erfahrungen und „informell erworbenen Kompetenzen" verfügt Frau M.? Ist ihre Angst vor einem wissenschaftlich-theoretischen Studium berechtigt? Welcher Lerntyp ist sie?

Anschließend kommen ihre Kenntnisse und *Vorstellungen* von einem erziehungswissenschaftlichen Studium zur Sprache. Welche Anforderungen werden gestellt, welche Themen werden behandelt, welche Fähigkeiten sind erwünscht? Wie hoch ist der Zeitaufwand? Welche Praktika werden verlangt? Kennt sie Studierende oder Absolventinnen eines solchen Studiums?
Will Frau M. nach einem Studium berufstätig werden? Wie sind die Berufschancen?
A. v. Schlippe und J. Schweitzer empfehlen Fragen zur *„Möglichkeitskonstruktion"*. „Sie ermöglichen es, zirkulär kreative neue Möglichkeiten einzuführen. Da man ein System nicht zu neuen Lösungen zwingen kann, ist diese Form der Frage auch ein Mittel, um spielerisch neue Wege anzubieten… Die Fragen ermöglichen somit ein unbedrohliches Probehandeln und wirken daher der Angst vor Veränderung entgegen." (v. Schlippe/Schweitzer 2003, S. 155).

Solche Fragen sind z.B.:
- Angenommen, Ihre Freundin schlägt vor, dass Sie gemeinsam ein Studium beginnen. Würden Sie sich über diesen Vorschlag freuen?
- Stellen Sie sich vor, Ihr Mann rät Ihnen vom Studium ab. Würde das Ihren Entschluss beeinflussen?
- Jemand macht Sie auf die Möglichkeit eines Fernstudiums mit E-learning aufmerksam. Käme das für Sie in Frage?

Konkrete *Lösungsschritte* können sein:
Frau M. besucht als Gasthörerin eine erziehungswissenschaftliche Vorlesung, sie liest ein Standardwerk der Erziehungswissenschaft, sie hospitiert in einer pädagogischen Einrichtung.
Denkbar ist eine *Zukunftswerkstatt:* Wie wird sich Frau M. in 5 Jahren fühlen, a) wenn sie so weiter lebt wie bisher, b) wenn sie studiert hat und berufstätig ist, c) wenn sie eine Tätigkeit ohne Studium begonnen hat?

Monika Schmidt beschreibt die Intention einer lösungs- und ressourcenorientierten Kurzzeitberatung wie folgt:
„Statt zu einem Problemfall werden sie (die Ratsuchenden, H.S.) zu Experten ihres eigenen Lebens und lernen über vorhandene Veränderungskräfte zu verfügen. Vor allem gilt es, Ausnahmesituationen im eigenen Alltag, die für gelungen und erfolgreich gehalten werden, zu erkunden und als Ressource zu nutzen."
(M. Schmidt 2006, S. 17).

Regeln einer systemisch- konstruktivistischen Beratung sind, dass
- „von der Problemdefinition des Kunden ausgegangen wird,
- dem Kunden geholfen wird, seine Ziele zu verfolgen,
- behutsam und flexibel die Wirklichkeitsvorstellungen des Kunden ‚verstört' und erweitert werden,
- zukunfts- und lösungsorientierte Fragen gestellt werden, angebotene Metaphern des Kunden inszeniert werden und über den Prozess im Meta- Dialog reflektiert wird,
- im Kooperieren aller Beteiligten neue Sichtweisen entstehen, die zu veränderten Handlungen führen können,
- die Problem(auf)lösung des Kunden als seine Leistung anerkannt wird."
(Tomaschek 2003, S. 19).

Es sind vor allem drei systemisch-konstruktivistische Schlüsselbegriffe, die für Beratungsgespräche relevant sind.

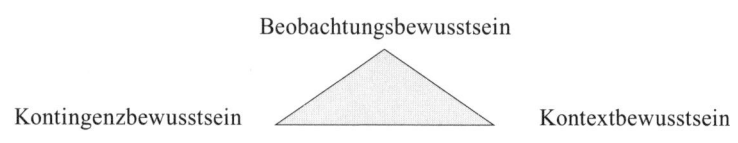

Beobachtungsbewusstsein

Kontingenzbewusstsein   Kontextbewusstsein

Beobachtungsbewusstsein: Wie beobachtet der Ratsuchende seine Welt? Ist der Berater zur Selbstbeobachtung in der Lage?

Kontingenzbewusstsein: Die Wahrnehmung, dass die Mitteilungen mehrdeutig sind und auch anders verstanden werden können.

Kontextbewusstsein: Die Berücksichtigung, dass die Probleme der Ratsuchenden eine biografische Geschichte haben und in soziokulturelle, oft auch ökonomische Kontexte eingebettet sind.

Fast immer ist in Beratungen ein *Reframing* hilfreich. Reframing heißt: die Situation, die Zukunft, die eigene Lebensgeschichte, auch die eigenen Kompetenzen „umdeuten". Damit ist nicht ein naives „positiv Denken" gemeint, sondern das Bewusstwerden von Potenzialen und Möglichkeiten.

Umdeutungen erfordern Perspektivenwechsel. Eine beliebte systemische Technik ist das *zirkuläre* Fragen. Die Ratsuchenden werden gebeten, sich in die Rolle beteiligter Personen zu versetzen: Was würde Ihr Ehemann sagen, wenn Sie ein Studium begännen? Was denken Ihre Kinder darüber? Wie werden Ihre Freundinnen reagieren?

„Zirkuläre Fragen bieten die Möglichkeiten für den Coach, das System des Kunden besser zu verstehen, jetzige und frühere Beziehungsmuster zwischen den Mitgliedern des relevanten Systems zu verdeutlichen.... Die instrumentalisierte Zirkularität verhilft zugeschriebene Eigenschaften und Vorurteile zu verflüssigen, die oftmals hinderlich in der Zusammenarbeit und in der Problemlösung sind." (Tomaschek 2003, S. 108).

Reframing heißt wörtlich Um-Rahmung, also: Dinge und Probleme in einem veränderten Kontext betrachten. Durch ein Reframing wird das gesamte soziale System perturbiert und neu geordnet. Reframing kann aber auch heißen: Bedeutungen ändern, Wichtiges und Unwichtiges neu definieren. So kann die Frage „Nützt diese Weiterbildung meiner beruflichen Karriere?" ersetzt oder ergänzt werden durch die Frage „Nützt das Seminar meiner Identitätsentwicklung?".
Wie bei einem Kipp-Bild ist oft nur eine minimale Wahrnehmungsänderung erforderlich, um eine neue Aufgabe nicht als Bedrohung oder Belästigung sondern als Chance und Erweiterung des Handlungsrepertoires zu begreifen.

Selbst- und Weltbilder, aber auch Probleme der Ratsuchenden werden meist *sprachlich kommuniziert*. Berater sollten deshalb sensibel beobachten und zuhören können. Viele Probleme resultieren aus Verallgemeinerungen: „Ich konnte noch nie..." „Ich habe immer Pech." „Alle Männer/Frauen..."

Sprachliche Ratschläge können hilfreich sein z.B.:
- Generalisierungen vermeiden
- Nicht nur Passiv verwenden
- Unterstellungen vermeiden
- Aggressive Sprache vermeiden
- Konjunktivsätze „einüben"
- Apodiktische Aussagen vermeiden („ein für allemal")

Handlungsfelder

Ein produktives Beratungsgespräch basiert auf folgenden Voraussetzungen:
1. *Die Beobachtungsperspektiven von Berater und Ratsuchendem müssen sich unterscheiden.* Sind beide Wahrnehmungen identisch, kommt es nicht zu Differenzerfahrungen und damit nicht zu fruchtbaren „Perturbationen".
2. *Die Beratungsperspektiven müssen „anschlussfähig" sein.* Die Anregungen des Beraters müssen dem Ratsuchenden begründet und plausibel erscheinen, andernfalls reden beide aneinander vorbei.
3. *Eine strukturelle Koppelung zwischen zwei selbstreferenziellen „Systemen" erfordert eine grundsätzliche Übereinstimmung der Leitdifferenzen.* Nur wenn eine gemeinsame Wertorientierung über das besteht, was lebenswichtig und wünschenswert ist, kommt ein konstruktives Beratungsgespräch zustande. Der Berater muss die Selbstreferenz des Ratsuchenden respektieren und zugleich scheinbar selbstverständliche Wirklichkeiten infrage stellen.
4. *Der Erfolg von Beratungsgesprächen hängt von emotionalen „Passungen" ab.* Ratsuchende sind für neue Sichtweisen aufgeschlossen, wenn sie sich akzeptiert „fühlen". Voraussetzung für befriedigende Gespräche sind Vertrauen und Anerkennung. Vertrauen schafft die Sicherheit, Gefühle und Gedanken risikolos äußern zu können. Anerkennung heißt: den anderen so zu akzeptieren, wie er ist, ihn also weder belehren noch umerziehen zu wollen.
5. *Ein Beratungsgespräch muss die Driftzonen der Ratsuchenden beachten.* Driftzonen sind der Rahmen, in dem Veränderungen möglich sind. Driftzonen bestehen aus Kognitionen, Emotionen und Handlungen. Enthalten die Lösungsvorschläge kognitive Anforderungen, die zu bewältigen sind? Sind die Vorschläge emotional zumutbar? Sind die vorgeschlagenen Handlungen realisierbar? Wenn diese Driftzonen nicht geklärt werden, kommt eine strukturelle Koppelung zwischen Beratern und Ratsuchenden nicht zustande.

Fazit

Ratsuchende sind selbstreferenzielle Systeme. Ratschläge müssen biografisch anschlussfähig, kognitiv plausibel und emotional zumutbar sein. Beratungsgespräche sollten „ressourcenorientiert" sein, d.h. die Potenziale und Erfahrungen der Ratsuchenden nutzen.

Die Probleme der Ratsuchenden sind meist kontextgebunden, d.h. an der Verursachung und Problemlösung sind andere Personen beteiligt. Bei einer systemischen Beratung müssen die Auswirkungen auf die Bezugspersonen berücksichtigt werden. Problemlösungen erfordern häufig ein Reframing. Allerdings sollte eine solche Um-Rahmung von dem Ratsuchenden als hilfreich empfunden werden.

Auch Berater sollten sich ihrer eigenen Beobachtungsperspektive bewusst sein.

5.7 Handlungsfeld Supervision

Eine systemisch-konstruktivistische Supervision unterscheidet sich von einer sozialpädagogischen oder psychotherapeutischen Supervision. Dieses Kapitel wendet sich an Lehrende in Schulen, Erwachsenenbildung und Hochschulen, aber auch an Eltern und Führungskräfte. Supervisoren können "Profis" sein, aber auch hauptamtliche pädagogische Mitarbeiter, die nebenamtliche Kursleiter beraten. Weit verbreitet ist auch eine *kollegiale Supervision*, d.h. PädagogInnen beraten sich gegenseitig. Mitarbeiterbesprechungen und Teamsitzungen sind informelle Supervisionsgelegenheiten. *Supervision* stammt wörtlich von lat. "videre" und heißt über-blicken, beobachten. Unter Vision versteht man aber auch einen Blick in die Zukunft. Beobachtung ist – wie wir mehrfach betont haben – ein Schlüsselbegriff des Konstruktivismus. *Beobachtung II. Ordnung* ist die Beobachtung, wie andere beobachten. Dabei werden nicht falsche durch richtige Beobachtungen ersetzt, sondern es wird für die eigenen Beobachtungen sensibilisiert. Supervision unterstützt die *Selbstbeobachtung* der pädagogisch Tätigen.

Supervisionsanlässe sind meist Unzufriedenheit mit sich und anderen. Lehrende sind unzufrieden mit ihrem Unterricht, mit "ihren" Teilnehmenden, mit sich selbst. Gelegentlich sind auch Teilnehmende unzufrieden mit der Kursleitung. Erfolgsversprechend ist eine Supervision nur dann, wenn ein entsprechendes Gespräch oder auch eine Hospitation *erwünscht* sind.

Die konstruktivistische Kernthese lautet: *Unterricht ist Beobachtung*. Teilnehmende beobachten die Kursleitung – und umgekehrt. Beide Seiten beobachten das Thema, die Lernanforderungen, die Lehr- Lernsituation, die Einrichtung. Die Beobachtungen werden meist binär kodiert: sympathisch – unsympathisch, interessant – uninteressant, erfolgreich – erfolglos. KursleiterInnen neigen zu übertriebenen *Selbstattribuierungen:* Sie fühlen sich verantwortlich, wenn der Unterricht nicht "optimal läuft". Solchen Schuldzuweisungen liegt oft ein monokausales Ursache-Wirkung-Denken zugrunde: Der Lehrende beschreibt sich selber als alleinige Ursache für das – unerwünschte – Schülerverhalten.

Eine Anekdote:
Ein Mann geht durch die Fußgängerzone und ruft ständig "Weg da!". Ein Passant spricht ihn an und fragt: "Was machen Sie denn da?". Der Mann antwortet: "Ich vertreibe Elephanten.". Der Passant entgegnet: "Aber hier sind doch gar keine Elephanten.". Der Mann sagt triumphierend: "Na sehen Sie drum!"
(Watzlawick 2000, S. 52)

Handlungsfelder

Eine zirkuläre, systemische Betrachtung problematisiert solche linearen Kausalketten. Ein desinteressiertes Schülerverhalten kann auf vielfältige unterschiedliche Ursachen zurückgeführt werden. Lehrer sind nicht die Verursacher von Misserfolgen oder Motivationskrisen, sondern sie sind Bestandteil komplexer systemischer Prozesse.

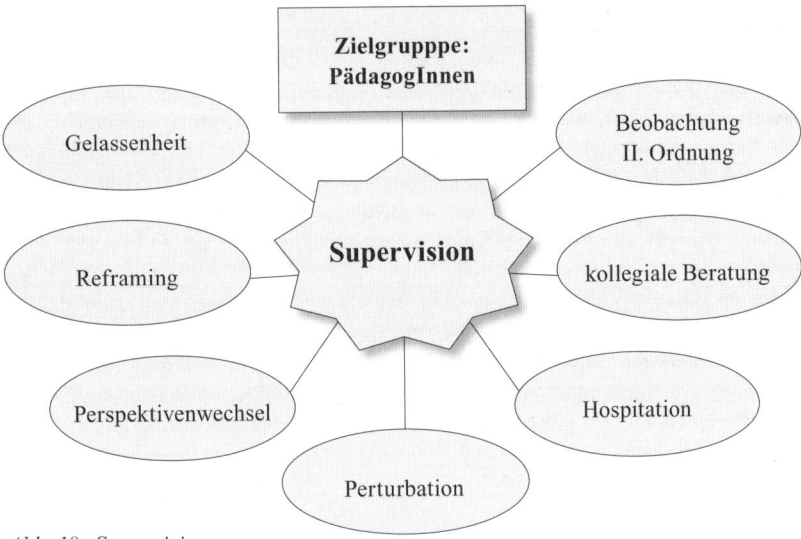

Abb. 18: Supervision

Meist haben Lehrende konkrete Anlässe für ein Supervisionsgespräch. Solche Anlässe sind z.B.:
- Ein Teilnehmer redet viel und erzählt Geschichten, die nicht zum Thema gehören.
- Ein Teilnehmer macht ständig Witze und lenkt die anderen Teilnehmer ab.
- Ein alkoholisierter Teilnehmer stört durch Zwischenrufe.
- Ein Teilnehmer hat immer „noch eine Frage".
- Ein Teilnehmer nervt, weil er sich ständig auf wissenschaftliche Koryphäen beruft.
- Teilnehmer weigern sich, sich an einer Kennlernmethode zu beteiligen.
- Zwei Teilnehmer streiten sich häufig.
- Ein Teilnehmer kritisiert ständig, dass das Thema nichts mit der Praxis zu tun habe.
- Bei Kleingruppenarbeit gehen einige Teilnehmer regelmäßig nach Hause.
- „Hausaufgaben" werden nicht gemacht.
- Die Teilnehmer beantworten die Fragen der Kursleitung nicht.
- Ein Pärchen tuschelt miteinander und kichert.
- Das kognitive Niveau in der Gruppe ist sehr unterschiedlich.
- Ein Teilnehmer blickt aus dem Fenster und schreibt nicht mit.

Bernd Weidenmann kommentiert solche *Störfälle* wie folgt:
„Alle Störungen der Arbeitsfähigkeit lassen sich auf die Formel bringen: ‚Ich bin nicht mehr dabei'. Dabeisein heißt: Die Passung stimmt zwischen mir, den anderen, dem Thema und der Arbeitsweise. Wenn ich nicht mehr ‚dabei' bin, passt es irgendwo nicht mehr. Wenn die Passung mit den anderen nicht stimmt, dann fühle ich mich unterlegen oder ausgeschlossen, oder die anderen sind mir lästig." (Weidenmann 1995, S. 205 f.).

Oft sind Lehrende gekränkt, wenn die Teilnehmer einen gelangweilten und desinteressierten Eindruck machen.

Schülerverhalten ist genauso wie Lehrerverhalten kontingent, also mehrdeutig. Dass ein Lehrverhalten nicht alle Lernenden motiviert, ist wahrscheinlich. Sicherlich sollte ein Lehrender versuchen, das Interesse möglichst aller Lernenden zu wecken. Wenn das aber nicht gelingt, womit zu rechnen ist, erscheint Gelassenheit angebracht. Fehlende Gelassenheit führt häufig dazu, den anderen böswillige Absichten zu unterstellen.

Wenn Teilnehmer als „störend" empfunden werden, so ist das keine objektive Tatsachenbeschreibung, sondern eine subjektive Wahrnehmung. Der Kursleiter fühlt sich durch X gestört; ob auch die Gruppe X als Störfaktor beobachtet, ist noch völlig offen. Dennoch kann das Verhalten von X – z.B. eines notorischen Spaßvogels – für die Kursleitung lästig sein. In einem Supervisionsgespräch kann gemeinsam überlegt werden, ob der Kursleiter ein „Reframing" akzeptieren kann. *Reframing* meint Um-Deutung. Neu-Rahmung: Vielleicht reagiert der Kursleiter überempfindlich auf Spaßvögel wie X. Vielleicht empfinden andere Teilnehmer die Späße des Herrn X (meist sind Männer Spaßvögel) als anregend.

Reframing meint a) *Umdeutung*, b) *Kontextwechsel* und c) *Seitenwechsel*. Kontextwechsel kann heißen: Beim informellen „Glas Bier" bittet die Kursleitung Herrn X einen Witz zu erzählen. Vielleicht kann Herrn X dann auch den Wunsch akzeptieren, sich im Seminar etwas zurück zu halten.

Reframing vermag den Mechanismus des „Mehr – desselben" zu durchbrechen: Schüler stören – Lehrer verordnen Strafarbeiten – Schüler stören noch mehr – Lehrer geben noch mehr Strafarbeiten auf... .

Das Prinzip des Mehr – desselben veranschaulicht Paul Watzlawick mit einer amüsanten Anekdote:

> Ein Betrunkener hat in der Nacht seinen Schlüssel verloren und sucht ihn unter einer Laterne. Ein Polizist hilft ihm suchen, fragt aber nach einiger Zeit: „Sind Sie sicher, dass Sie den Schlüssel hier verloren haben?" Der Betrunkene antwortet: „Hier nicht. Aber da drüben ist es ja dunkel."
> (Watzlawick 2000, S. 27).

SupervisorInnen sind „critical friends". Sie sind keine Besserwisser, regen aber zum *Perspektivenwechsel* an. Dazu können *zirkuläre* Fragen gehören: „Wie glaubst du, würde Teilnehmerin Z die Situation beschreiben?" „Wie hättest du vor 10 Jahren in dieser Situation reagiert?" „Kannst du dich in die Teilnehmerrolle versetzen? Wie würdest du dich fühlen? Was würdest du dem Kursleiter sagen?"
Durch ein Supervisionsgespräch soll der *„Möglichkeitssinn"* (R. Musil) geweckt werden: „Wenn du jetzt mit der Lehr- Lernsituation unzufrieden bist – wie müssten sich die Teilnehmenden verhalten, damit du dich besser fühlst?" „Kannst du auch anders als gewohnt mit der Situation umgehen?"
Ein erster Schritt zum Reframing kann in der Modifikation der verwendeten *Adjektive* bestehen. Adjektive enthalten Bewertungen. Bewertungen sind emotional verankert. Das Selbstwertgefühl kann durch freundliche Beschreibungen verbessert werden: statt „hyperaktiv" – lebhaft, statt „faul" – an anderen Themen interessiert, statt „vorurteilsbehaftet" – einseitig.
Auch *Verallgemeinerungen* können problematisiert werden: „das passiert mir immer…", „das habe ich noch nie gekonnt…", „die Einrichtung Y begreift das nie".
Supervisoren sind keine Experten, die alles besser wissen. Lehrer auch nicht. Oft hilft schon die Erkenntnis, dass mehrere Sichtweisen möglich und berechtigt sein können. Britta Haye und Heiko Kleve erzählen folgende Geschichte von einem Rabbi:

> Ein Rabbi ist Dorfrichter. In einem Nachbarschaftsstreit hört er den Bauern an und sagt ihm: „Da hast du aber recht.". Dann hört er den Nachbarn an und sagt auch ihm: „Da hast du aber recht.". Die Frau des Rabbi hat das Gespräch gehört und sagt dem Rabbi empört: „Du kannst doch nicht allen sagen, sie hätten recht." Der Rabbi denkt lange nach und sagt: „Da hast du aber recht."
> (Haye/Kleve 1998, S. 98).

In Supervisionsgesprächen kommen Selbstbeobachtungen von Lehrenden zur Sprache. Dabei scheint eine masochistische Grundhaltung nicht selten zu sein: Wenn 19 Teilnehmer sich in der Seminarbeurteilung begeistert zeigen und 1 Teilnehmer nicht ganz zufrieden ist, so ist es dieser eine, der uns nicht „aus dem Kopf geht". Dieses Phänomen hat Paul Watzlawick in seiner *„Anleitung zum Unglücklichsein"* treffend beschrieben.
Selbstverständlich gibt es auch den „Gegentyp", der sich durch 19 kritische Bewertungen nicht irritieren lässt…

Es empfiehlt sich, Supervisionsgespräche zu strukturieren:
1. Schritt: Der Ratsuchende erzählt den Gesprächsanlass, den Konflikt, das kritische Ereignis, seine Gefühle
2. Schritt: Der Berater stellt Informationsfragen und Hintergrundfragen
3. Schritt: Der Berater schildert seine Beobachtungen und Deutungen
4. Schritt: Der Ratsuchende kommentiert die Beobachtungen des Beraters
5. Schritt: Beide überlegen, welche Lösungen möglich sind, welche „Maßnahmen" viabel erscheinen und emotional zumutbar sind.

Zum Supervisionsgespräch kann auch eine gemeinsame *Stärken-Schwächen-Analyse* gehören:
- Was kann ich gut, was nicht so gut?
- Wie werden meine Stärken / Schwächen von anderen beurteilt?
- Kann ich meine Stärken noch optimieren und meine Schwächen kompensieren?
- Was mache ich gerne, was ungern?
- Wie motiviere ich mich selber?
- Was möchte ich in Zukunft noch lernen?

Holger Wyrwa schlägt zur konstruktivistischen Selbsterfahrung vor:
„Es gilt, die Subjektabhängigkeit, Prozessualität und Konstruktion von Wirklichkeiten, die Bezugspunktlosigkeit des Denkens, die Widersprüchlichkeit und Viel-Deutigkeit von wie auch immer gearteten Erkenntnissen und die polyzentrische Denk- Struktur zu verinnerlichen und in die eigene Lebensführung dauerhaft zu integrieren, ohne dabei psychisch dauerhaft verunsichert zu sein." (Wyrwa 1998, S. 21).

Fazit
Die Kunst des Gesprächspartners besteht im Zuhören: Er muss sich aus dem, was der Lehrende sagt und verschweigt, ein Bild von der Lehr-Lernsituation machen. Er sollte voreilige Ratschläge vermeiden, aber doch seine Meinung äußern und Ideen haben. Er muss zwischen den Zeilen lesen können, um zu ahnen, worum es eigentlich geht. Er sollte Wertschätzung signalisieren und zur Gelassenheit ermutigen. Gelegentlich sollte er perturbieren, z.b. durch eine provokative These, durch eine paradoxe Formulierung. Ein Supervisionsgespräch sollte „Spaß machen", es sollte in lockerer Atmosphäre stattfinden, es sollte gelacht werden dürfen.
Eine „Beobachtung II. Ordnung" nimmt nicht nur wahr, *was* der andere beobachtet, sondern auch *wie* er beobachtet. Welche *Unterscheidungen* werden gemacht, welche binären Codes (z.B. zum Schülerverhalten) werden verwendet? Welche Grundüberzeugungen (beliefs) werden geäußert? Überwiegt – im Sinne Wyrwas – eine monozentrische oder eine polyzentrische Sichtweise?

5.8 Handlungsfeld Wissensmanagement

Der konstruktivistische Wissensbegriff ist prozesshaft und personbezogen. Wissen ist Konstruktion und Rekonstruktion von Wirklichkeit: „Informationen" können elektronisch gespeichert und verschickt werden. „Wissen" wird in den Köpfen von Menschen emergent erzeugt.

> *Exkurs:*
> ***Heinrich von Kleist: Verfertigung der Gedanken***
> *Unser Wissen ist oft ungeordnet, unstrukturiert. Die Ordnung des Wissens kann gelernt werden, z.B. durch Metakognition.*
> *Emergenz ist gedankliche Ordnung durch Bewegung: Beim Spazierengehen, beim Zeichnen, beim Nachdenken werden neuronale Netze neu verknüpft, Assoziationsareale aktiviert, Zusammenhänge hergestellt. Und „plötzlich fällt es uns wie Schuppen von den Augen".*
> *Ein eindrucksvolles Beispiel für die Emergenz des Denkens liefert Heinrich von Kleist in seinem Essay „Über die allmähliche Verfertigung der Gedanken beim Reden". Kleist beschreibt die Vorteile der narrativen Methode: „Wenn du etwas wissen willst und es durch Meditation nicht finden kannst, so rate ich dir, mein lieber, sinnreicher Freund, mit dem nächsten Bekannten, der dir aufstößt, darüber zu sprechen."*
> *„L`idée vient en parlant."*
> *„Weil ich doch irgendeine dunkle Vorstellung habe, die mit dem, was ich suche, von fern her in einiger Verbindung steht, so prägt, wenn ich nur dreist damit den Anfang mache, das Gemüt, während die Rede fortschreitet, in der Notwendigkeit, dem Anfang nun auch ein Ende zu finden, jene verworrene Vorstellung zur völligen Deutlichkeit aus, dergestalt, dass die Erkenntnis zu meinem Erstaunen mit der Periode fertig ist." (Kleist, S. 992).*
> *Kleist spricht von einer „gewissen Erregung des Gemüts", um vorhandene Vorstellungen wieder ins Bewusstsein zu rufen. „Denn nicht wir wissen, es ist allererst ein gewisser Zustand unserer welcher weiß." (S. 995).*

Wissen – so Ernst von Glasersfeld – „wird von dem denkenden Subjekt nicht passiv aufgenommen, sondern aktiv aufgebaut." (Glasersfeld 1997, S. 48). Glasersfeld betont, „dass Wissen aus konstruktivistischer Sicht kein Bild der Welt darstellt. Es bildet die Welt überhaupt nicht ab, es umfasst vielmehr Handlungsschemas, Begriffe und Gedanken, und es unterscheidet jene, die es für brauchbar hält, von den unbrauchbaren." (ebda., S. 187).

Personales Wissen kommt der Organisation zugute, wenn es verbalisiert und mitgeteilt werden kann. Dies ist für explizites, also sprachgebundenes Wissen meist kein Problem, wohl aber für *implizites Wissen*. Implizites Wissen ist das Know-how, ein Handlungswissen, das zum Können geworden ist. Beschäftigte verfügen über jahrelang erprobte Handlungskompetenzen, ohne genau erklären zu können, warum sie eine Aufgabe so und nicht anders lösen. Am ehesten sind narrative „Settings" geeignet, implizites Wissen zur Sprache zu bringen.

Mitarbeiter erzählen, wie sie kritische Situationen wahrgenommen und Probleme gelöst haben. Einige Betriebe bilden deshalb Tandems jüngerer und älterer Arbeitnehmer.

„Insbesondere für Mitarbeiter in Organisationen kann es zu einem gewichtigen Problem werden, ob und unter welchen Bedingungen sie bereit sind, ihr implizites Wissen zu explizieren, zu dokumentieren und damit für andere zugänglich zu machen. Viele fürchten, und manche zu Recht, dass sie sich damit selbst überflüssig machen." (Willke 2004, S. 35).

Wissensmanagement heißt: die Beobachtungsperspektiven und Erfahrungen aller Beteiligten nutzen. Dazu gehören auch die Erfahrungen der Kunden. Kundenwünsche müssen im Interesse des Unternehmens und der Kundenbindung berücksichtigt werden (vgl. L. Schäffner 2002, S. 259 ff.).
Kunden verfügen aber auch über wertvolles Erfahrungswissen, sie sind unverzichtbare „Wissensressource". „Critical Incidents" (ebda., S. 260) werden aus Kundensicht anders wahrgenommen als aus Sicht der Beschäftigten. „Kundenfreundlichkeit" kommt nicht zustande, ohne dass die Kunden ihre Beobachtungen mitteilen können. Kunden sind gleichsam Experten, die über ein „Nutzerwissen" verfügen. Ein alltägliches Beispiel sind die Beipackzettel und Gebrauchsanweisungen pharmazeutischer Medikamente. Ich habe oft den Eindruck, als würde die Verständlichkeit dieser Warnungen und Anweisungen nicht bei den Betroffenen getestet.

Wissensmanagement ist ein Schlüsselbegriff der Organisationstheorie. Er erweitert den subjektivistischen Wissensbegriff Glasersfelds:
Auch Organisationen können „lernen", sie erzeugen ein Wissen eigener Art, das relativ personenunabhängig ist und das sich in Regeln, Ritualen, Sitzungen, Organisationen, Abläufen, Routinen manifestiert. Organisationales Wissen ermöglicht Kontinuität und effektive Handlungen.

„Erstaunlich viele Organisationen existieren länger als Menschen. Die katholische Kirche, die alten Universitäten, das englische Königshaus, der Kongress der Vereinigten Staaten, einige Handwerkskammern, die Bank von England, die Hansestädte, einige kirchliche Orden, die Sozialdemokratie und viele andere Organisationen, Institutionen und Verbände haben über Jahrhunderte hinweg Wissen angesammelt und in Regelsystemen, Datenbanken, Expertensystemen und einer organisationsspezifischen Wissensbasis präsent halten können." (Willke 2004, S. 55).

Strukturen, Prozesse und Vereinbarungen haben ihre Geschichte und sind geronnenes organisationales Wissen. Viele Regelungen sind lästig, bürokratisch, nicht oder nur eingeschränkt praktikabel. Aber insgesamt garantiert dieses organisationale Wissen, dass komplexe Systeme funktionieren. Allerdings unter einer wesentlichen Bedingung: dass das System sich als „lernende Organisation" begreift.

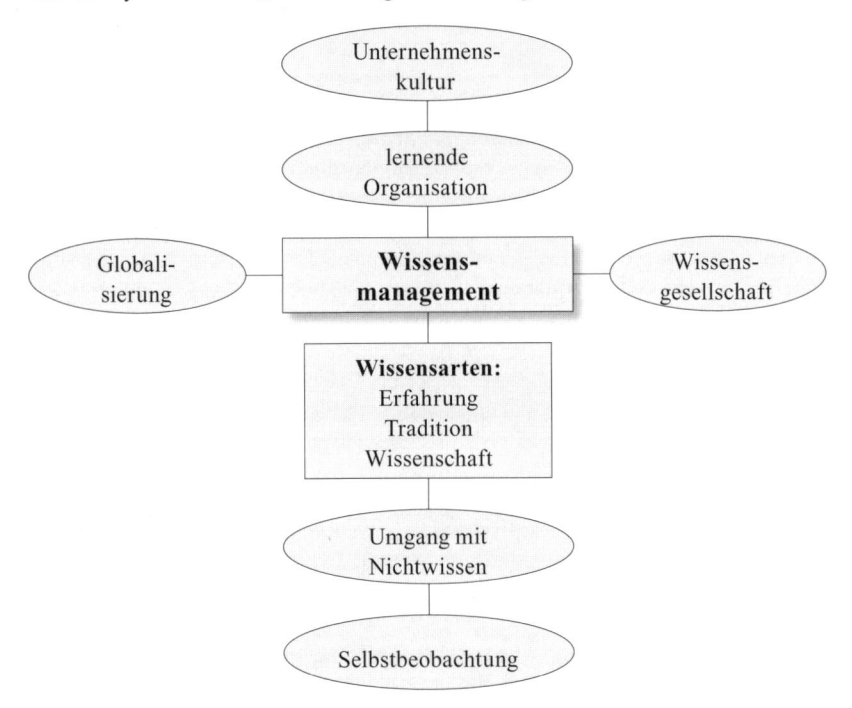

Abb. 19: Wissensmanagement

In Wissensgesellschaften sind fast alle Organisationen „wissensbasiert". Ihre Wirksamkeit ist von ihrer Bereitschaft und Fähigkeit abhängig, Wissen permanent zu reduzieren, zu modifizieren, zu erweitern. Organisationen sind dann konkurrenz- und wettbewerbsfähig, wenn Kontinuität mit Lernfähigkeit gepaart ist. Das gilt auch für so ehrwürdige Einrichtungen wie die Kirche oder die Universität.

Auch Organisationen sind beobachtungsabhängige Konstrukte: „Jedes System ist die Konstruktion eines Beobachters, der nach seinen eigenen Beobachtungsregeln Elemente zu einer Ordnung zusammenfasst." (Willke 2004, S. 8). Die organisationale Wirklichkeit – so schreibt H. Willke an anderer Stelle – ist eine „interessierte Konstruktion" (Willke 1998, S. 97), d.h. sie ist abhängig von Interessen, Werten, Visionen. *Unternehmenskulturen* bestehen so gesehen aus den Konstrukten aller Beteiligten; diese Konstrukte wiederum basieren vor allem auf Wissen, Emotionen und Überzeugungen. Grundlage einer partizipativen Unternehmenskultur ist ein effektives Wissensmanagement, und umgekehrt: ein wirkungsvolles Wissensmanagement benötigt eine lernfähige Unternehmenskultur. Systemisch und konstruktivistisch betrachtet besteht ein Unternehmen nicht nur aus Gebäuden, Technik, Personal, Produkten, Kunden, Bilanzen, sondern auch aus *Beobachtungs-, Kommunikations-* und *Entscheidungsprozessen* (Schmidt 2005, S. 212).

Die Unternehmenskultur ist davon abhängig, welche Selbst- und Fremdbeobachtungen zugelassen werden, ob und wie miteinander kommuniziert wird, wer aufgrund welcher Kriterien und Interessen Entscheidungen trifft. Auf allen drei Ebenen ist die Verfügbarkeit von Wissen und die Nutzung vorhandenen Wissens unverzichtbar. „Die drei genannten Prozess-Systeme operieren *reflexiv*. Das heißt, jeder in einem Unternehmen Handelnde (Aktant) weiß, dass er nicht nur andere beobachtet, sondern auch von anderen beobachtet wird; kurzum, Aktanten in Unternehmen sind *beobachtete Beobachter."* (ebda., S. 213).

Siegfried Schmidt formuliert fünf grundlegende Dimensionen des „Wirklichkeitsmodells Unternehmen":
- Ein Unternehmen muss sein Verhältnis zur Umwelt definieren (Umweltkonstruktion)
- Ein Unternehmen benötigt ein Menschenbild
- Ein Unternehmen braucht stabile Strukturen, die Handlungsspielräume zulassen
- Die Aktanten haben Gefühle, die berücksichtigt werden müssen
- Ein Unternehmen muss sich über verbindliche Wertorientierungen verständigen (ebda., S. 214 f.).

„Das Unternehmen passt seine Umwelt an sich an, nicht umgekehrt. Das aber bedeutet, dass alle Probleme, die ein Unternehmen zu lösen versucht, selbst gemachte Probleme sind, weil Probleme für ein Unternehmen nur in der Selbstbeobachtung, nicht in der Fremdbeobachtung entstehen." (ebda., S. 220).

Wissensmanagement ist lernendes Management. „Die Konzeption von Management als Wissensmanagement erfordert eine passende Unternehmenskultur, die mit Wissen als einer für das Unternehmen entscheidenden Ressource rechnet... Die Entscheidung für Wissensmanagement und seine Gestaltung in einem Unternehmen setzt also eine systemisch und evolutionär ausgerichtete theoretische Grundlage voraus, die eine durchgängige Plan- und Steuerbarkeit betrieblicher Entwicklungen, wie sie in klassischen Managementtheorien vertreten wird, in Zweifel zieht." (Schmidt 2005, S. 211).
Systemisches Management anerkennt die Vielfalt der Erfahrungen und Beobachtungsperspektiven in einer Organisation als wertvolle „Ressource".

Schule als Konstrukt
In mehreren Seminaren habe ich Lehrer/innen, Eltern, Studierende gebeten, in einem Brainstorming Gedanken zur Frage „Was ist eine Schule?" zu sammeln. Die Frage schien trivial und wenig lernanregend. Meistens wurden zunächst abstrakte Beschreibungen genannt – z.b. „eine staatliche Bildungseinrichtung" oder „ein Lernort". Doch das Brainstorming entwickelte eine Eigendynamik mit einer Fülle von Assoziationen und Erfahrungen.
Schule erweist sich als beobachtungsrelatives, zielgruppenspezifisches, interessenabhängiges Konstrukt:
Lehrer/innen denken vor allem an Stundenpläne, Unterrichtsstoff, Konflikte in multikulturellen Klassen, auch Streit mit Eltern, Kolleginnen und Kollegen, burn out... *Schulleiter* denken an bildungspolitische Anforderungen, an rückläufige Schülerzahlen, Personalprobleme, Unterrichtsversorgung, Neubauten...
Eltern sind oft unzufrieden mit Lehrern, aber auch unsicher, fühlen sich überfordert
Ehemalige Schüler/innen denken an Leistungsstress, beliebte und unbeliebte LehrerInnen, aber insbesondere an Pausen, Freundinnen, Klassenfahrten...

Schule erweist sich als eine vielschichtige beobachtungsabhängige Konstruktion. „Wissensmanagement" ist kaum erkennbar. Schulentwicklung würde eine Wahrnehmung aller Beobachtungsperspektiven erfordern (inkl. die des Hausmeisters und des Reinigungspersonals). Schulentwicklung würde aber auch eine aufmerksame Selbstbeobachtung einschließen.

Die Explikation und Nutzung des Wissens ist die eine Seite des Wissensmanagements. Die andere, mindestens ebenso wichtige Aufgabe ist der Umgang mit *Nichtwissen*. Mit der Explosion des Wissens steigt das Nichtwissen.

Auch in der Wirtschaft – z.B. im Tourismus und in der Automobilindustrie – nehmen Ungewissheiten und Unkalkulierbarkeiten zu. Die Nachfrage der Kunden, geopolitische Krisen, ökologische Veränderungen, Wetterkatastrophen, Mentalitätsveränderungen, Ölpreise – viele dieser Faktoren sind nur begrenzt prognostizierbar. Vor allem unbeabsichtigte Nebeneffekte und kontraproduktive Wirkungen nehmen zu. Ökonomische und technische Entscheidungen sind riskant und unberechenbar. H. Willke spricht von einem „*Systemrisiko*": Einzelrisiken schaukeln sich zu einer „systemischen Destabilisierung" auf. „Systemisches Nichtwissen bezeichnet ein Nichtwissen, das die Logik, die Operationsweise, die Dynamik, die emergente Qualität, die Ganzheit eines selbstreferenziell geschlossenen Zusammenhangs von Operationen betrifft." (Willke 2004, S. 53 f.).
Damit verweist Willke auf eine neue Qualität des Nichtwissens, das auch nicht durch mehr Wissen, zumindest nicht durch „mehr desselben Wissens" reduziert werden kann. Komplexe Systeme sind per se instabile, unberechenbare Gebilde, die keiner linearen Ursache- Wirkung- Logik gehorchen. Die Konsequenz daraus ist: möglichst reversible, korrigierbare Entscheidungen treffen, auf endgültige, irreversible Eingriffe verzichten, der Eigendynamik und „Intelligenz" des Systems vertrauen, die Selbstbeobachtungsfähigkeit des Systems optimieren.

Wissensgesellschaften sind *Wissenschaftsgesellschaften* – auch wenn neues Wissen nicht nur in wissenschaftlichen Institutionen „produziert" wird. Wissensmanagement ist stets auch Wissenschaftsmanagement. Zwar vermischt sich unser Alltagswissen immer mehr mit wissenschaftlichem Wissen; dennoch unterscheidet sich wissenschaftliches Wissen prinzipiell von personalem Erfahrungswissen. Auch Wissenschaft konstruiert Wirklichkeiten, aber nach eigenen Kriterien und Logiken. Zwar verzichten wir aus konstruktivistischer Sicht auf das Gütekriterium „Objektivität", aber wissenschaftliche Erkenntnisse müssen intersubjektiv nachprüfbar sein. Dies gilt für das alltägliche Erfahrungswissen nicht. Wenn Bedeutungen im Kopf jedes einzelnen entstehen und nicht interpersonal übertragen werden können, wird das Kriterium der intersubjektiven Nachprüfbarkeit zwar nicht irrelevant, aber doch relativiert.
Ohne ausführlicher auf die wissenschaftstheoretische Konstruktivismusdiskussion einzugehen, schlage ich eine Differenzierung zwischen (personalen) *Beobachtungsperspektiven* und (wissenschaftlichen) *Beschreibungssystemen* vor.
Individuelle Beobachtungen basieren auf Erfahrungen, Erlebnissen, biografischen Lebensereignissen. Dieses Wissen ist emotional verankert, „bewährt" sich in der alltäglichen Lebenspraxis. Beobachtungsperspektiven verändern sich im Lauf des Lebens, sie sind nicht immer eindeutig. Im Gegenteil: Perspektivenvielfalt und Mehrdeutigkeit sind geradezu Qualitätsmerkmale viabler Wirklichkeitskonstruktionen.

Wissenschaftliche Beschreibungssysteme zeichnen sich durch disziplinäre Logiken, durch systemspezifische Begriffe, Forschungsinstrumente und Qualitätskriterien aus. Diese Wissenssysteme erheben den Anspruch interkultureller Gültigkeit und affektiver Neutralität (wobei diese Ansprüche nicht unumstritten sind). Diese Wissensbestände basieren auf Forschungen – insbesondere auf experimentellen Forschungsdesigns -, die sich von den alltäglichen Beobachtungen grundlegend unterscheiden. Bereits die substantivierte Sprache mit komplizierten Fachterminologien verweist auf den – oft esoterischen – Expertenstatus dieses Wissens.

Wissenschaftsdisziplinen entwickeln sich einerseits immer mehr zu selbstreferenziellen, operational geschlossenen Systemen, andererseits werden neue Forschungserkenntnisse überwiegend interdisziplinär, also in den Überschneidungsfeldern traditioneller Fachwissenschaften generiert.

Gemeinsam ist dem wissenschaftlichen Beschreibungswissen die Notwendigkeit der Reflexion. Wissensmanagement ist – notgedrungen- reflexiv. Durch Reflexivität werden die Grenzen und Bedingtheiten menschlichen Wissens bewusst (so trivial es klingt: auch wissenschaftliches Wissen ist „menschliches" Wissen). Konstruktivistisches Wissensmanagement erfordert nicht nur Popularisierung, Dissemination und Implementation wissenschaftlicher Erkenntnisse nach dem Sender-Empfänger-Modell, sondern auch Kommunikation, und zwar sowohl zwischen den wissenschaftlichen „Beschreibungssystemen" (z.B. Neurowissenschaft, Erziehungswissenschaft und Psychologie) als auch zwischen den Repräsentanten von Erfahrungswissen (z.B. LehrerInnen) und wissenschaftlichem Wissen.

Wolf Singer unterscheidet zwischen der alltäglichen „Erste-Person-Perspektive", die „sinnhaft konstruierte Gegenstände" erfasst, und einer „sinnfreien" Perspektive der Neurowissenschaften (Singer 2003, S. 11). Beide Perspektiven verhalten sich komplementär zueinander.

Fazit

Wissenschaftliches Wissensmanagement im Bildungssystem, in der Wirtschaft, im Gesundheitswesen erfordert:
1. entscheiden, welche wissenschaftlichen Erkenntnisse für das Praxisfeld relevant sind.
2. feststellen, wie die Forschungsergebnisse zustande gekommen sind, um ihre Gültigkeit beurteilen zu können.
3. überprüfen, ob und unter welchen Bedingungen das wissenschaftliche Wissen auf die Praxis übertragbar ist.
4. die wissenschaftlichen Erkenntnisse mit den Beobachtungsperspektiven der „Praktiker" vergleichen.
5. Forschungsdefizite aus Sicht der Praxis definieren.

5.9 Handlungsfeld Interkulturalität

„Jede Version eines ‚Anderen'
ist gleichzeitig die Konstruktion
eines ‚Selbst'." (J. Clifford)

Unsere individuellen Wirklichkeitskonstrukte sind eingebettet in kulturelle „Programme". *Kultur* kann als eine kollektive Beschreibung der Wirklichkeit mit viablen, d.h. bewährten Verhaltensmustern definiert werden. Kulturen manifestieren sich in Traditionen, die zwar nicht zeitlos gültig sind, die aber doch relativ stabil sind.
G. Auernheimer stellt angesichts der vielen Definitionen von Kultur ein „anti- essentialistisches Verständnis" als Konsens fest. Kultur kann demnach „nicht als statisches, homogenes, hermetisch geschlossenes System betrachtet werden" (Auernheimer 2003, S. 106). Kultur ist ein offenes System, das ein „Aushandeln von Identitätsentwürfen" ermöglicht (ebda.). Kultur ist so gesehen ein diskursiver gesellschaftlicher Prozess und ein Rahmen für vielfältige individuelle Lebensstile.
Die UNESCO hat eine „Weltkommission" „Kultur und Entwicklung" eingerichtet. Auch diese Kommission plädiert dafür, den Kulturbegriff zu „verflüssigen" und zu relationieren: „Bildung und Erziehung sollte ein Gespür für Relativität, Diversität und Toleranz vermitteln. Dazu sollte sie sowohl die Einzigartigkeit der menschlichen Erfahrung, die Variationsweite jeder einzelnen Kultur und die lange Geschichte der Wechselbeziehungen zwischen menschlichen Gruppierungen herausarbeiten. Identität ist ein Beziehungsbegriff, keine Festung." (UNESCO 1997, S. 62)
Die Warnung, „kulturelle Identität" nicht statisch und endgültig zu verstehen, ist inzwischen weit verbreitet. Die Betonung der kulturellen Identität beinhaltet die Gefahr der Abgrenzung und Exklusion.
Fremdheit – so O. Schäffter und G. Auernheimer – ist kein Merkmal eines Volkes oder einer Person, sondern ein „Beziehungsmodus". Wenn mir jemand „fremd" ist, sagt das mehr über mich als über den anderen aus.
Der Konstruktivismus betont, dass „andere", „selbstreferenzielle" Systeme grundsätzlich fremd bleiben. „Die Einbildung, sich in den anderen hineinversetzen zu können, wird als illusionär entlarvt." (Auernheimer 2000, S. 20).
Kulturen sind „Sinnsysteme", die durch spezifische Erfahrungen, Selbstbeschreibungen und Leitdifferenzen gekennzeichnet sind. Kulturen sind das Ergebnis kollektiver Wirklichkeitskonstruktionen – und Kulturen bilden den Rahmen für die Erzeugung von Wirklichkeit:
„Eine Kultur enthält die ‚Landkarte der Bedeutungen', welche die Dinge für ihre Mitglieder verstehbar machen. Diese ‚Landkarte der Bedeutungen' trägt man nicht einfach im Kopf mit sich herum: sie sind in der Form der gesellschaftlichen Organisationen und Bedeutungen objektiviert, durch die das Individuum zu einem

‚gesellschaftlichen Individuum' wird... Männer und Frauen werden daher durch Gesellschaft, Kultur und Geschichte geformt und formen sich selbst. So bilden die bestehenden kulturellen Muster eine Art historisches Reservoir, ein vorab konstituiertes ‚Feld der Möglichkeiten', das die Gruppen aufgreifen, transformieren und weiterentwickeln." (Barth 2000, S. 15).
Auch unsere Gehirne, unsere Farbwahrnehmungen, unsere Geschmacksysteme sind kulturell geformt. Darauf macht der Neurowissenschaftler Gerald Hüther aufmerksam: „In unterschiedlichen Kulturen aufgewachsene Kinder erwerben zum Teil sehr unterschiedliche, kulturell tradierte Fähigkeiten. Die Kinder der Eingeborenen des amazonischen Regenwaldes lernen auf diese Weise bis zu einhundert verschiedene Grüntöne zu unterscheiden... Und auch unsere Kinder erwerben im Verlauf dieser Prozesse all jene Fähigkeiten und Fertigkeiten, auf die es eben für das Leben in unserem Kulturkreis ganz besonders ankommt, und indem sie das tun, werden auch die dabei immer wieder aktivierten neuronalen Verschaltungen stärker und intensiver benutzt, ausgebaut und entwickelt." (Hüther 2006, S. 43 f.).

Kulturen entstehen in politischen Machtverhältnissen, aber auch vor dem Hintergrund ökonomischer und ökologischer Lebensbedingungen.

Exkurs:
Marvin Harris: der indische Rinderkult
Der amerikanische Kulturanthropologe M. Harris hat weltweit kulturelle und religiöse Bräuche untersucht. Vielen Sitten, die unserem abendländisch-industriegesellschaftlichen Denken als irrational und unökonomisch erscheinen, liegt eine eigene Rationalität zugrunde. Berücksichtigt man die sozialen und natürlichen Lebensbedingungen in außereuropäischen Kulturen, so erweisen sich viele Kulte und Mythen als höchst zweckmäßig und vernünftig.

Dies gilt z.B. für den Rinderkult in Indien, also für die „heiligen Kühe" des Hinduismus. Das Verbot, diese Tiere zu schlachten, beruht u.a. auf wichtigen Funktionen als Zugtiere, aber auch auf die Verwendung des Kuhmistes als Heiz- und Düngemittel. Eine Aufhebung des Tötungsverbots würde sich insbesondere zu Lasten der armen Bauern auswirken, für die ein Rind überlebenswichtig ist. „Die Umstellung von Tieren und natürlicher Düngung auf Traktoren und petrochemische Produkte würde unvorstellbare Kapitalinvestitionen erfordern." (Marvis 1997, S. 23).

Marvis gelangt zu der provokativen Konsequenz: „Wer eine echte heilige Kuh sehen will, der schaue sich sein eigenes Auto an." (ebda., S. 39).

Marvis' Recherchen belegen die Nützlichkeit der vergleichenden Kulturanthropologie. Sie verdeutlicht, wie relativ unsere Deutungsmuster und Beobachtungsstile sind, wie „befangen" wir in unseren eigenen Denktraditionen sind. Die Wahrnehmung fremder Kulturen unterstützt eine Urteilsvorsicht, zumal unser eurozentristisches Denken zu unberechtigten „Höherwertigkeitsvorstellungen" (R. Nestvogel) neigt.

Ziel *interkultureller Pädagogik* ist wechselseitige Anerkennung, auch die Bereitschaft, von und miteinander zu lernen. Dazu gehört auch die Wahrnehmung von Differenzen und das Interesse, sich und sein eigenes kulturelles Weltbild durch solche Unterschiede „perturbieren" zu lassen. „Anerkennung heißt, den anderen ernst zu nehmen, gerade auch dadurch, dass man sich mit ihm auseinandersetzt. Die Bereitschaft dazu setzt freilich auch eine kritische Haltung gegenüber dem eigenen Orientierungssystem voraus, einen geschärften Blick für Rationalitätsdefizite und Widersprüche in der eigenen Kultur und Gesellschaft, Wachsamkeit gegenüber den eigenen Wahrnehmungsgewohnheiten." (Auernheimer 2000, S. 22).

Doch pädagogisch betrachtet geht es nicht nur um – reflexive und tolerante – Haltungen, sondern auch um kulturelles Wissen, insbesondere um Kontextwissen über ökologische und ökonomische Lebensbedingungen, religiöse Traditionen, Weltbilder und Menschenbilder. Unsere Wahrnehmung anderer Kulturen erfolgt nicht neutral oder „interesselos". Verbreitet ist das Bedürfnis, die eigene Kultur – und damit sich selber – als überlegen darzustellen.

Fremdenfeindlichkeit („Xenophobie") hängt – wie erwähnt – auch mit der eigenen Identität, dem Umgang mit der eigenen Fremdheit zusammen. Bedrohliche, ängstigende Anteile des Selbst werden „abgespalten". Die Psychoanalyse spricht von Verdrängungen und Projektionen. Fremdenfeindlichkeit ist ein pychohygienischer Abwehrmechanismus. Aber auch Hilfsaktionen für hungernde afrikanische Kinder können Ausdruck einer solchen Abwehr und Entlastung sein.

Auch die idealisierende Verherrlichung des Fremden verweist auf den Umgang mit dem „inneren Fremden". Diese wenigen Hinweise auf das vielschichtige Verhältnis von Eigenem und Fremden deuten darauf hin, dass die lernende Auseinandersetzung mit anderen Kulturen stets auch eine Reflexion der eigenen Identität und eine kulturelle Selbstbeobachtung einschließt.

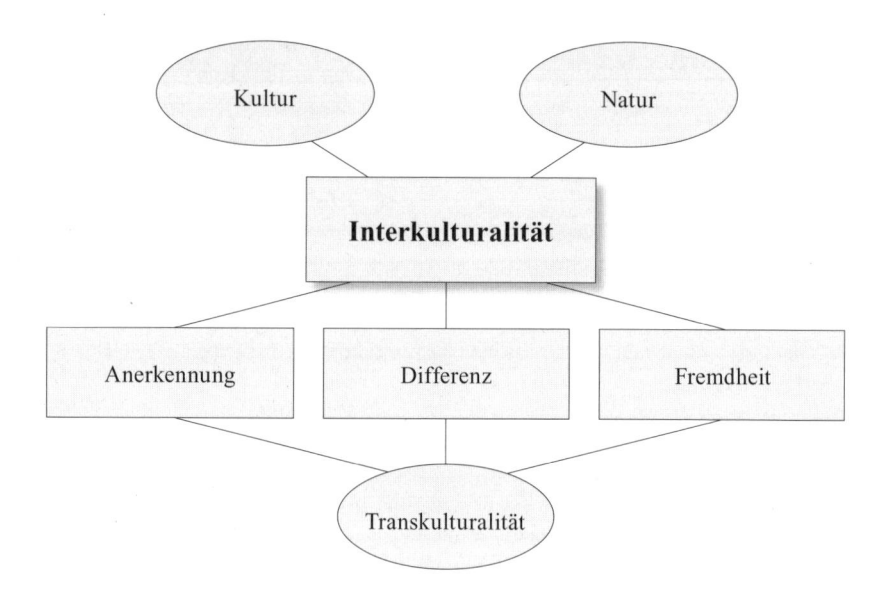

```
        Kultur            Natur
             \            /
         Interkulturalität
        /        |        \
  Anerkennung  Differenz  Fremdheit
        \        |        /
         Transkulturalität
```

Abb. 20: Interkulturelles Lernen

Fremdheit ist ein beobachtungsrelativer Begriff. „‚Fremdheit', der ‚Fremde' sind Identitätszuschreibungen, sog. ‚Labels', Etikettierungen, ‚virtuelle soziale Identitäten', die recht folgenreich sein können – vor allem für die so typisierte Person. So gibt es z.B. den Begriff… ‚Asylant' in der deutschen Sprache, vor allem im öffentlich-medial-politischen Raum, erst seit Ende der 1970er Jahre. Diese Sprachkonstruktion impliziert, wie viele Wortendungen auf -ant, in der Regel und oft unbewusst negative Assoziationen und Gefühle beim Hörer – ähnlich wie Querulant, Demonstrant, Sympathisant etc." (Griese 1996, S. 42).
„Der Fremde" ist also ein Beobachtungskonstrukt und erfordert eine reflexive Selbstbeobachtung.

Die Leitdifferenz „Fremdheit" – so H. Griese – verhindert Kommunikation und „damit die Möglichkeit der Erfahrung des ‚Fremden' als etwas Vertrautem… Um Verantwortung, Respekt und Toleranz gegenüber dem ‚Fremden' aufbauen zu können, bedarf es einer *konstruktivistischen Bildung,* einer Bildung von Subjekten über die Voraussetzungen, Grenzen und Möglichkeiten von Intersubjektivität." (ebda., S. 50).

Fremdheit ist eine – gesellschaftlich fundierte – Wirklichkeitskonstruktion. Das Konstrukt Fremdheit ist oft gekoppelt mit *Feinbildern*. Feindbilder suggerieren eine tatsächliche Bedrohung, doch Feindbilder werden auch dann konstruiert, wenn es gar keine Anzeichen für eine Bedrohung gibt. Feindbilder entstehen auch ohne reale Feinde. Der „Tatort Feindbild" – so Sybil Wagener – ist unser Stammhirn (Wagener 1999, S. 18).

„In der menschlichen Gesellschaft (ist) ein Feind nicht etwas ‚natürlich' Gegebenes ... sondern die Folge einer Projektion." (ebda., S. 20)
Feindbilder sind „virtuelle Territorien": „Die Welt, die einer im Kopf hat, die Vorstellung von sich und den anderen, diese innere Landschaft von Schemata, Ideen und Projektionen ist sein *virtuelles Territorium.*" (ebda., S. 25)
Feindbilder werden im Kopf erzeugt – und sie sind weitgehend resistent gegen empirische Falsifizierungen. Feindbilder werten den anderen ab und damit sich selber auf. Feindbilder sind aggressiv: den Feind zu bekämpfen, ja ihn zu töten, ist im Krieg gesellschaftlich toleriert, sogar erwünscht. Adolf Eichmann, der Chefideologe des Holocaust, ist ein Beispiel für diesen Verlust einer Tötungshemmung.
Feindbilder sind eine Folge von Kränkungen des Selbstwertgefühls durch Andere. „Das Gefühl des Gekränktseins kann unmittelbare Aggression auslösen, besonders wenn das Spiegelbild nicht die eigene Überlegenheit, sondern das eigene Elend reflektiert." (ebda., S. 34).

Betrachtet man die tiefenpsychologische Verankerung von Xenophobie und Feindbildern, so erweisen sich die Ratschläge einer appellativen Postulatpädagogik („Seid nett zueinander") als unterkomplex.
Selbstverständlich beinhaltet interkulturelles Lernen die Chance einer Perspektivenverschränkung, Horizonterweiterung, Toleranz. Aber interkulturelle Pädagogik kann gesellschaftliche Strukturveränderungen nicht bewirken, allenfalls unterstützen.
In der Pädagogik wird der Begriff der Interkulturalität jedoch von dem Konzept der *Transkulturalität* abgelöst. Transkulturell ist kein Ggensatz zu interkulturell, eher eine Erweiterung.
Transkulturalität verweist darauf, dass „kulturelle Identität" als Leitdifferenz in unserer Gesellschaft an Aussagekraft verliert. Immer mehr Menschen sind zugleich türkisch und deutsch, Christen und Moslems, Kopftuchträgerin und „westlich" ...
„Transkulturell" verweist darauf, dass es noch andere als kulturelle Merkmale gibt, z.B. Persönlichkeitseigenschaften, politische Werte ... Das Konzept der Transkulturalität plädiert nicht für eine Abschaffung der Einzelkulturen, wohl aber für ihre Weiterentwicklung und Relativierung. Der traditionelle Kulturbegriff betont die kulturellen Unterschiede. Die Theorie des Transkulturellen betont die Gemeinsamkeiten.

„Angesichts der Vielfalt kultureller Bezugssysteme, die moderne Gesellschaften mit starken individualistischen Orientierungen anbieten, nimmt kulturelle Identität einen komplexen Charakter an; d.h. Individuen können sich identifizieren mit jeweils mehreren dieser Bezugssysteme." (Flechsig 2000, S. 4).
Diese multiple kulturelle Identität kann sich im Lauf des Lebens mehrfach verändern. Transkulturelles Lernen betont mehr die Anschlussfähigkeit als die Differenzen. „Beim transkulturellen Lernen tritt zum Fremdverstehen das Selbstverstehen, das Verstehen des ‚kulturellen Selbst', mit gleichem Anspruch hinzu. Denn nur so können die Gemeinsamkeiten und ‚Anschlussmöglichkeiten' entdeckt werden, welche die komplexen kulturellen Identitäten der beteiligten Partner bergen." (ebda., S. 6).
Kulturelle Differenzen werden nicht (mehr) als Gegensätze oder Widersprüche, sondern als unterschiedliche Aspekte begriffen. Transkulturelles Lernen ist ein offener, lebenslanger Prozess.

So bietet sich ein Dreischritt des Lernens an:
a) kulturelles Lernen
b) interkulturelles Lernen
c) transkulturelles Lernen

Transkulturelles Lernen erfolgt in *Driftzonen*. H. Maturana und F. Varela sprechen evolutionstheoretisch von dem „natürlichen Driften der Lebewesen" (Maturana/Varela 1987, S. 113). Driftzone wird hier als didaktische Metapher für Spielräume kultureller Programme verstanden. Offenkundig sind solche Driftzonen im Bereich der Essgewohnheiten. Eingeengter sind diese Zonen in den Bereichen Sexualität, Familie, Moral.

Interkulturelles Lernen ist vor allem Erfahrungslernen. Der Gehirnforscher Manfred Spitzer stellt fest: „Was den Menschen umtreibt, sind nicht Fakten und Daten, sondern Gefühle, Geschichten und vor allem andere Menschen." (Spitzer 2003, S. 160). Das gilt insbesondere für das Lernziel Interkulturalität. Wissen, Aufklärung, Theorien sind wichtig, aber Menschenfreundlichkeit lernt man nur durch den Kontakt zu Menschen, die freundlich wahrgenommen werden. Zwar bewirken soziale Kontakte nicht zwangsläufig Empathie und Solidarität, aber ohne solche Kontakte entsteht kaum ein „Mitgefühl".

5.10 Handlungsfeld Motivation

Ob Erwachsene motiviert sind, sich lernend mit sich selbst und ihrer Welt zu beschäftigen, ist eine Frage der Wirklichkeitskonstruktion. Konstruiert werden 1. der Lernanlass und die damit verbundene Lernaufgabe, 2. das Selbstkonzept als Lernender („was kann ich, was traue ich mir zu?") und 3. das Lernangebot („welche Lerngelegenheiten und Lernmöglichkeiten sind für mich geeignet?")

Ein konstruktivistisches Motivationsmodell kann an *Hans Thomaes* Theorie der *„kognitiven Repräsentanz"* anknüpfen. „Der kognitiven Theorie des Verhaltens gemäß bestimmt nicht die ‚objektive Situation', sondern deren subjektive Wahrnehmung, Interpretation oder ‚kognitive Repräsentanz' unser Verhalten." (Lehr/Thomae 2000, S. 140).
Kognitive Repräsentanzen sind Konstrukte, die aus der Wechselwirkung von äußeren Situationen und Lebenserfahrungen resultieren. Situationen werden nicht „wahrheitsgemäß" wahrgenommen, sondern Situationen sind stets Deutungen. Verschiedene Personen nehmen dieselbe Situation unterschiedlich wahr.
Die Situationsdeutungen haben einen *Vergangenheits-/* einen *Gegenwarts-* und einen *Zukunftsaspekt:* Die Situation weckt Erinnerungen an frühere ähnliche Ereignisse, und sie ist mit Zukunftshoffnungen und -ängsten verknüpft. „Vergangenheit, Gegenwart und Zukunft beeinflussen das Erleben der Situation, bestimmen damit deren ‚kognitive Repräsentanz' und die Formen der Auseinandersetzung, die Reaktionsweisen oder auch ‚coping-Stile'." (ebda. S., 141).

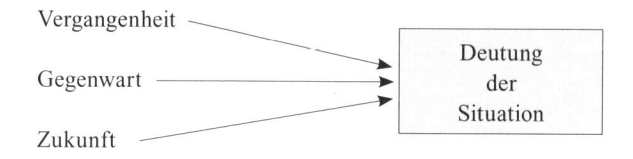

Vergangenheit ⟶

Gegenwart ⟶ Deutung der Situation

Zukunft ⟶

Handlungsfelder

Ob ein Ereignis als mögliches Lernprojekt interpretiert wird, hängt von mehreren Bedingungsfaktoren ab:
- *Relevanz und Dauer*
  Ist das Thema für die Person relevant und beeinflusst es das Leben längerfristig?
- *Interessantheit und Lerngehalt*
  Ist es kognitiv interessant, emotional befriedigend (u.U. auch „zumutbar") und lernhaltig, d.h. enthält es „Wissenswertes" und „Lernbares"?
- *Viabilität*
  Erweitert eine Lernaktivität die Handlungsmöglichkeiten und Problemlösungen?
- *Bildungswert*
  Ist das Thema identitätsrelevant, kann es libidinös „besetzt" werden, ist es emotional befriedigend?
- *soziale Anerkennung*
  Wird das Lernprojekt von Bezugspersonen unterstützt, ist es sozial akzeptiert?

„Kognitive Repräsentanzen" ähneln den „inneren Bildern", die der Gehirnforscher G. Hüther als Motivatoren beschreibt. „Innere Bilder" sind Selbstbilder, Menschenbilder, Weltbilder, also: Konstrukte.

„Wie die Hirnforscher in den letzten Jahren zeigen konnten, ist die Art und Weise, wie ein Mensch denkt, fühlt und handelt, ausschlaggebend dafür, welche Nervenzellverschaltungen in seinem Gehirn stabilisiert und ausgebaut und welche durch unzureichende Nutzung gelockert und aufgelöst werden... Von der Beschaffenheit dieser einmal entstandenen inneren Bilder hängt es ab, wie und wofür ein Mensch sein Gehirn benutzt und welche neuronalen und synaptischen Verschaltungen deshalb in seinem Gehirn gebahnt und gefestigt werden. Es gibt innere Bilder, die Menschen dazu bringen, sich immer wieder zu öffnen, Neues zu entdecken und gemeinsam mit anderen nach Lösungen zu suchen. Es gibt aber auch innere Bilder, die Angst machen und einen Menschen zwingen, sich vor der Welt zu verschließen." (Hüther 2005, S. 9).

„Innere Bilder" sind Grundlage unserer Lernmotivation – ebenso wie unserer „Lernvermeidungsreaktionen". „Innere Bilder" haben ganze Völker und Kulturen zu Höchstleistungen beflügelt oder in den Ruin getrieben. Innere Bilder sind Leitbilder, Visionen, Ideale. Hüthers Appell: „Erkenne dich selbst" heißt: erkenne die Gründe und die Auswirkungen deiner inneren Bilder. Denn: „In der Welt unserer inneren Bilder kennen wir uns nach wie vor nicht aus." (ebda., S. 132).

Innere Bilder sind Muster, die eine Orientierung in einer unübersichtlichen Welt erleichtern, die Handlungen anregen und anleiten. Diese Bilder sind nicht richtig oder falsch. Unsere Bilder sind nicht endgültig, sie können ergänzt, verfeinert, „übermalt" werden. Durch die Kommunikation mit Bezugspersonen, aber auch mit Fremden, mit anderen Kulturen, mit den großen Figuren der Weltliteratur erkennen wir, dass es noch andere, vielleicht ungewohnte Bilder gibt, dass unsere eigenen Bilder nicht die einzig möglichen, ja, auch nicht die einzig „viablen" sind.
Die Aufgeschlossenheit für andere Bilder, die Neugier für „verfremdete" Blicke kann als Bereicherung, als Gewinn empfunden werden. Innere Bilder – so G. Hüther – beinhalten *Visionen, Zukunftsvorstellungen*. Dies gilt auch für Lernmotive: Lernmotive sind finale „um zu"-Motive, sie antizipieren eine wünschenswerte Zukunft.
Innere Bilder können ermutigen und entmutigen, motivieren und demotivieren.

Erwachsene sind zur Weiterbildung motiviert, wenn sie
- sich selbst für lernfähig halten (self efficacy)
- Lernherausforderungen der Umwelt wahrnehmen (Relevanz) und
- Lernangebote für attraktiv halten (Viabilität)

Menschen sind motiviert, angenehme und erfolgreiche Erfahrungen zu wiederholen und unangenehme Erfahrungen in Zukunft zu vermeiden. Das Erfolgskriterium für Erfahrungen ist Sinn.
„Im kognitiven Bereich kann Sinn bestimmt werden als Selbstorientierungskompetenz kognitiver Systeme, die nach Kohärenz streben ...
Im kommunikativen Bereich kann Sinn bestimmt werden als basaler Modus der Akzeptanz bzw. *Anschließbarkeit* von Kommunikationsangeboten." (Schmidt 2003, S. 80).
Vor dem Hintergrund sinnvoller Erfahrungen werden Lernangebote auf ihren Motivationsgehalt hin getestet. Neurowissenschaftler sprechen von „Detektoren" in unserem Gehirn. So fungiert der Hippokampus als *Neuigkeitsdetektor*. „Hat der Hippokampus eine Sache als neu und interessant bewertet, dann macht er sich an ihre Speicherung, d.h. er bildet eine neuronale Repräsentation von ihr aus." (Spitzer 2003, S. 34). Dieser Hippokampus erklärt auch das Interesse an *Differenzerfahrungen*. Eine Gruppe, die stets und sofort einer Meinung ist, ist langweilig. Gruppen, in denen unterschiedliche Perspektiven kommuniziert und verschränkt werden, sind lernanregend.
Der Neuigkeitsdetektor ist gekoppelt mit einem *Anschlussdetektor*. Auch das Neue muss *anschlussfähig* sein. Strukturdeterminierte Systeme können nur die Informationen verarbeiten, die strukturadäquat sind. Lernen im Erwachsenenalter ist fast immer Anschlusslernen. Neues Wissen motiviert, wenn es mit vorhandenen Erfahrungen verknüpft werden kann. Ein Anschlusslernen ist durchaus nicht nur „affirmativ", bestätigend, sondern auch weiterführend, problematisierend.

Ein weiterer Prüfstein unseres Motivationsprogramms ist der *Viabilitätsdetektor*. Lerninhalte müssen viabel, relevant, brauchbar erscheinen. Viabilität ist durchaus nicht nur instrumentell – utilitaristisch zu verstehen, sondern im weiteren Sinn auch als Lebensdienlichkeit und Zweckmäßigkeit. Viabilität hat auch eine emotionale Dimension. Lernthemen sind viabel, wenn sie *emotional zumutbar* sind. Man möchte sich beim Lernen „wohl fühlen", auch wenn das Lernen mit Anstrengungen verbunden ist. Lerninhalte, die angstbesetzt sind, rufen meist Vermeidungsreaktionen hervor. Nicht jedes Thema ist in jeder Lebensphase und in jeder Situation „verträglich" und „bekömmlich".

Dopamin
Biochemisch betrachtet ist Motivation mit der Ausschüttung des Neurotransmitters Dopamin verbunden:
„Die Dopaminfreisetzung direkt im Kortex kann zu einer besseren Klarheit des Denkens führen. Im Nucleus accumbens dagegen aktiveren die dopaminergen Fasern wiederum Neuronen, die endogene Opioide produzieren und deren Fasern sich weit über den frontalen Kortex verzweigen. Werden dort die endogenen Opioide, d.h. vom Gehirn selbst produzierte opiatähnliche Stoffe ausgeschüttet, resultiert daraus ein gutes Gefühl. Opium belohnt und macht bekanntlich süchtig." (Spitzer 2003, S. 177f.).
„Von Bedeutung ist, dass das Dopaminsystem nur bei Ereignissen oder Verhaltenssequenzen anspringt, die ein Resultat liefern, das besser als erwartet ausfällt... Gelernt wird immer dann, wenn positive Erfahrungen gemacht werden... Man weiß weiterhin, dass die Begegnung mit Neuem zu einer Freisetzung von Dopamin in diesem System führt. Dopamin wurde daher als Substanz der Neugier... bezeichnet." (ebda., S. 181).

Die Konstruktion von Wirklichkeit ist biografisch verankert. Deshalb betont der Konstruktivismus – mehr als die anderen Motivationstheorien – die *Dimension Zeit:* Vergangenheit, Gegenwart und Zukunft sind wechselseitig verschränkt, Vergangenheit und Zukunft sind „allgegenwärtig", und zwar in doppelter Hinsicht:
- Unsere Vergangenheit prägt unser gegenwärtiges Welt- und Lebensgefühl. Aber auch:
- Unsere gegenwärtige Situation interpretiert die Vergangenheit. So schreiben wir unsere Lebensgeschichte ständig neu.
Gleiches gilt für unsere Zukünftigkeit:
- Lernen heißt Zukunft antizipieren, Weichen für unsere Zukunft stellen. Aber auch:
- Zukunft ist das, was wir heute als wünschenswert, auch als bedrohlich erleben. Zukunft ist als „noch nicht gelebtes Leben" ständig „präsent".

Handlungsfeld Motivation

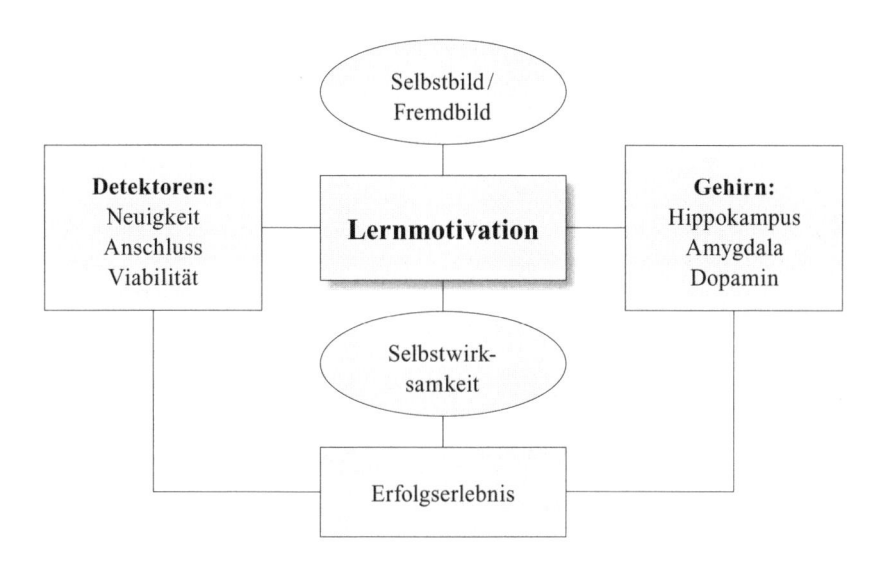

```
                    ┌─────────────┐
                    │ Selbstbild/ │
                    │  Fremdbild  │
                    └─────────────┘
┌──────────────┐    ┌─────────────┐    ┌──────────────┐
│ Detektoren:  │    │             │    │  Gehirn:     │
│ Neuigkeit    │────│Lernmotivation│───│ Hippokampus  │
│ Anschluss    │    │             │    │ Amygdala     │
│ Viabilität   │    │             │    │ Dopamin      │
└──────────────┘    └─────────────┘    └──────────────┘
                    ┌─────────────┐
                    │ Selbstwirk- │
                    │   samkeit   │
                    └─────────────┘
                    ┌─────────────┐
                    │Erfolgserlebnis│
                    └─────────────┘
```

Abb. 21: Lernmotivation

Mit Blick auf Bildungsarbeit heißt dies:
Lehr-Lernsituationen können nicht interpretiert und gestaltet werden, ohne diese „Omnipräsenz", die Allgegenwärtigkeit von Geschichte und Zukunft bei jedem einzelnen Beteiligten zu bedenken. Jeder kommt mit einem biografischen Rucksack und einem Wunschzettel für die Zukunft in ein Seminar.

„Konstruktivistische Hühner"
Der italienische Schriftsteller Luigi Malerba hat konstruktivistische Hühner vorgestellt:
Ein Philosophenhuhn betrachtete einen Stein und sagte: „Wer sagt mir, dass das ein Stein ist?" Dann betrachtete es einen Baum und sagte: „Wer sagt mir, dass das ein Baum ist?" „Ich sage es dir", antwortete ein x-beliebiges Huhn. Das Philosophenhuhn betrachtete es mitleidig und fragte: „Wer bist du, dass du dir anmaßt, eine Antwort auf meine Frage zu geben?" Das x-beliebige Huhn schaute es bekümmert an und antwortete: „Ich bin ein Huhn." Und das andere: „Wer sagt mir, dass du ein Huhn bist?" Nach kurzer Zeit war das Philosophenhuhn sehr einsam.
(Malerba 1995, S. 34).

Kognitive und emotionale Strukturen, existenzielle Selbstreferenzen und lebensweltliche Kontexte sind die Fundamente der Lernmotivationen Erwachsener. Vor diesem Hintergrund lassen sich 10 *Merkmale* nachhaltiger, motivierter Lernprozesse definieren. Vereinfacht gesagt: je mehr diese Merkmale vorhanden sind, desto intensiver ist die Motivation und desto nachhaltiger die Lernaktivität:

- *Anschlussfähigkeit:* Lerninhalte wirken motivierend, wenn sie biografisch anschlussfähig sind, wenn sie an Erfahrungen und Vorkenntnisse angekoppelt werden können, wenn sie in vorhandene Muster passen. Gelegentlich werden Inhalte, die nicht anschlussfähig sind, gespeichert und stehen quasi „auf Abruf bereit", d.h. sie können in späteren Situationen aktiviert werden, wenn „die Zeit reif" ist.
- *Neuigkeit:* Unser Gehirn testet Lerninhalte auf ihren – subjektiven – Neuigkeitswert hin. Was bekannt ist, wird neuronal nicht weiter bearbeitet. Anschlussfähigkeit und Neuigkeit sind keine Gegensätze, sondern sie bilden ein Fließgleichgewicht.
- *Relevanz:* Unser Gehirn prüft Lerninhalte nicht nur hinsichtlich ihrer Anschlussfähigkeit und Neuigkeit, sondern hinsichtlich ihrer Relevanz. Lerninhalte werden bearbeitet, wenn sie viabel, also brauchbar, lebensdienlich sind. Damit ist nicht nur eine berufliche oder alltagspraktische Verwertbarkeit gemeint, sondern auch ein psychodynamisches Identifikationspotenzial, ein Angebot zur Erweiterung des Lebens- und Weltgefühls.
- *Emotionalität:* Lernmotivationen sind eng verknüpft mit Emotionsmustern, mit Gefühlen, die eine Annäherungstendenz (anstatt einer Vermeidungstendenz) auslösen. Ohne positive Emotionen, ohne eine „Lernlust" kommt keine dauerhafte Lernmotivation zustande. Unsere Emotionen entscheiden meist mehr als unsere Kognitionen, ob wir etwas intensiv lernen wollen.
- *Situiertheit:* Evolutionstheoretisch betrachtet haben Wahrnehmungen, Kognitionen und Emotionen primär die Funktion, lebensdienliche, viable Handlungen zu ermöglichen. So lässt sich erklären, dass situiertes Lernen, d.h. in konkrete Handlungssituationen integriertes Lernen, besonders motiviert. Abstraktes theoretisches Lernen bleibt äußerlich, wenn es nicht „situiert" werden kann.
- *Körperlichkeit:* Lernen ist eine geistige Aktivität, die aber körpergebunden ist. Geistige „Frische" ist untrennbar mit körperlichen Empfindungen des „Gespanntseins" und der „Entspannung" verbunden. A. Damasio spricht von „somatischen Markern" (Damasio 2000, S. 227ff.), d.h. von Körpersignalen, die uns darauf aufmerksam machen, ob uns eine Tätigkeit „bekommt" und „gut tut".
- *Vernetzung:* Für die Gehirnforschung bedeutet „Vernetzung": Neues wird mit Bekanntem vernetzt, bisher getrennte neuronale Netze werden neu verknüpft, Erinnerungen werden in neue Muster eingeordnet, sie werden neu „gerahmt" (Reframing). Kognitive und emotionale Programme werden verbunden. Solche Vernetzungen sind selbsttätige, autopoietische, oft auch unbewusste Aktivitäten des Gehirns, die aber didaktisch-methodisch unterstützt werden können.

- *Ästhetisierung:* Lernen setzt sensorische Wahrnehmungen voraus und ist oft mit einer Wende der Wahrnehmung verbunden. Lernen ist häufig Bewusstwerdung der „inneren Bilder" (Hüther 2005) und eine Modifizierung, auch eine Neurahmung dieser Bilder. Auch deshalb ist es wünschenswert, vielfältige Kanäle der Wahrnehmung anzusprechen und ein „Lernen mit allen Sinnen" zu fördern.
- *Perturbation:* Lernen und Lernmotive können nicht von außen gesteuert oder gar determiniert werden. Allerdings können autopoietische, operational geschlossene „Systeme" wie das menschliche Gehirn „perturbiert", d.h. gestört, irritiert werden. Perturbationen können durch Überraschungen hervorgerufen werden. Nichts demotiviert so sehr wie ein Unterricht nach dem Prinzip „mehr desselben". Aber auch Perturbationen müssen dosiert werden und psychohygienisch zumutbar sein.
- *Ko-Evolution:* Wir leben in einer „mit anderen geteilten Welt", wir lernen mit anderen und von anderen. Aus der Evolutionstheorie kann der Begriff Ko-Evolution übernommen werden: In Seminargruppen entwickeln sich die Mitglieder zwar individuell unterschiedlich, aber doch gemeinsam. So machen nicht nur die Individuen, sondern auch die Gruppe macht Lernfortschritte.

Ebenso wie vom „selbstgesteuerten Lernen" die Rede ist, kann von der *„selbstgesteuerten Motivation"* gesprochen werden. PädagogInnen können Erwachsene weder „belehren" noch direkt motivieren. Motivation ist nicht pädagogisch machbar, nicht organisierbar. Was die einen motiviert – z.B. Gruppenarbeit, spielerische Methoden, ein wissenschaftlicher Vortrag – ist für andere langweilig oder „ätzend". Lernmotivationen haben ihre individuelle, unverwechselbare „Geschichte", auch wenn diese Motivationsgeschichten soziokulturell und sozioökonomisch „gerahmt" sind.

„Motivierende Lehre" bedeutet also: professionelle und qualitativ anspruchsvolle, vielfältige Lernumgebungen gestalten, die von möglichst vielen Teilnehmenden als motivierend erlebt werden können.

Motiviertes Lernen ist intensives Lernen.
Intensives Lernen ist nachhaltiges Lernen.

Das folgende Schema versucht, Ebenen der Motivation zu unterscheiden und zu stufen.

```
                    Teilnahmemotive
                       Lernstile
                 thematische Interessen
                   generative Themen
                  Bildungsmotivation
               Persönlichkeitseigenschaften
             existenzielle Grundmotivationen
```

Abb. 22: Motivationsebenen

Grundmotivationen beinhalten die Bejahung des Daseins, den Wunsch nach einem geglückten Leben und die Suche nach Sinn (vgl. Längle 2004).
Faktoren der Persönlichkeit sind u.a. Extraversion, Offenheit für neue Erfahrungen (vgl. Roth 2001, S. 341).
Die Bildungsmotivation (W. w. Humboldt, H. v. Hentig) ist auf die Entfaltung und Verwirklichung humaner Kräfte gerichtet.
Generative Themen (P. Freire) oder Daseinsthemen (H. Thomae) sind Autonomie, Anerkennung, Gerechtigkeit, aber auch Gesundheit.
Thematische Interessen (H. Schiefele) beziehen sich auf das Selbstverstehen, das Fremdverstehen und das Weltverstehen.
Lernstile sind schwerpunktmäßig auf reflexives biografisches Lernen, auf soziale kommunikative Lernaktivitäten oder auf Aneignung von Wissen und Kompetenzen bezogen.
Teilnahmemotive sind eher prozessorientiert („Freude am Lernen mit anderen"), eher kursleiterorientiert („Zuneigung zu einer Person") oder eher ergebnisorientiert (Lernresultate, auch Zertifikate).

Der alltägliche Normalfall sind *Motivationskonflikte*. Die Motivation, sich weiterzubilden, konkurriert mit Freizeitmotivation, familiären Interessen und Verpflichtungen. Ob das Lernmotiv sich durchsetzt, hängt von zahlreichen Faktoren ab, wobei häufig eher die emotionalen als die kognitiven Aspekte ausschlaggebend sind.

Diese emotionalen Faktoren sind meist erfahrungsabhängig: In einer Entscheidungssituation erinnert man sich an ähnliche frühere Lernaktivitäten, die einen positiven verstärkenden oder einen negativen unerfreulichen Eindruck hinterlassen haben. Jede Lernbemühung hinterlässt also Spuren, die zukünftige Entscheidungen beeinflussen. Entsprechende Lernvermeidungsreaktionen sind oft unbewusst: die aversiven Tendenzen werden rationalisiert, indem „akzeptable" Argumente – keine Zeit, kein praktischer Nutzen, kein angemessenes Niveau – überbetont werden. Wir sind es gewohnt, lebenslanges Lernen und Lernmotivation für wünschens- und erstrebenswert zu halten. Wenn aber Lernen prinzipiell Veränderungen impliziert, wenn also durch Lernen Lebensgewohnheiten und Bewältigungsmuster irritiert werden, wenn also die Ergebnisse von Lernprozessen ungewiss oder sogar riskant sind, dann ist eine positive Bewertung des Lernens keineswegs selbstverständlich. „Vielmehr kommt es in jedem Fall darauf an, zu entscheiden, ob das bisher verwendete Verhaltens- und Unterscheidungsrepertoire ausreicht, um mit der Umwelt fertig zu werden, oder nicht. Nichtlernen erscheint mithin in doppelter Funktion, und zwar als Verhinderung struktureller Veränderungen eines Systems aufgrund störender Umweltereignisse wie als Bewahren erhaltenswerten Wissens und Könnens." (Schmidt 2005, S. 121).
Mit anderen Worten: es gibt auch eine ernstzunehmende Motivation des Nichtlernens.

Fazit
Die Motivation zur Teilnahme an Bildungsveranstaltungen ist ein Geflecht aus intrinsischen und extrinsischen Faktoren, aus thematischen und sozialen Anreizen, aus kognitiven und emotionalen Komponenten. Eine Teilnahmemotivation ist meist das Ergebnis von Annäherungstendenzen und Vermeidungsreaktionen, von Hoffnungen und Befürchtungen, von aversiven (abweisenden) und attraktiven (anziehenden) Einflüssen. Lernmotivationen entstehen und vergehen, sie nehmen zu und sie nehmen ab. Lernmotive und Lernwiderstände bilden eine Einheit; mal überwiegt das Interesse, mal die Abneigung.
Lernmotivationen können nicht verordnet werden, aber sie sollten vor allem in längerfristigen Kursen ständig thematisiert werden – und nicht nur in der „Kennenlernphase". Die Lernmotivation kann – besser als die Lernfähigkeit – durch Selbstbeobachtung erschlossen werden.

5.11 Handlungsfeld Biografie

„Wir sind Erinnerung."

Im Unterschied zum „Lebenslauf" ist die Biografie ein subjektiver Konstruktionsprozess. Der Lebenslauf besteht aus – weitgehend gesellschaftlich normierten – Ereignissen: Geburt, Schulbildung, Berufswahl. Heirat, Geburt der Kinder... Die Biografie setzt sich aus Lebensgeschichten zusammen, die wir ständig neu erfinden und umdeuten.

Dieser Konstruktionsprozess ist inzwischen zu einer Aufgabe des „lebenslangen Lernens" geworden, denn in Zeiten einer reflexiven Moderne lösen sich die „Normalbiografien" auf. Die vielzitierte Individualisierung ist eine Chance, das Leben nach eigenen Bedürfnissen und Werten zu gestalten, aber auch die Notwendigkeit, ständig lebenswichtige riskante Entscheidungen treffen zu müssen. Postmoderne Biografien verlaufen selten kontinuierlich und planmäßig, sondern sind gekennzeichnet durch Statuspassagen, Übergänge, kritische Lebensereignisse... Zusammenhänge herzustellen, das Leben zu „ordnen", Sinn zu stiften wird zu einer Aufgabe konstruktiven Lernens.

Eine Schlüsselrolle spielen dabei *Gedächtnis, Erinnerung, Vergessen*.
Dem Gedächtnis kommt bei der Konstruktion von Wirklichkeit eine zentrale Funktion zu. So hat Siegfried Schmidt bereits 1992 einen Sammelband über das „Gedächtnis" aus neurobiologisch- konstruktivistischer Sicht veröffentlicht.
Das Gedächtnis – so hat Gerhard Roth es formuliert – ist unser wichtigstes Sinnesorgan: Wir nehmen vor allem das wahr, was wir früher bereits kennen gelernt haben. Erkennen setzt Vorwissen voraus, wir sehen das, was wir wissen. Jedes Erkennen hat eine biografische Dimension, Erkennen ist ein selbstreferenzieller und rekursiver Prozess. „Wir sind Erinnerung" heißt deshalb ein Buch von Daniel Schacter.

Das Gedächtnis lässt sich nicht in einer Region des Gehirns lokalisieren, sondern es besteht aus neuronalen Netzwerken, die über das ganze Gehirn verteilt sind. „Die Frage, in welcher Weise die Aktivität der Nervennetze gesteuert und gekoppelt werden soll, wird vom Gehirn anhand der Resultate früherer Aktivitäten entschieden. Das heißt, das Gehirn organisiert sich auf der Basis seiner eigenen Geschichte. Dies ist das, was man ‚Selbstreferentialität' des Gehirns nennt." (Schmidt 1992, S. 14). Das Gehirn entscheidet aufgrund früherer Erfahrungen, welche Wahrnehmungsinhalte neu, anschlussfähig und relevant sind.

Erinnerungen rekonstruieren die Biografie ständig neu, indem sie frühere Erfahrungen mit neuen Wahrnehmungsinhalten synthetisieren. Auf diese Weise werden Zusammenhänge erzeugt, das heißt: Identität hergestellt. „Die Rolle, die Gedächtnis,

Erinnern und Erzählen für Aufbau und Erhalt individueller Identität spielen, ist in der Psychologie seit langem bekannt." (ebda., S. 44). Die Erinnerung erzeugt Kohärenz und sie ist zugleich ein Filter, der neues Wissen auf seine Anschlussfähigkeit überprüft.
Wenn wir von Wirklichkeitskonstruktionen sprechen, so denken wir vor allem an die Wahrnehmung unserer Welt hier und jetzt. Wenn wir uns aber beim Denken selber beobachten, bemerken wir, dass unser Gehirn mehr mit der Vergangenheit und der Zukunft beschäftigt ist als mit der Gegenwart. Unsere Erinnerungen entstehen dabei nicht primär aus Denkinhalten, sondern aus Bildern. Diese Bilder bestehen aus sensorischen Erinnerungen, aus Gefühlen, aus Körperempfindungen und nur zum geringen Teil aus Begriffen oder Sätzen.
In Anlehnung an A. Damasio lassen sich *Erinnerungsbilder* von Vergangenem, *Wahrnehmungsbilder* von Gegenwärtigem und *Vorstellungsbilder* von Zukünftigem unterscheiden. Unsere Biografie besteht also nicht nur aus den Erinnerungsbildern, sondern auch aus den Vorstellungsbildern. Dabei ist es gehirnphysiologisch unerheblich, ob die Bilder sich auf Realitäten beziehen oder reine Imaginationen sind.
Unser Gehirn produziert seine Wirklichkeiten. „Das ist beispielsweise der Fall, wenn wir uns an eine Melodie erinnern, die wir mögen, oder mit geschlossenen Augen einen Anblick heraufbeschwören, wobei es keine Rolle spielt, ob es sich um ein wirkliches oder nur vorgestelltes Ereignis handelt." (Damasio 2000, S. 141).
Unser Gehirn ist in der Lage, eigene Erinnerungsbilder zu konstruieren (die oft sehr eigenwillig und „unwirklich" sind) und Vorstellungen von der Zukunft zu entwerfen (wobei manche Menschen mehr in dieser Zukunft als in ihrer Gegenwart leben.)

Das individuelle Gedächtnis ist mit dem kollektiven Gedächtnis gekoppelt, d.h. auch das Gedächtnis ist ein soziales Organ (vgl. Hüther 2006, S. 43ff.). Die bevorzugte Kommunikationsform, durch die der Mensch sich seiner sozialen Anerkennung vergewissert, ist das *Erzählen*. Erzählen ist eine Ko-Konstruktion, d.h. Erzähler und Zuhörer bemühen sich um Perspektivverschränkungen, um wechselseitige Anerkennungen, auch um Differenzerfahrungen.

Durch Erzählungen wird eine Verknüpfung der subjektiven „Sinnwelten" mit gesellschaftlichen Veränderungen hergestellt. Diese Kompetenz bezeichnen Bettina Dausien und Peter Alheit als *„Biographizität"*: „Die Fähigkeit, Denken und Handeln, die ‚Konstruktion' von Wirklichkeit aus dem aufgeschichteten und sich verändernden biographischen Wissen zu generieren, bezeichnen wir als *Biographizität*, als eine historisch und kulturell gewachsene Fähigkeit moderner Individuen, ihre höchst individuellen Erfahrungsschemata mit neuen sozialen Erfahrungen zu verknüpfen." (Dausien/Alheit 2005, S. 29).

Erzählen ist eine konstruktive und eine kommunikative Tätigkeit. Durch Erzählungen geben wir unserem Leben Gestalt. „Mit Hilfe von Geschichten ordnen wir unsere Erinnerungen und verleihen so dem Leben Sinn und Zusammenhang... Aber ‚unsere' Erinnerungen sind das Produkt von Beziehungen, sie entstanden im Austausch mit anderen und folgen sozialen Konventionen." (Ernst 2000, S. 27 f.).
In unseren Erzählungen versuchen wir unser Leben uns selbst und anderen verständlich und plausibel zu machen.

B. Dausien und P. Alheit machen darauf aufmerksam, „dass die biografischen Erfahrungen der Teilnehmenden im Hintergrund von organisierten Lernprozessen mitlaufen." (ebda., S. 30). Gelernt wird das, was biografisch „anschlussfähig" ist, was strukturdeterminiert bearbeitet werden kann, was als viabel empfunden wird, was emotional zumutbar ist. Dieses Lernen ist durchaus nicht nur bestätigend, sondern auch Erweiterungen und Irritationen der Wirklichkeitskonstruktion können als bereichernd erlebt werden.

„Mitlaufende Lernprozesse" bilden häufig den „heimlichen" Lehrplan, der nicht selten das offizielle Curriculum überlagert und verdrängt.

Bei expliziten biografischen Lernprozessen ist die eigene Biografie oder die Biografie anderer das Lernthema. Biografische Erfahrungen werden mitgeteilt, reflektiert, mit anderen erörtert, mit zeitgeschichtlichen Prozessen in Beziehung gesetzt... Durch biografische Erzählungen können verfestigte Deutungen „verflüssigt" werden, andere Interpretationen werden wahrgenommen, Potenziale freigesetzt, neue Handlungsmöglichkeiten erschlossen. „Die ‚Arbeit mit Biografien' beinhaltet ein kommunikatives Potenzial für das Kennenlernen ‚fremder' Lebenswelten, für Perspektivwechsel und interkulturelle Verständigung." (ebda., S. 33).

Winfried Marotzki interpretiert biografisches Lernen als eine Chance für Bildung in der reflexiven Moderne. In dieser Zeit kann nicht an einem allgemein verbindlichen Bildungskanon festgehalten werden. Bildung heute muss individualisiert und „biographisiert" werden. Die Bildungswege, die Bildungsanlässe und die Bildungsinhalte sind milieuspezifisch differenziert:
Biografisches Lernen ist ein Bildungsprozess, insofern Vergangenheit und Zukunft stets aufs Neue „entworfen" werden.

Die Konstruktion der Welt ist untrennbar mit der Konstruktion des Ichs verbunden. Es hängt von den Persönlichkeitsstrukturen ab, ob die Welt als feindlich oder freundlich, als geordnet oder chaotisch erlebt wird. Wer sich freut, nimmt Erfreuliches wahr. In diesem Sinn spricht Luc Ciompi von „Affektlogiken".
Auch grundlegende Veränderungen des Weltbildes und der Einstellungen zur Welt sind großenteils biografieabhängig. Eine besondere Bedeutung kommt dabei den *„kritischen Lebensereignissen"* zu. Kritische Lebensereignisse sind Zäsuren, Über-

gänge, fundamentale Erfahrungen, religiöse Krisen, die eine Rekonstruktion, oft auch eine Dekonstruktion unseres Ich und unserer Welt bewirken. „Auflösung der Normalbiografie" heißt auch, dass kontinuierliche biografische Verläufe immer seltener und Umbrüche und Neuorientierungen immer häufiger werden. Insofern ist Biografie eine lebenslange Konstruktions- und Rekonstruktionsleistung.

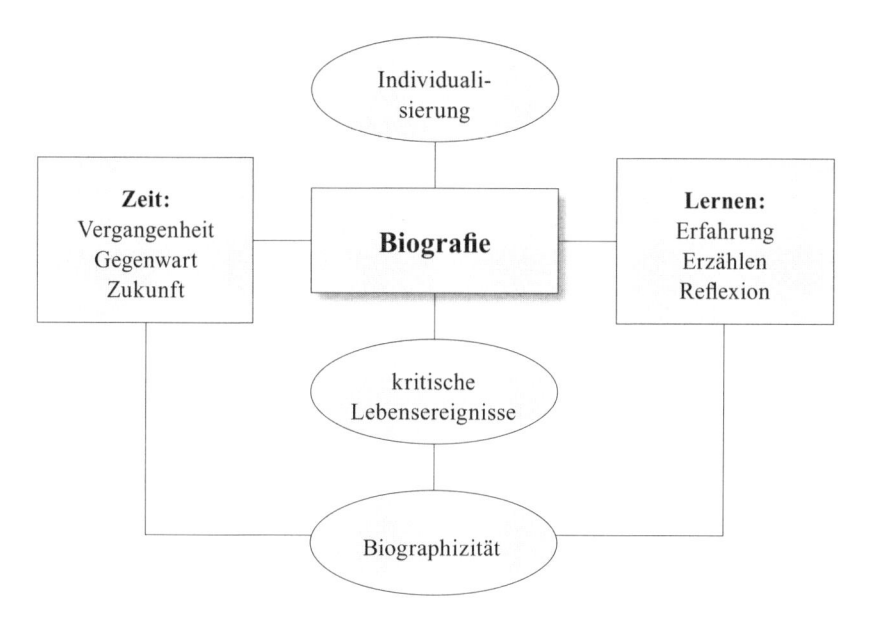

```
                    Individuali-
                     sierung
                        |
  Zeit:                 |              Lernen:
Vergangenheit ----- Biografie -----   Erfahrung
 Gegenwart                             Erzählen
  Zukunft                              Reflexion
                        |
                    kritische
                 Lebensereignisse
                        |
                  Biographizität
```

Abb. 23: Biografie

Altersspezifische Wirklichkeitskonstruktionen?
Hängt die Konstruktion der Wirklichkeit vom Alter ab? Ja und nein. „Alter" ist ein vielschichtiger Begriff: man unterscheidet das kalendarische Alter, das biologische Alter, das psychische Alter, das soziale Alter...
Alter ist ein gesellschaftliches Konstrukt, das wiederum von zahlreichen Faktoren beeinflusst wird.
Unstrittig ist, dass sich die „Wirklichkeiten", die Beobachtungsperspektiven, das Zeitgefühl, die „generativen Themen" in den verschiedenen Lebensphasen verändern. In der entwicklungspsychologischen Literatur sind diese altersspezifischen Daseinsthemen, kritischen Ereignisse und Lernherausforderungen ausführlich erörtert worden.

Es ist unbestritten, dass die Individualisierungen, d.h. die Unterschiede der Deutungsmuster und Lebensgewohnheiten im Alter zunehmen. Deshalb ist es problematisch, von typischen Selbst- und Weltbildern „der Alten" zu sprechen. Dennoch findet man in der Literatur Hinweise auf signifikante Trends und Muster der Wahrnehmung. Mit zunehmenden Alter – so wird vermutet – wächst eine pragmatische Einstellung, Deutungs- und Emotionsmuster werden „rigide", Lerninteressen und Motive verändern sich nicht mehr wesentlich, die mentale Flexibilität lässt nach, das Interesse an der Umwelt nimmt ab, die Speicherkapazität des Gedächtnisses verringert sich.

Doch aus konstruktivistischer Sicht lässt sich auch ein anderes Szenario skizzieren: Für das Alter ist – im Normalfall – die Vielfalt des gelebten Lebens charakteristisch. Ältere Menschen haben zahlreiche Lebenssituationen erlebt, verschiedene Herausforderungen bewältigt, unterschiedliche gesellschaftliche Erfahrungen gemacht, viele Menschen kennen gelernt, unterschiedliche Lebensentwürfe ausprobiert...
Auch wenn diese Vielfalt der Lebenswelten nicht immer mit produktiven Lernerfahrungen verknüpft ist, so wird doch der Blick für die Möglichkeiten des Daseins sowie für die Risiken und Unwägbarkeiten erweitert. Deshalb seien folgende Hypothesen zur Diskussion gestellt:
- Mit zunehmendem Alter nimmt das Spektrum der Deutungsmöglichkeiten zu.
- Mit zunehmendem Alter wächst die Toleranz gegenüber anderen Wirklichkeitskonstruktionen.
- Mit zunehmendem Alter wachen Selbstdistanz und Gelassenheit.
- Mit zunehmendem Alter nimmt das Bewusstsein der Endlichkeit und Vergänglichkeit, aber auch der Ungewissheiten und Unplanbarkeit von Zukunft zu.
- Mit zunehmendem Alter wächst die Einsicht in die Relativität menschlicher Wirklichkeiten und Wahrheiten.

Fazit
Lebenslanges Lernen ist in jedem Fall biografisch verankert. Zu jedem Thema bringen Erwachsenen ihr unverwechselbares biografisches Gepäck mit. Explizites biografisches Lernen hat die Reflexion der Lebenserfahrungen zum Inhalt und die Erweiterung von Zukunftsmöglichkeiten zum Ziel.
Angesichts der gesellschaftlichen Individualisierungsprozesse erscheint eine Biographisierung des Bildungsbegriffs erforderlich. Eine entsprechende bildungswirksame Kompetenz bezeichnen B. Dausien und P. Alheit als Biographizität.
Biographizität kann auch als professionelle erwachsenenpädagogische Kompetenz definiert werden.

6. Entwurf einer konstruktivistischen Bildungsidee

*„Du gleichst dem Geist,
den du begreifst."
(Goethe: Faust I)*

1995 haben Rolf Arnold und ich ein Buch über „konstruktivistische Erwachsenenbildung" veröffentlicht. Darin erörtern wir, ob eine konstruktivistische Pädagogik einen Bildungsbegriff benötigt und ob ein solcher Bildungsbegriff konstruktivistisch „denkbar" ist.

Der Bildungsbegriff ist nicht ein für alle Mal festgelegt, er lässt sich also durchaus aktualisieren und re-interpretieren. Auch Wilhelm von Humboldt hat seinen Bildungsbegriff als Kritik an der damaligen Aufklärungspädagogik formuliert. Dennoch gibt es unverzichtbare „essentials", wenn man von Bildung – in welcher Variante auch immer – spricht. Dazu gehört die anthropologische Annahme des „mündigen", selbstbewussten und deshalb verantwortlichen Menschen. Die neuhumanistische Pädagogik basiert auf einem idealistischen Bild der autonom denkenden und handelnden „Persönlichkeit". Ein solches Konstrukt verwendet der Konstruktivismus nicht, dennoch ist sein Menschenbild nicht biologistisch oder naturalistisch. Obwohl H. Maturana und F. Varela die „biologischen Wurzeln des Erkennens" betonen, betrachten sie den Menschen nicht als biologisch oder genetisch „determiniert". Gehirnforscher wie G. Roth weisen nach, dass die meisten alltäglichen Handlungen unbewusst und emotional veranlasst sind, dass aber bei kritischen Entscheidungen das Bewusstsein „eingeschaltet" wird. Solche Bewusstseinsprozesse erfordern komplexe neuronale „Verdrahtungen". Auch neurowissenschaftlich betrachtet sind wir zum bewussten, ethischen Handeln in der Lage. Aufgrund der neuronalen Struktur des präfrontalen und orbitofrontalen Cortex können wir vernünftig, intelligent und klug handeln (Roth 2003, S. 63). So „versetzt uns der orbitofrontale Cortex in die Lage, die Konsequenzen unseres Handelns längerfristig zu bedenken, und zwar insbesondere im Hinblick darauf, ob diese Konsequenzen erwünscht oder unerwünscht sind. Hierzu gehört auch die Fähigkeit, egoistisch-impulsives Verhalten zu zügeln." (ebda. S., 65). Dennoch: Der Viabilitätsbegriff vermag den Bildungsbegriff nicht zu ersetzen. Selbst wenn Viabilität nicht nur als individuell „passend" sondern auch als sozialverträglich definiert wird, ist damit nicht ohne weiteres auch ein Engagement für soziale Gerechtigkeit gemeint. Bildungstheoretisch betrachtet ist „Viabilität" zu pragmatisch und greift deshalb zu kurz.

Ähnliches gilt für H. v. Foersters Imperativ: Handle so, dass weitere Möglichkeiten entstehen (v. Foerster 1993, S. 78). Die Erweiterung der Denk- und Handlungsmöglichkeiten ist zweifellos eine günstige Voraussetzung für Bildung, aber die „Vermehrung" der Möglichkeiten ist inhaltsneutral und damit unzureichend. Auch der Kapitalismus hat immer neue Möglichkeiten zur Bereicherung der Reichen auf Kosten der Armen entdeckt.

Ein anthropologisch und bildungstheoretisch relevanter Schlüsselbegriff ist Autopoiese. Maturanas Begriff „Autopoiese" ist zunächst ein biologischer Terminus und meint die Selbsterzeugung und Selbsterhaltung des Lebendigen. „Autonomie" ist dagegen ein subjekttheoretischer Begriff und bedeutet Selbstbestimmung, Mündigkeit. Insofern können beide Begriffe nicht synonym verwendet werden. Man kann aber Autopoiese und Autonomie als kompatibel begreifen. Biologische Autopoiese ist so eine Voraussetzung für eine Autonomie des menschlichen Handelns (vgl. Lenzen 1997, S. 949 ff.).

„Bildung" ist mit dem systemisch-konstruktivistischen Denken „verträglich". Sogar Niklas Luhmann, der alles andere als ein Bildungstheoretiker ist und der früher etwas despektierlich von Bildung als einer „Kontingenzformel" gesprochen hat, verwendet den Begriff durchaus positiv. Zusammen mit Dieter Lenzen schreibt er: „Erziehung ist eine Zumutung, Bildung ein Angebot." (Lenzen/Luhmann 1997, S. 7).
Man mag einwenden, dass Bildung nicht zum Sprachgebrauch des Konstruktivismus gehört. Dafür gibt es mehrere Gründe: 1. Bildung ist ein deutscher Begriff, der in anderen Kulturkreisen ungebräuchlich ist. 2. Bildung ist ein pädagogischer und kein biologischer/psychologischer/kognitionswissenschaftlicher Begriff. 3. Bildung lässt sich nicht – wie Kognition oder Lernen – neurophysiologisch feststellen oder messen. Bildung ist eher ein biografisches und kulturelles „Programm".

1969, also vor fast 4 Jahrzehnten, habe ich gemeinsam mit Joachim H. Knoll ein Buch über Wilhelm von Humboldt veröffentlicht. Darin haben wir Humboldts Fragment „Theorie der Bildung des Menschen" (1793) abgedruckt. Hier ein kurzer Auszug:

> „Im Mittelpunkt aller besonderen Arten der Thätigkeit nemlich steht der Mensch, der ohne alle, auf irgend etwas Einzelnes gerichtete Absicht, nur die Kräfte seiner Natur stärken und erhöhen, seinem Wesen Werth und Dauer verschaffen will...
> Die letzte Aufgabe unseres Daseyns: dem Begriff der Menschheit in unserer Person, sowohl während der Zeit unseres Lebens, als auch noch über dasselbe hinaus, durch die Spuren des lebendigen Wirkens, die wir zurücklassen, einen so grossen Inhalt, als möglich, zu verschaffen, diese Aufgabe löst sich allein durch die Verknüpfung unseres Ichs mit der Welt zu der allgemeinsten, regesten und freiesten Wechselwirkung." (W. v. Humboldt in: Knoll/Siebert 1969, S. 70 f.).

Diese „Wechselwirkung" zwischen Ich und Welt wird durch zwei Fähigkeiten ermöglicht, nämlich durch eine „Empfänglichkeit" für Impulse der Welt und durch „Selbsttätigkeit".
Dieser Gedanke – Bildung als Wechselwirkung von Ich und Welt – taucht auch bei dem „gemäßigten" Konstruktivisten F. Varela wieder auf. Varela lehnt einen Dualismus von Ich und Welt ab. Subjekt und Objekt existieren in „wechselseitiger Abhängigkeit". „Meine Auffassung ist, dass sich Subjekt und Objekt gegenseitig bestimmen, dass der Erkennende und das Erkannte in wechselseitiger Abhängigkeit entstehen, dass wir weder eine äußere Welt im Inneren abbilden noch willkürlich und blind eine solche Welt konstruieren und nach draußen projizieren. Mein Plädoyer zielt auf einen mittleren Weg, der einerseits die Extreme des Subjektivismus und Idealismus und andererseits die Einseitigkeiten des Realismus und Objektivismus vermeidet." (Varela in: Pörksen 2002, S. 118). W. v. Humboldt wie F. Varela plädieren – ohne dass sie diesen Begriff verwenden – für ein dialektisches Verhältnis von Ich und Welt.

Doch Bildung ist nicht nur die (kognitive) Reflexion des Subjekt-Objekt-Verhältnisses, sondern Bildung bildet die Grundlage für ethisches Handeln, damit auch für eine „Humanisierung" der gesellschaftlichen Lebensverhältnisse. Bildung ist damit doppelt codiert: kognitionswissenschaftlich (= sich und die Welt verstehen) und ethisch (= kompetent und verantwortlich handeln). Diese doppelte Verankerung von Pädagogik verursacht Transformationsprobleme: Die Pädagogik (bzw. Erwachsenenbildung) muss nichtpädagogische Theorien verarbeiten und transformieren. Damit sind wissenschaftstheoretische Probleme verbunden, die eine konstruktivistische Erwachsenenbildung (noch) nicht befriedigend gelöst hat (Berzbach 2005, S. 10f.).
Eine unaufgelöste Paradoxie besteht in der Normativität der Bildung: Wenn Menschen aus guten Gründen ihre Welten unterschiedlich konstruieren, verstrickt sich eine normative Pädagogik, die für andere verbindlich entscheidet, was richtig und falsch ist, in einen Selbstwiderspruch.
Gleichzeitig kann Pädagogik auf normative Orientierungen nicht verzichten, wenn sie sich nicht selbst ad absurdum führen will. Bereits der Appell zur Selbstbeobachtung ist normativ.
Hilfreich erscheint die Unterscheidung von formaler und materialer Bildung. Formale Bildung beinhaltet die Aufforderung, seine Potenziale und Kompetenzen zu entwickeln. Materiale Bildung legt dagegen fest, welche Bildungsinhalte zu lernen sind. Bestandteil formaler Bildung ist die wechselseitige Anerkennung, die aktive Toleranz gegenüber Andersdenkenden und die „selbst einschließende Reflexion" (Arnold 2007a, S. 216).

Entwurf einer konstruktivistischen Bildungsidee

> *Exkurs:*
> ***Mary Belenky: das andere Denken***
> *Die Sozialwissenschaftlerin Mary Belenky hat das Denken amerikanischer Frauen untersucht. Sie unterscheidet fünf Denkstile: das Schweigen, das rezeptive Denken, das prozedurale Denken, das subjektive Denken, das konstruktivistische Denken. Konstruktivistisches Denken integriert fremdes Wissen und eigene Erfahrungen, Verstand und Gefühl. Diese Frauen sind bemüht, ihr eigenes Ich kennen zu lernen. Sie beziehen das Ich in ihren Denkprozess ein. „Sie entwickeln ein narratives Gefühl für das Ich, für das vergangene wie das zukünftige." Sie sind sich bewusst, dass sich innere Wahrheiten im Lauf der Zeit verändern. Konstruktivistisches Denken akzeptiert Widersprüche und Mehrdeutigkeiten. Es vermeidet einen Entweder-oder-Dualismus. Die Grundeinsicht lautet: „Alles Denken ist konstruiert, und der Denkende ist vertrauter Teil des Gedachten." (Belenky 1989, S. 160). Fragen und Antworten werden in ihrem Kontext bewertet und gewichtet. „Theorien werden nicht zu Wahrheiten, sondern zu Modellen, mit denen man sich Erfahrungen annähern kann." (ebda., S. 161).*
> *Wissen wird als relativ bewertet. „Für konstruktivistische Frauen sind einfache Antworten so selten wie einfache Fragen." (ebda.) Sie entwickeln ein Verständnis für Komplexität. Komplexität wird als Denkherausforderung wahrgenommen. Probleme werden aus unterschiedlicher Sicht betrachtet. Konstruktivistische Frauen lassen eine „Lernleidenschaft" erkennen. „Das Gespräch, wie Konstruktivistinnen es beschreiben, umfasst Diskurs und Exploration, Reden und Zuhören, Fragen, Streit, Spekulation und Ideen miteinander zu teilen." (ebda., S. 167).*

Zur formalen Bildung gehört Ambiguitätstoleranz, d.h. die Bereitschaft, Mehrdeutigkeiten und Perspektivenvielfalt auszuschalten, auf dualisierendes Entweder-oder-Denken zu verzichten, „Urteilsvorsicht" (H. Tietgens) zu praktizieren.

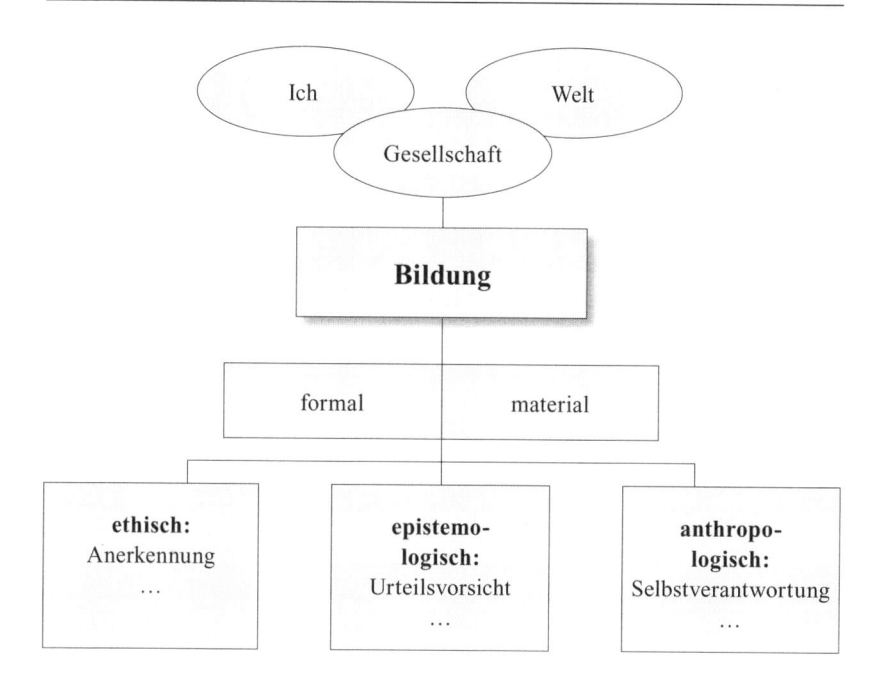

Entwurf einer konstruktivistischen Bildungsidee

```
         Ich        Welt
            Gesellschaft

              Bildung

         formal    material

ethisch:      epistemo-      anthropo-
Anerkennung   logisch:       logisch:
...           Urteilsvorsicht Selbstverantwortung
              ...            ...
```

Abb. 24: Bildung

Ein konstruktivistischer Bildungsbegriff basiert auf mehreren Prinzipien:
1. *Individualität*
In einer Gesellschaft beschleunigter Individualisierung und Pluralisierung wird ein für alle verbindlicher Bildungskanon obsolet. Für eine allein erziehende Mutter sind andere Bildungsinhalte relevant als für den Topmanager eines Chemiekonzerns.
2. *Biografieorientierung*
Wenn sich die gesellschaftlich normierten „Normalbiografien" auflösen, wird „Biografiearbeit" zur Bildungsherausforderung. Biografische Erfahrungen sind „mitlaufendes" Thema in allen Bildungsprozessen. Und gleichzeitig ist die Konstruktion, Rekonstruktion und Dekonstruktion der eigenen Biografie permanente Bildungsaufgabe (vgl. Dausien/Alheit 2005, S. 28 f.). *„Biographizität"* meint die Fähigkeit, „individuelle Erfahrungsschemata mit neuen sozialen Erfahrungen zu verknüpfen." (ebda., S. 29).

3. *Konstruktivität*
Wenn wir unsere Wirklichkeiten konstruieren, so hat das Konsequenzen für einen Bildungsbegriff. Dazu gehört die reflexive Vergewisserung, dass unsere Welt beobachtungsabhängig ist und dass stets auch andere Beobachtungsperspektiven möglich und berechtigt sind. Konstruktivität erweist sich so als Schlüsselkompetenz. „Bildung ist aus dieser Perspektive der Name für den reflexiven Modus des menschlichen In-der-Welt-Seins. Welt und Selbst sind somit nicht ein Gegebenes, sondern werden aufgrund unserer perspektiven- und deutungsgebundenen Wahrnehmung zu etwas, was erst hergestellt... wird." (Marotzki 1999, S. 59).
4. *Offenheit*
Bildung ist ein unabgeschlossener, offener Prozess, der mit Irrungen und Wirrungen, mit Suchbewegungen und Fehlversuchen verbunden ist. Bildung heißt: unaufhörliches Interesse an dem Selbst, den anderen, der Umwelt.
5. *Kontingenz*
Kontingenz heißt Mehrdeutigkeit. Im zwischenmenschlichen Umgang sind stets mehrere Deutungen, Beobachtungsstandpunkte, Unterscheidungen möglich. Kontingenzbewusstsein meint also: sich bewusst sein, dass eine Äußerung auch anders gemeint sein kann, dass der andere eine Situation anders erlebt.
6. *Prozesshaftigkeit*
Wirklichkeiten sind nicht vorhanden, sie entstehen und vergehen, indem sie konstruiert werden. Das Verhältnis von Ich und Welt ist ein dynamischer Vorgang. Deshalb ist alles vergänglich, aber vieles auch möglich.
7. *Ironie*
Ein ironisches Verhältnis sich selbst und der Welt gegenüber ist von heiterer Gelassenheit geprägt. Ironie meint Doppeldeutigkeit: Alles Gesagte schließt etwas Ungesagtes ein. Alles könnte auch anders beobachtet werden. Bei Friedrich Hebbel habe ich gelesen: Man kann die Welt stets zweimal beschreiben: als Tragödie und als Komödie.

Ich komme noch einmal auf den Aphorismus von D. Lenzen und N. Luhmann zurück: „Erziehung ist eine Zumutung, Bildung ein Angebot." (1997, S. 7). Das heißt auch: Erziehung beinhaltet die Maxime „du musst", Bildung die Perspektive „ich will".
Der konstruktivistische Bildungsbegriff ist eher *programmatisch* als normativ. Bildung ist zielgerichtet, intentional, aber nicht dogmatisch. Konstruktivistische Bildung ist ein *Programm* für Pluralität und Anerkennung. Bildung ist kein Produkt – die Rede vom „Gebildeten" führt eher zu Exklusion und Höherwertigkeitsansprüchen. Bildung als „Weltverstehen" im objektivistischen Sinn erweist sich als Illusion. Auch Bildung als umfassendes Allgemeinwissen ist unrealistisch und wenig viabel. Bildung als „richtiges Bewusstsein", das sich vom falschen Bewusstsein" der anderen abgrenzt, ist Ausdruck von Selbstüberschätzung.

> *Exkurs:*
> *Montaigne: Meister der Selbstbeobachtung*
> *Das Bemühen um Bildung ist nicht denkbar ohne eine permanente Selbstanalyse. Der Weg zur Welt führt nur über das Ich. Das Ich erkennt Welt, indem es sie konstruiert.*
> *Michel de Montaigne wurde 1533 bei Bordeaux geboren, und er starb dort 1592.*
> *Seine „Essais" sind „Versuche", sich seiner selbst bewusst zu werden und dadurch einen Zugang zur Welt zu finden. Seine „Essais" sind autobiografisch, aber ohne jegliche Eitelkeit und ohne Narzissmuss. Er beschreibt sich nicht als berühmte Persönlichkeit, die die Welt verändert hat, sondern er stellt sich dar als Durchschnittsmenschen mit Stärken und Schwächen, mit Fehlern und Irrtümern. Er moralisiert nicht; er versucht sich Rechenschaft abzulegen über Menschlich-Allzumenschliches, über Widersprüchliches und Alltägliches. Sein „Projekt" ist die Selbstentdeckung. Er bemüht sich um Aufrichtigkeit und er fürchtet sich vor Selbstentfremdung. Schuldgefühle und Reue sind selten. Seine Haltung ist skeptisch und ironisch. Skeptisch, da er weiß, dass alle Wahrheiten vorläufig sind. Ironisch, da er sich der Unzulänglichkeit alles Menschlichen bewusst ist.*
> *„Er weiß, aus seiner skeptischen Schulung, dass die Dinge sich nur im wandelbaren subjektiven Schein darbieten, dass darin zwar die Möglichkeit objektiver Wahrheit verloren geht, dafür aber auch die Artung des individuellen Geistes zur Entfaltung kommt... Ist auch die Klarheit über eine Sache nicht möglich, so ist doch die Klarheit ihres Beobachters über sich selbst möglich."*
> *(Friedrich 1993, S. 219).*
> *Verzichtend auf objektive Wahrheitsansprüche bemüht er sich um subjektive Wahrhaftigkeit, um Ehrlichkeit sich selbst gegenüber.*

Bildung als *ironische Denkfigur* meint: mit Nichtwissen verantwortlich umgehen, die Unvermeidlichkeit blinder Flecke anerkennen, auf absolute Wahrheitsansprüche verzichten, die Perspektivität des eigenen Weltbildes wahrnehmen, aber auch: freundlich denken, sprechen, handeln, Unrecht und Umweltzerstörung erkennen und bekämpfen.

Bildung ironisch betrachtet ist optimistisch: es ist mehr möglich, als wir bisher wahrgenommen haben. Es kann zukunftsweisend und befreiend sein, die Welt ganz anders zu betrachten.

Fazit

Der Konstruktivismus ist keine Theorie, die erklärt, wie die Welt beschaffen ist. Der Konstruktivismus ist eher eine Metatheorie, die erklärt, warum die Frage nach der Beschaffenheit der Welt nicht (befriedigend) beantwortet werden kann. Der Konstruktivismus ist deshalb – so N. Luhmann – eine andere Theorieform. Sie sagt etwas aus über die Beobachtungsabhängigkeit der Theorie selber.

Dementsprechend können wir von dem Konstruktivismus auch keine Antwort erwarten auf die Frage, was Bildung *ist*. Wohl aber zeigt der Konstruktivismus Wege auf, wie über Bildung nachgedacht werden kann – angesichts von Ungewissheit und Unsicherheit, Vielfalt und Kontingenz.

Literaturverzeichnis

Arnold, Margot (2006): Brain-Based Learning and Teaching. In: U. Herrmann a.a.O., S. 145 ff.
Arnold, Rolf/Siebert, Horst (1995): Konstruktivistische Erwachsenenbildung. Baltmannsweiler
Arnold, Rolf u.a. (1998): Lehren und Lernen im Modus der Auslegung. Baltmannsweiler
Arnold, Rolf/Schüßler, Ingeborg (1998): Wandel der Lernkulturen. Darmstadt
Arnold, Rolf/Gieseke, Wiltrud/Nuissl, Ekkehard (1999) (Hrsg.): Erwachsenenpädagogik. Baltmannsweiler
Arnold, Rolf (2005): Die emotionale Konstruktion der Wirklichkeit. Baltmannsweiler
Arnold, Rolf/Siebert, Horst (2006): Die Verschränkung der Blicke. Baltmannsweiler
Arnold, Rolf/Gomez-Tutor, Claudia (2007): Grundlinien einer Ermöglichungsdidaktik. Augsburg
Arnold, Rolf (2007a): Ich lerne, also bin ich. Heidelberg
Arnold, Rolf (2007b): Erwachsenenpädagogik und Hirnforschung. In: U. Heuer/Siebers a.a.O., S. 47 ff.
Arnold, Rolf (2007c): Die Beobachtung des Beobachtens. In: REPORT 2/2007, S. 75 ff.
Auernheimer, Wolfgang (2000): Grundmotive und Arbeitsfelder interkultureller Bildung und Erziehung. In: Bundeszentrale a.a.O. S. 18 ff.

Balgo, Rolf/Werning, Rolf (Hrsg.) (2003): Lernen und Lernprobleme im systemischen Diskurs. Dortmund
Balgo, Rolf/Lindemann, Holger (Hrsg.) (2006): Theorie und Praxis systemischer Pädagogik. Heidelberg
Bammé, Arno (2004 a): Science and Technology Studies. Klagenfurt
Bammé, Arno (2004 b): Gesellschaft (re-)interpretieren. München
Barth, Wolfgang (2000): Multikulturelle Gesellschaft. In: Bundeszentrale a.a.O., S. 18 ff.
Barz, Heiner/Tippelt, Rudolf (2004): Weiterbildung und soziale Milieus in Deutschland. Bielefeld 2 Bde.
Bayer, Klaus (1994): Evolution, Kultur, Sprache. Bochum

Literaturverzeichnis

Belenky, Mary u.a. (1989): Das andere Denken. Frankfurt
Bernstein, Basil (1970): Soziale Struktur, Sozialisation und Sprachverhalten. Amsterdam
Berzbach, Frank (2005): Die Ethikfalle. Bielefeld
Braitenberg, Valentin (2004): Das Bild der Welt im Kopf. Münster
Brecht, Bertolt (1960): Kleines Organon für das Theater. Frankfurt
Brödel, Rainer/Siebert, Horst (Hrsg.) (2003): Ansichten zur Lerngesellschaft. Baltmannsweiler
Bundeszentrale für politische Bildung (2000): Interkulturelles Lernen. Bonn

Ciompi, Luc (1997): Die emotionale Grundlagen des Denkens. Göttingen
Ciompi, Luc (2003): Affektlogik, affektive Kommunikation und Pädagogik. In: REPORT 3/2003, S. 62 ff.

Damasio, Antonio (2000): Descartes' Irrtum. München
Damasio, Antonio (2000): Ich fühle also bin ich. München
Damasio, Antonio (2005): Der Spinoza-Effekt. Berlin
Dausien, Bettina/Alheit, Peter (2005): Biographieorientierung und Didaktik. In: REPORT 3/2005, S. 27 ff.
Das Manifest. Hirnforschung im 21. Jahrhundert. In: Gehirn & Geist 6/2004, S. 30 ff.
Dewey, John u.a. (1966): Reform des Erziehungsdenkens. Weinheim
Dewey, John (1969): Experience and Education. London
Dörner, Dietrich (1993): Die Logik des Misslingens. Reinbek

Ernst, Heiko (2000): Tragödien, Komödien, Dramen: Wie wir unsere Erinnerungen gestalten. In: Psychologie heute. 3/2000, S. 27 ff.
Erpenbeck, John/Heyse, Volker (1999): Die Kompetenzbiographie. Münster

Fischer, Hans Rudi u.a. (Hrsg.) (1992): Das Ende der großen Entwürfe. Frankfurt
Flechsig, Karl-Heinz (2000): Transkulturelles Lernen. www.gwdg.de/kflechs
Foerster, Heinz von (1993): KybernEthik. Berlin
Foerster, Heinz von (2002): Short Cuts. Frankfurt
Friedrich, Hugo (1993): Montaigne. Tübingen

Literaturverzeichnis

Glasersfeld, Ernst von (1992): Das Ende einer großen Illusion. In: H. R. Fischer a.a.O., S. 85 ff.
Glasersfeld, Ernst von (1997): Radikaler Konstruktivismus. Frankfurt
Glasersfeld, Ernst von (1998): Die Radikal-Konstruktivistische Wissenstheorie. In: Ethik und Sozialwissenschaften 4/1998, S. 503 ff.
Gergen, Kenneth (2002): Konstruierte Wirklichkeiten. Stuttgart
Gnahs, Dieter (2007): Kompetenzen. Bielefeld
Götz, Klaus (Hrsg) (1998): Theoretische Zumutungen. Heidelberg
Götz, Klaus (Hrsg) (1999): Wissensmanagement. München
Greif, Siegried/Kurtz, Hans-Jürgen (Hrsg.) (1996): Handbuch Selbstorganisiertes Lernen. Göttingen
Griese, Hartmut/Wojtasik, Gregor (1996): Konstrukte oder Realität? Hannover
Griese, Hartmut (1999): Sozialwissenschaftliche Vorläufer und Kritik des Konstruktivismus. In: R. Arnold u.a. S. 103 ff.
Gropengießer, Harald (2003): Wie man Vorstellungen der Lerner verstehen kann. Oldenburg
Gropengießer, Harald (2003): Lernen und Lehren. In: REPORT 3/2003, S. 29 ff.

Harris, Marvin (1997): Fauler Zauber. München
Herrmann, Ulrich (Hrsg.) (2006): Neurodidaktik. Weinheim
Heuer, Ulrike/Siebers, Ruth (2007) (Hrsg.): Weiterbildung am Beginn des 21. Jahrhunderts. Münster
Hogrebe, Wolfram (1996): Ahnung und Erkenntnis. Frankfurt
Hüther, Gerald (2005): Bedienungsanleitung für ein menschliches Gehirn. Göttingen
Hüther, Gerald (2006): Die Bedeutung sozialer Erfahrungen für die Strukturentwicklung des menschlichen Gehirns. In: U. Herrmann a.a.O., S. 41 ff.
Hunt, David (1985): Reading and Flexing. In: A. Claude u.a.: Sensibilisierung für Lehrverhalten. Bonn, S. 9 ff.

Janich, Peter (1996): Konstruktivismus und Naturerkenntnis. Frankfurt

Kade, Jochen/Nittel, Dieter/Seitter, Wolfgang (2007): Einführung in die Erwachsenenbildung/Weiterbildung. Stuttgart
Kaiser, Arnim (2005) (Hrsg.): Selbstlernkompetenz. Augsburg
Kant, Immanuel (1787): Die Kritik der reinen Vernunft. 2. Auflage
Kejcz, Yvonne/Nuissl, Ekkehard/Paatsch, Hans-Ulrich/Schenk, Peter (1979): Lernen an Erfahrungen? Bonn
Kesselring, Thomas (1988): Jean Piaget. München

Kleists Werke Hrsg.: Gerhard Stenzel. Salzburg o. J.
Knoll, Joachim H./Siebert, Horst (1969): Wilhelm von Humboldt – Politik und Bildung. Heidelberg
Kösel, Edmund (1993): Die Modellierung von Lernwelten. Elztal
Kriz, Jürgen (1996): Chaos und Selbstorganisation. In: S. Greif/H. Kurtz a.a.O., S. 33 ff.

Laborde-Nottale, Elisabeth (1995): Das Zweite Gesicht. Stuttgart
Leibniz, Gottfried Wilhelm (1765/1993): Neue Abhandlungen über den menschlichen Verstand. Stuttgart
Lenzen, Dieter/Luhmann, Niklas (1997): Bildung und Weiterbildung im Erziehungssystem. Frankfurt
Lenzen, Dieter (1997): Lösen die Begriffe Selbstorganisation, Autopoiesis und Emergenz den Bildungsbegriff ab? In: Zeitschrift für Pädagogik 6/1997, S. 949 ff.
Lenzen, Dieter (1999): Orientierung Erziehungswissenschaft. Reinbek
Löwe, Hans (1970): Einführung in die Lernpsychologie des Erwachsenenalters. Berlin
Lindemann, Holger (2006): Konstruktivismus und Pädagogik. München
Luhmann, Niklas (1985): Die Autopoiese des Bewusstseins. In: Soziale Welt 4/1985, S. 402 ff.
Luhmann, Niklas (1990): Das Erkenntnisprogramm des Konstruktivismus und die unbekannt bleibende Realität. In: ders.: Soziologische Aufklärung. Opladen S. 31 ff.
Luhmann, Niklas (1997): Was ist Kommunikation? In: F. Simon a.a.O., S. 19 ff.
Luhmann, Niklas/Schorr, Karl-Eberhard (1996): Zwischen System und Umwelt. Frankfurt
Lyotard, Francois (1977): Das Patchwork der Minderheiten. Berlin

Macho, Thomas (Hrsg.) (2001): Wittgenstein. München
Mader, Wilhelm (1997): Von der zerbrochenen Einheit des Lehrens und Lernens. In: E. Nuissl u.a.: Pluralisierung des Lehrens und Lernens. Bad Heilbrunn, S. 61 ff.
Marotzki, Winfried (1999): Bildungstheorie und allgemeine Biografieforschung. In: H. H. Krüger/W. Marotzki (Hrsg.): Handbuch erziehungswissenschaftliche Biografieforschung. Opladen S. 57 ff.
Maturana, Humberto/Varela, Francisco (1987): Der Baum der Erkenntnis. München
Maturana, Humberto (1996): Was ist erkennen? München

Literaturverzeichnis

Naisbitt, John (1984): Megatrends. New York
Negt, Oskar (1971): Soziologische Phantasie und exemplarisches Lernen. Frankfurt
Neumann-Wirsig, Heidi/Kleve, Heiko (1998): Reframing in der systemischen Supervision. In: Neumann-Wirsig/Kersting a.a.O., S. 79 ff.
Nolda, Sigrid (1996): Interaktion und Wissen. Frankfurt
Nolda, Sigrid (2002): Pädagogik und Medien. Stuttgart
Nuissl, Ekkehard (2006): Vom Lernen zum Lehren. Bielefeld

Olbrich, Josef (1999): Reflexionsprobleme im Weiterbildungssystem. In: R. Arnold u.a., a.a.O., S. 159 ff.

Palmowski, Winfried (2006): Was können die Begriffe ‚systemisch' und ‚konstruktivistisch' für Beratungsprozesse bedeuten? In: R. Balgo/H. Lindemann a.a.O. S. 194 ff.
Pörksen, Bernhard (2002): Die Gewissheit der Ungewissheit. Heidelberg
Pongratz, Ludwig (2005): Untiefen im Mainstream. Zur Kritik konstruktivistisch-systemtheoretischer Pädagogik. Wetzlar
Premio (2007): Unglaubliche optische Illusionen. Münster

Reich, Kersten (1996): Systemisch-konstruktivistische Pädagogik. Neuwied
Reich, Kersten (2002): Konstruktivistische Didaktik. Neuwied
Reich, Kersten (2005): Konstruktivistische Didaktik auf dem Weg, die Didaktik neu zu erfinden... In: R. Voß a.a.O., S. 179 ff.
Reinmann-Rothmeier, Gabi/Mandl, Heinz (1997): Lehren im Erwachsenenalter. In: F. Weinert/H. Mandl a.a.O. S. 355 ff.
Röhrich, Lutz (1995): Lexikon der sprichwörtlichen Redensarten. Freiburg 5 Bde.
Roth, Gerhard (1987): Erkenntnis und Realität. In: S. Schmidt a.a.O. S. 229 ff.
Roth, Gerhard (2001): Fühlen, Denken, Handeln. Frankfurt
Roth, Gerhard (2003): Aus Sicht des Gehirns. Frankfurt
Roth, Gerhard (2006): Warum sind Lehren und Lernen so schwierig? In: U. Herrmann a.a.O., S. 49 ff.
Rudolph, Heike (2007): Gedenkstättenpädagogik aus konstruktivistischer Sicht. Diplomarbeit Hannover
Rustemeyer, Dirk (1999): Stichwort: Konstruktivismus in der Erziehungswissenschaft. In: Zeitschrift für Erziehungswissenschaft 7/1999, S. 467 ff.

Safranski, Rüdiger (2007): Nietzsche. Hamburg
Sander, Wolfgang (2005): Die Welt im Kopf. In: kursiv 1/2005, S. 44 ff.
Schäffner, Lothar (2002): Der Beitrag der Veränderungsforschung zur Nachhaltigkeit von Organisationsentwicklung.
Schäffter, Ortfried (1985): Lehrkompetenz in der Erwachsenenbildung als Sensibilität für Fremdheit. In: A. Claude u.a. (1985): Sensibilisierung für Lehrverhalten. Bonn. S. 41 ff.
Schlippe, Arist von/Schweitzer, Jochen (2003): Lehrbuch der systemischen Therapie und Beratung. Göttingen
Schlutz, Erhard (2007): Auf dem langen Weg zu einer Nutzen stiftenden wissenschaftlichen Didaktik. In: REPORT 2/2007, S. 21 ff.
Schmidt, Monika (2006): Was Lernberatung und -prozessbegleitung beinhalten. In: Grundlagen der Weiterbildung – Praxishilfen. 8.70.1 Köln
Schmidt, Siegfried (1987): Der Diskurs des Radikalen Konstruktivismus. Frankfurt
Schmidt, Siegfried (1992): Gedächtnis. Frankfurt
Schmidt, Siegfried (1994): Kognitive Autonomie und soziale Orientierung. Frankfurt
Schmidt, Siegfried (1998): Die Zähmung des Blicks. Frankfurt
Schmidt, Siegfried (2003): Geschichten und Diskurse. Reinbek
Schmidt, Siegfried (2005): Lernen, Wissen, Kompetenz, Kultur. Heidelberg
Schubert, Klaus/Wilkesmann, Uwe (Hrsg.) (1994): William James. Darmstadt
Searle, John (1997): Die Konstruktion der gesellschaftlichen Wirklichkeit. Reinbek
Sennett, Richard (2006): Der flexible Mensch. Berlin
Siebert, Horst (1994): Lernen als Konstruktion von Lebenswelten. Frankfurt
Siebert, Horst (2003): Der Kobra-Effekt. München
Siebert, Horst (2005): Pädagogischer Konstruktivismus. Weinheim
Siebert, Horst (2006): Subjektive Lerntheorien Erwachsener. In: E. Nuissl a.a.O., S. 43 ff.
Siebert, Horst (2006): Lernmotivation und Bildungsbeteiligung. Bielefeld
Simon, Fritz (Hrsg.) (1997): Lebende Systeme. Frankfurt
Simon, Fritz (2006): Einführung in Systemtheorie und Konstruktivismus. Heidelberg
Singer, Wolf (2003): Ein neues Menschenbild? Frankfurt
Spitzer, Manfred (2000): Geist im Netz. Heidelberg
Spitzer, Manfred (2003): Lernen. Heidelberg

Taureck, Bernhard: Die Sophisten. Wiesbaden
Terhart, Ewald (1998): Konstruktivismus und Unterricht. In: Zeitschrift für Pädagogik 5/1999, S. 629 ff.
Tietgens, Hans (1964/1978): Warum kommen wenig Industrie-Arbeiter in die Volkshochschule? In: W. Schulenberg (1978): Erwachsenenbildung. Darmstadt, S. 98 ff.
Tietgens, Hans (1981): Die Erwachsenenbildung. München
Tietgens, Hans (1997): Von der Lehrforschung zur Mediendidaktik. In: E. Nuissl u.a. S. 29 ff.

Literaturverzeichnis

Ueltzhöffer, Jörg/Kandel, Johannes (1993): Milieustruktur und politische Bildung. In: Friedrich-Ebert-Stiftung: Jahrbuch 1993, Bonn S. 78 ff.
UNESCO-Kommission (1997): Kultur und Entwicklung. Bonn
Unseld, Godela (1997): Das Abenteuer „Erkennen". Frankfurt

Varela, Francisco (1990): Kognitionswissenschaft – Kognitionstechnik. Frankfurt
Varela, Francisco (1992): Das zweite Gehirn unseres Körpers. In: H. R. Fischer: Das Ende der großen Entwürfe. Frankfurt S. 109 ff.
Varela, Francisco/Thomson, Evan (1992): Der Mittlere Weg der Erkenntnis. Bern
Voß, Reinhard (Hrsg.) (1996): Die Schule neu erfinden. Neuwied
Voß, Reinhard (Hrsg.) (2005): Unterricht aus konstruktivistischer Sicht. Weinheim
Voß, Reinhard (Hrsg.) (2005): LernLust und EigenSinn. Heidelberg
Vroon, Piet (1996): Psychologie der Düfte. Zürich

Wagener, Sybil (1999): Feindbilder. Berlin
Watzlawick, Paul (1995): Die erfundene Wirklichkeit. München
Watzlawick, Paul (2000): Anleitung zum Unglücklichsein. München
Watzlawick, Paul (Hrsg.)(2003): Kurzzeittherapie und Wirklichkeit. München
Weidenmann, Bernd (1995): Erfolgreiche Kurse und Seminare. Weinheim
Weinert, Franz/Mandl, Heinz (Hrsg.) (1997): Psychologie der Erwachsenenbildung. Göttingen
Welsch, Wolfgang (1988): Postmoderne. Köln
Welsch, Wolfgang (1996): Vernunft. Frankfurt
Werning, Rolf (2003): Integration zwischen Überforderung und Innovation. In: R. Balgo/R. Werning a.a.O. S. 115 ff.
Willke, Helmut (1998): Systemtheoretische Strategien des Erkennens. In: K. Götz a.a.O. S. 97 ff.
Willke, Helmut (2004): Einführung in das systemische Wissensmanagement. Heidelberg
Wyrwa, Holger (1998): Supervision in der Postmoderne. In: H. Neumann-Wirsig/H. Kersting a.a.O., S. 13 ff.

Ziehe, Thomas/Stubenrauch, Herbert (1982): Plädoyer für ungewöhnliches Lernen. Reinbek

Der Autor

Horst Siebert

ist seit 1970 Professor für Erwachsenenbildung und außerschulische Jugendbildung an der Universität Hannover sowie seit 2002 Gastprofessor an den Universitäten in Sofia und Jasi (Rumänien).

Grundlagen der Weiterbildung

Horst Siebert

Didakt. Handeln in der Erwachsenenbildung

Didaktik aus konstruktivistischer Sicht
5. überarbeitete Auflage
336 Seiten, Format 14 x 21 cm
99 Abb. / Graf. / Tab.
19,90 € (D) / 20,50 € (A) / 36,00 sFr
ISBN 978-3-937 210-76-6 (Softcover)

Didaktik ist der Kern der Bildungsarbeit in Theorie und Praxis. Didaktik ist jedoch nicht nur Lehre, sondern Ansprache von Zielgruppen sowie Gestaltung von Bildungsprogrammen und Lernkulturen. Zur Didaktik gehören deshalb auch die Ermittlung des Bildungsbedarfs und der Bildungsbedürfnisse, die Qualitätssicherung und eine ökologische Bilanzierung. Das hier dargestellte didaktische Konzept orientiert sich an der Erkenntnistheorie des Konstruktivismus. Diese neurobiologisch fundierte Theorie betont, dass Lernen ein selbstgesteuerter, biographisch beeinflusster Prozess ist. Lernen wird also nicht lediglich als eine Reaktion auf Lehre verstanden. Überspitzt formuliert: Erwachsene sind lernfähig, aber unbelehrbar; sie lernen nur das, was für sie relevant und „viabel" ist; sie hören nur zu, wenn sie zuhören wollen. Konstruktivistisch gesehen ist Didaktik vor allem die Planung von Lernmöglichkeiten, die die Selbstverantwortung der Lernenden respektiert. Hierzu liefert das Buch zentrales Didaktik-Wissen und gibt wertvolle Orientierungshilfen zum didaktischen Handeln.

Aus dem Inhalt: Bedingungen der Didaktik – Angebot und Nachfrage – Didaktische Theorien – Didaktische Prinzipien – Modelle der Didaktik – Didaktische Handlungsfelder – Glossar

Horst Siebert

Selbstgesteuertes Lernen und Lernberatung

Konstruktivistische Perspektiven
2. überarbeitete Auflage
181 Seiten, Format 14 x 21 cm
49 Abbildungen und Grafiken
16,90 € (D) / 17,40 € (A) / 30,90 sFr
ISBN 978-3-937 210-55-1 (Softcover)

„Selbstgesteuertes Lernen" ist ein Konzept, das derzeit in Bildungspolitik, Bildungswissenschaft und Bildungspraxis diskutiert wird. Grundlegend ist die konstruktivistische Annahme, dass Lernende ihre Lernprozesse aktiv gestalten und dass die Lernberatung an Bedeutung gewinnt. Hintergrund für diese neuen Sichtweisen des Lehrens und Lernens sind soziokulturelle Veränderungen der Lern- und Wissenskulturen sowie der Lernmentalitäten, in einer Zeit, die als postmodern interpretiert werden kann. Das Buch wendet sich an Studierende und Praktiker der beruflichen und allgemeinen Weiterbildung. Es enthält didaktisch-methodische Impulse und Anstöße zur Reflexion der Bildungsarbeit. Neu sind in dieser 2. Auflage u.a. die Kapitel über subjektive Lerntheorien, konstruktivistische Grundlagen der Lernberatung, milieuspezifische Lerneinstellungen.

Aus dem Inhalt: Selbstgesteuertes Lernen: zur Geschichte einer reformpädagogischen Idee – Theoretische Aspekte – Empirische Befunde zum selbstgesteuerten Lernen – Lernberatung – Lernkulturen